百年芳华

醉歌杏坛

尹述红 王卫东 主编

线装书局

图书在版编目（CIP）数据

百年芳华歌杏坛 / 尹述红，王卫东主编. -- 北京：线装书局，2022.12
 ISBN 978-7-5120-5135-5

Ⅰ. ①百… Ⅱ. ①尹… ②王… Ⅲ. ①澧县第一完全小学—校史②小学—教学研究—文集 Ⅳ. ①G629.286.44 ②G622.0-53

中国版本图书馆CIP数据核字（2022）第164576号

百年芳华歌杏坛
BAINIAN FANGHUA GE XINGTAN

主　　编：	尹述红　王卫东
责任编辑：	姚　欣
出版发行：	线装书局
地　　址：	北京市丰台区方庄日月天地大厦B座17层（100078）
电　　话：	010-58077126（发行部）010-58076938（总编室）
网　　址：	www.zgxzsj.com
经　　销：	新华书店
印　　制：	成都市兴雅致印务有限责任公司
开　　本：	710mm×1000mm　1/16
印　　张：	25.75
字　　数：	408千字
版　　次：	2023年3月第1版第1次印刷

定　　价：98.00元

编纂委员会

主　编：尹述红　王卫东

编　委：（按音序排名）

　　　　陈　波　戴　静　黄继元　黄　翼

　　　　李　娟　刘呈靖　彭世仿　皮玉杰

　　　　宋承元　宋青枝　王明珠　王舟娟

　　　　吴翠薇　吴业辉　熊方敏　熊清平

　　　　张前春

百年芳华歌杏坛

在澧县第一完全小学成立120周年之际,《百年芳华歌杏坛》就要出版了,我为之欣慰。

这本集子凝聚了澧县第一完全小学所有教职员工的心血,是校史的剪影,是园丁的夯歌,是往深处漫溯矢志不渝的意志,是社会各界和媒体赞叹不已的肯定,是纷至沓来的荣誉……一句话,是浓缩的精华。

澧县第一完全小学的每一分子对这本书的出版都做出了巨大的贡献,梳理校史脉络,作为一章,殊为不易;在林林总总的课题烟海中,披沙拣金,实属艰难;在百年时光中搜寻真知灼见,犹如九天揽月,成千上万的论文都是精华,我们只能挂一漏万;各种纸媒网媒铺天盖地,录进书中也只能是菲薄的册页。在此,对仔细甄别、认真收录、精心校对的同志们说一声辛苦了,学校记得你们,学校上空的太阳、月亮和星星都记得你们。你们是宵衣旰食的一群人,你们是公而忘私的一群人,你们是富有生机和活力的一群人,我代表学校党支部、行政向各位表示衷心感谢。

铁打的营盘流水的兵,对于一所学校来说,校长永是过客,教师才是主人。学校历届的书记、校长是何其优秀,他们有的筚路蓝缕,有的继往开来,有的奋勇前行,有的开拓创新,才有了今天澧县第一完全小学可喜可贺的办学生态。我是2016年来到澧县第一完全小学的,领导和我谈话,我心里诚惶诚恐,如履薄冰,就怕辜负领导的期望,更怕辜负学校全体教职员工的期待。澧县第一完全小学的广大教职员工们最不怕吃苦,最不怕受累,特别能战斗，特别能奉献。如果说学校是一幅壮锦，我只是穿针引线；如果说学校是一首歌，我仅仅是个过门；如果说学校是一幅画，我仅仅只是领着画师拿来了颜料。五年多了，我一直在反思，我为学校做了什么？我要给未来者留下什么？我们学校站在立德树人的高点，究竟何去何从？如何在建校120周年的节点上，赓续文化之脉？我真诚地认为，一所学校，校长微不足道，但是教师至关重要，虽然有的只是在这里待了几年就荣调了，但是大部分在这里奋斗十几年，耕耘几十年，从青丝到白发，从芳华到霜华，才让澧县第一完全小学成为一块厚重的文化沃土，一片桃李芳菲的花园，一个师生共同学习、共同成长、共同成熟、共同成功的家园。读到本书的读者，将会为澧县第一完全小学的老师们击节赞叹。

澧县第一完全小学的老师们究竟怎么样？请读者诸君翻开扉页，进入正文，重走"百年历程"，体会"研究深度"，梳理"思想经纬"，抚摸"管理时空"，沐浴"八面来风"，感受"精彩纷呈"……

最后，我要说，120周年，在漫长的时光长河中，不过是一朵转瞬即逝的浪花，但唯其如此，我们必须以文字的形式定格，以心灵的虔诚编史，不负时代不负校。

百年芳华歌杏坛，立德树人到永远。是为序！

尹述红

2021年12月28日

目 录

百年历程

澧县第一完全小学简史、历任校长 ················ 002

研究深度

《基于校本研训的教师核心素养提升的实践与研究》开题论证书 ················ 006
《基于校本研训的教师核心素养提升的实践与研究》课题中期研究报告 ······ 023

思想经纬

澧县一完小 2020 年教师教育教学论文刊发情况统计表 ················ 032
澧县一完小 2021 年教师教育教学论文刊发情况统计表 ················ 034
在双减政策大背景下的学校管理浅论 ················ 尹述红 038
通过"现代"路径，步入诗意丛林 ················ 陈 波 041

我的育人小故事	曹静子	045
以数学核心素养为中心的小学数学智慧课堂教学探索	黄燕妮	047
基于小学数学翻转课堂教学模式的实施策略	皮玉杰	050
小学数学教学中数形结合思想的融入研究	严 丽	054
小学六年级英语阅读分层指导教学探索	李 梅	057
浅谈小学美术教学中培养学生审美能力	周泽平	060
基于创新角度的小学体育教学研究	王国清	063
探究小学体育教学中如何开展德育教育	赵电波	066

管理时空

澧县第一完全小学迎接国家三类城市语言文字工作汇报材料		070
全面实施素质教育　努力创办精品名校		075
澧县第一完全小学创建常德市标准化实验室示范学校汇报材料		083
念好"四字经",砥砺前行谱新章	尹述红	088
绘就宏伟蓝图,实现高质量发展	尹述红	092

八面来风

一、2016年下学期学校新闻报道	100
二、2017年上学期学校新闻报道	120
三、2017年下学期学校新闻报道	157
四、2018年上学期学校新闻报道	172

五、2018年下学期学校新闻报道 …………………………………… 187

六、2019年上学期学校新闻报道 …………………………………… 206

七、2019年下学期学校新闻报道 …………………………………… 237

八、2020年上学期学校新闻报道 …………………………………… 257

九、2020年下学期学校新闻报道 …………………………………… 278

十、2021年上学期学校新闻报道 …………………………………… 322

十一、2021年下学期学校新闻报道 ………………………………… 361

精彩纷呈

一、办学声誉 …………………………………………………………… 392

二、办学成果 …………………………………………………………… 393

三、教师成长 …………………………………………………………… 397

百年历程

120 年是历史的风，历史的雨，现实的阳光。风雨兼程，我们一路走来，多少人筚路蓝缕，披荆斩棘，才有了学校今天的五风十雨和阳光灿烂。请记住：今天美好的教育环境，是一代代教育人夙夜在公营造出来的。

澧县第一完全小学简史、历任校长

（1902—2022）

学校前身

溪东书院

宋苏州人范仲淹曾读书于澧，其嘉言懿行久为澧人所敬慕。南宋理宗宝庆二年（1226），澧人于澧州文庙西大西门建书院以祀之。明正德年间（1506—1521），州同欧阳席重修，户部尚书李如圭为之记。明末废，后澧阳书院在其旧址兴建。

澧阳书院

清乾隆五十二年（1787），浙江长兴进士臧荣青任守道，与知州方维祺、学正王宝龙及训导龙柳青等合议首事以建书院。乾隆五十四年（1789），在城西隅原溪东书院遗址（今澧县一中址）动工兴建，三载落成，共建堂舍51间。

是年（1792），延师讲课，多士云集。来院就读者分"文生课""童生课"。已中秀才者可定期来院听讲（即文生课）；凡民间俊秀及官员子弟已读完"四书"者方准入院攻读，以应童试（即童生课）。

教学内容，读"四书""五经"；习作八股文；读诗写诗（熟读唐诗宋词）习字；向学生进行伦理修身教育等。教学方法，采取定期分班讲课、互相答问、集体讲解等相结合的形式。

书院共有学田401.45亩，收租谷889.1担，经费用于整修扩建校舍、教师薪俸、学生补助和津贴州寒士。

澧阳书院于清光绪二十八年（1902）改为澧州官立中学堂，并于此创办澧州官立高等小学堂，附设在官立中学堂内。澧县第一完全小学由此衍生发展而来。

校名沿革

澧州官立高等小学堂	（1902—1911）
澧县县立高等小学校	（1912—1914）
澧县县立第一高等小学校	（1915—1926）
兰城高等小学堂	（1927—1933）
兰城高小	（1934—1936）
澧兰镇中心小学	（1937—1946）
翊武中心学校	（1947—1948）
澧县县立翊武完全小学	（1949）
澧县城关镇完全小学	（1950—1951）
澧阳镇第一完全小学	（1952—1954）
澧县城关镇第一完全小学	（1955—1958）
澧县城关镇综合学校	（1959）
澧县城关镇第一完全小学	（1960—1993）
澧县澧阳镇第一完全小学	（1994—2000.1）
澧县第一完全小学	（2000.2—　）

历任校长、书记

学校名称	校长及其任期
澧州官立高等小学堂	陈炳吾　杨芸舫等（堂长，1902—1911）
澧县县立高等小学校	周铁梅（1912）
	鲁佩南（1913—1914）
澧县县立第一高等小学校	杨宗南（1915—1926）
兰城高等小学堂	莫　翰　任承华（1927—1933）
兰城高小	何大可　江南轩
	李文甭　黎惠仲（1934—1936）
澧兰镇中心小学	孟庆暄（1937—1940）
	龚伦锽　张运陶　刘大南（1941—1946）
翊武中心学校	李庆武（1947—1949.6）
澧县县立翊武完全小学	许　翰（县教育科长 1949.7—1950.1）
澧县城关镇完全小学	施贤源（1950.2—1953）
澧阳镇第一完全小学	杨尚千（1954.2—1955.7）
澧县城关镇第一完全小学	彭孝泉（1955.8—1956）
澧县城关镇综合学校	姜知义　刘木村（1957—1959）
澧县城关镇第一完全小学	张多华（1960）
	崔乃长（1961）
	余长礼　易善敬　汪明霞　黄纯武（1962—1969）
	黄明登（1970—1977）
	黄道国（1978—1979）
	余长礼（1980—1985）
	陈再霞（1986—1994）
澧县澧阳镇第一完全小学	章业树（1994—1999）
澧县第一完全小学	章业树（2000—2009）
	汪太平（2009—2016）
	尹述红（2016—现在）

研究深度

撑着一支研究的长篙,往更深处漫溯。唯有深度,才有甘泉涌出;唯有深度,才有宝藏挖出;唯有深度,才有探索的价值。深度与高度,一个是地心的太阳,一个是地上枝繁叶茂的参天大树。

年度	2017
编号	P9223

《基于校本研训的教师核心素养提升的实践与研究》
开题论证书

学科分类：基础教育研究

课题资助类别：省级一般

课题批准号：P9223

课题名称：基于校本研训的教师核心素养提升的实践与研究

课题主持人：尹述红

主持人所在单位：常德市澧县第一完全小学

开题日期：2017 年 7 月 10 日

开题形式：专家论证

湖南省教育科学规划领导小组办公室

2016 年修订

一、开题论证后的数据表（修订数据后由课题主持人填写）

课题名称	基于校本研训的教师核心素养提升的实践与研究						
主持人姓名	尹述红	性别	男	民族	汉	出生日期	1967-11-30
行政职务	校长	专业职务	中小学高级教师		研究专长	中小学管理 汉语言	
最后学历	大学本科	最后学位			担任导师		
工作单位	常德市澧县第一完全小学			电子信箱			
通讯地址	常德市澧县第一完全小学				邮政编码	415500	
联系电话							

	姓名	性别	年龄	职称、职务	研究专长	工作单位及部门
课题组主要成员	陈波	女	46	高级教师	语文教育	澧县第一完全小学
	戴静	女	37	一级教师	数学教育	澧县第一完全小学
	吴翠薇	女	37	一级教师	数学教育	澧县第一完全小学
	吴业辉	男	46	高级教师	美术教育	澧县第一完全小学
	吴红卫	男	50	高级教师	教学管理	澧县第一完全小学
	唐浩	女	30	二级教师	体育教育	澧县第一完全小学
	汪颖	女	30	一级教师	语文教育	澧县第一完全小学
	王明珠	女	32	一级教师	语文教育	澧县第一完全小学
	刘红艳	女	43	一级教师	语文教育	澧县第一完全小学
	刘呈靖	女	38	一级教师	音乐教育	澧县第一完全小学
	严丽	女	30	二级教师	数学教育	澧县第一完全小学
	严清华	女	35	一级教师	英语教育	澧县第一完全小学
	李志芳	女	43	一级教师	数学教育	澧县第一完全小学
	李娟	女	33	二级教师	信息技术	澧县第一完全小学
	李梅	女	38	一级教师	英语教育	澧县第一完全小学

预期最终成果	研究报告	预计完成时间	2020-07-01

二、开题论证后预期研究成果

主要阶段性成果

序号	研究阶段（起止时间）	阶段成果名称	成果形式	承担人
1	2017.02—2017.08	《试论新课程理念下的教师核心素养》	论文	龚 艳 刘红艳
2	2017.03—2017.09	《试论教师的核心素养与教育教学技能》	论文	李志芳 严 丽
3	2017.03—2017.11	《试论教师的核心素养与教育教学艺术》	论文	严清华 李 梅
4	2017.11—2018.06	《创新校本研修 打造教师专业成长的翅膀》	论文	陈 波 唐 浩
5	2017.04—2018.11	《基于校本研训的教师核心素养提升的实践与研究》阶段性研究成果	综合材料	刘呈靖 李 娟
6	2017.04—2020.06	《年度创新教学设计》	教案集	吴红卫 唐 浩 汪 颖
7	2017.04—2019.12	《教师阅读报告集》	读后感	王明珠
8	2018.02—2020.05	《核心素养吐芬芳》	论文集	吴翠薇 吴业辉
9	2018.02—2020.05	《教师成长故事集》	故事集	陈 波
10	2020.05—2020.06	《基于校本研训的教师核心素养提升的实践与研究》的研究报告	研究报告	尹述红

最终研究成果

序号	完成时间	最终成果名称	成果形式	负责人
1	2020.05—2020.06	《核心素养吐芬芳》	论文集	赵冰清 吴业辉
2	2020.05—2020.06	《教师成长故事集》	故事集	陈 波 唐海燕
3	2020.05—2020.06	《基于校本研训的教师核心素养提升的实践与研究》研究报告	研究报告	尹述红

三、开题论证后的实施方案（由课题主持人填写）

填写内容：问题提出、研究意义、研究价值、研究综述、核心概念界定、理论依据、研究目标、研究内容、研究思路、研究方法、实施步骤和措施、组织领导、成员分工、研究成果及责任人、经费管理以及课题研究目前行动情况等，并附主要参考文献。

问题的提出

基础教育课程改革，将我国千万教师的核心素养问题提到了前所未有的高度，教师的培训、学习显得比以往任何时候都更加重要。校本研训作为一种以学校培训为主阵地，将教师教育活动与教育教学实际结合起来的培训模式，能有效地整合本校的培训资源，充分调动教师专业化发展的内驱力。近年来，我们澧县第一完全小学顺应教育形势发展的需要，注重立足学校实际，开展以校为本的"说、授、评、问、辩"五环教研模式的教师培训与教育教学研讨活动，促进了教师的专业发展。但是，教师的发展是一个连续的过程，发展的路如何继续走？我们必须思考。另外，学生核心素养框架已成为当前颇受关注的一大教育热点，要培养学生的核心素养，对学校教师队伍专业发展提出了新的要求，教师的素养将很大程度上决定学生的核心素养能否在教育实践中真正落实。基于此，我们想通过"基于校本研训的教师核心素养提升的实践与研究"，探索一些提高教师核心素养的途径与方法，打造更多的名优教师，引领教师的教育教学工作。

研究意义

①将有利于营造校本教研的氛围。本课题研究实现科研与培训并举，主研与群研结合，行为与理念互动，研究与运用统一。唤醒教师的科研主体意识，促进教师教育观念、教学行为全方位的变革，为教师的专业成长提供肥沃的土壤。

②有利于新课程改革的顺利实施。

③有利于教师团队建设。加强教师队伍的建设和管理，对于提高教

师群体的整体素质，促进专业发展，具有显著成效，是一种双赢的策略。

研究价值

理论价值：本研究属于应用性研究课题，通过研究与实践，探讨一种贴合教师实际、解决新课程实施过程中教师核心素养滞后问题的途径与方法，并不断优化与完善。

实践价值：本研究是实施课程改革的需要，是教育均衡发展的需要，能有效提升教师核心素养，能促进学生核心素养的提高，实现教师与学生的协同发展，共同成长，有利于提升办学水平，打造品牌学校，其优化与完善后的成果值得广大学校借鉴和推广。

研究综述

20世纪60年代前后，"教师即研究者"运动兴起，当时英美教育界有人提出，没有学校参与特别是教师参与的教育研究，其研究成果是无法很好地在教育实际中加以运用的。因此，教育理论界呼吁：将教育研究与学校教学实际紧密结合，倡导教师参与校本研究，成为真正的研究者，即研究型教师。这个研究中，行动研究是主体特色，其关键特征有四点：参与、改进、系统、公开，即参与行动、改进实践、系统探究、公开成果。行动研究的特点：为行动而研究，对行动的研究，在行动中研究，由行动者研究。

在校本研修中，以美国为代表的发达国家非常重视教师同事之间的合作互助。1982年，西方学者乔依斯和肖沃斯通过研究认为，同伴之间互助指导的效果非常明显，同伴互助可以引发艺术切磋与教学研究。格瑞夫斯等专家从文化的角度提倡教师协作，他们认为："教师合作文化能够促进教师的自主性学习或者研究，促进学校的变革。"美国著名教授克里克山克和贝勒尔、梅特卡夫副教授提出"有效教师"的概念，主张通过微格教学，给教师提供清晰的指导；通过反思性教学，促使教师成为一个反思型的实践者。

我国学者叶澜等认为："教师专业发展就是指促进教师专业成长或教师内在结构不断更新、演进和丰富的过程。"朱宁波等人则认为："教师个人在历经职前师资培育阶段、任教阶段和在职进修的整体过程中都必须持续地学习与研究，不断发展其专业内涵，逐渐达到专业圆熟的境界。"刘万海则撰文指出："教师专业发展是以教师专业自主意识为动力，以教师教育为主要辅助途径，教师的专业职能素质和信念系统不断完善、提升的动态发展过程。"教师专业发展不仅仅是一个过程，也是教师专业学习过程的结果，并且以教师专家职能的逐渐形成为主要特征。

我国在"教师专业"的概念意识上，与国际上"教师职业专业化"的认同趋势有较大距离。在教师队伍成长的研究上也大多注重教师内环境的研究，即偏重于如何培养和提高教师的专业知识和技能的研究，而学校机制是教师成长的外部环境，在这方面的研究却很少。在研究思想上，也是按"理想人"定式加工的"塑造论"占主导地位，从"知"方面研究多于从"情"方面的研究，忽视教师在教育活动中"人本取向"的探讨。这样，不仅使教师失去了教育生活中的生动、活泼、主动和个性发展，而且使教师失去了应有的热情和真正的教育智慧，失去了对教师专业素养创造性的追求。

国内的实践层面，以上海和浙江为代表的华东地区，学校开展校本研训起步较早，取得的经验也很丰富，主要体现在教师通过自觉地学习和发展平台，让自身的专业素质得到良好的发展。

综上所述，我国开展校本研训，培养教师的核心素养，促进教师的专业发展，无论从理论还是实践上，都有了很好的成果和经验，但是，作为农村县城区的学校，如何以校本研训为抓手，开展提升教师核心素养实践，还需要在结合理论学习和借鉴经验的基础上，认真研究教师特点、学校活动特点，通过行动研究优化学校和教师行为。我校从以上前提出发，力图通过总结过去研究的经验，继续以校本研训为主要内容，探讨和实践教师发展的新路子。

核心概念界定

校本研训：我们在实践中，立足校本，针对教师群体现状和教育教学一系列问题，把学校对教师的校本培训与教师个人的自我研修结合起来，开展有目的、有计划、有系统的研究和培训活动。

教师的核心素养：教师应该具备的最基本、最核心的心理品质。本

课题中主要指教师的信息素养（获取、贮存和表达信息）、创新素养（个人创新品质与引导学生创新）、自我管理素养（个人身心调养与行为管理）。

提升：让教师的教育情怀和教育能力得到有效发展。

理论依据

斯巴克斯和郝什关于教师专业发展的理论。他们认为："教师的专业发展不是让教师获得一套固定的教学技能和学习如何运用特定的教学方案，而是为他们提供持续成长和问题解决的机会，有经验的实践者经常在更高层次上重新表征问题；或者质疑一些原有的常规，在没有问题的地方发现问题。这种教师成长是自我持续的和富有生产力的改变。"实践是教师成长的途径，越是能不断追问如何使自己的实践有效、为什么会有效的教师，在信念、知识和实践方面的改变就越大。教师对于影响其专业活动的知识或理解或信念，不是通过外面专家"获得"，而主要依赖于教师个人或合作的"发现"。

自我教育理论。人自身的感官和大脑构成一个有机系统，具备接收信息和自我调节的功能。人要适应和改造环境，能够主动地获取外界的大量有价值的信息，就要进行自我调节和控制，以改造自己、提高自己、完善自己。

建构主义理论。建构主义认为，一个人理解新知识时总是在已有经验基础上进行的。维果斯基也提出了"最近发展区"概念。教师平时的教学模式以及在此习惯模式下形成的经验和能力是进行校本教研的基础，只有当校本教研的要求在教师的经验和能力的边缘时，或者说在教师的"最近发展区"时，才能借助原有经验和能力理解，发挥他们的潜能，最大限度地促进其专业发展。

研究目标

基于理论学习和实践探究，厘清教师专业核心素养的内涵，探索促进教师素养提升的校本研训途径与方式，构建学校开展校本研训的实施策略和教师个人发展评价与激励策略，促进教师主动自觉发展，教师的个体发展向教师整体的发展转变。

研究内容

①研究教师核心素养品质及其在工作中的表现特征，探索积极素养对教师专业活动的意义与价值。

②探索教师专业核心素养的个体发展路径，研究教师个人发展的学校与社会平台建设。

③探索学校开展校本研训、培养教师核心素养的实施策略与评价策略。

④探究校本研修中，个人自主研修、教师群体研修与学校整体研训在研修内容与方法上的协同机制构建。

研究思路

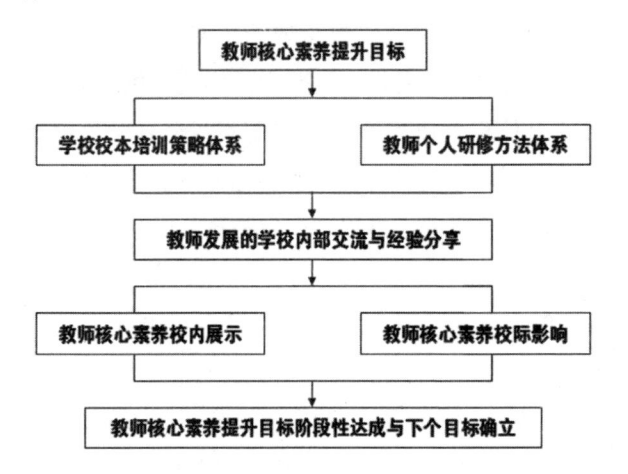

```
                    教师核心素养提升目标
                            │
          ┌─────────────────┴─────────────────┐
   学校校本培训策略体系                教师个人研修方法体系
          └─────────────────┬─────────────────┘
                            │
              教师发展的学校内部交流与经验分享
                            │
          ┌─────────────────┴─────────────────┐
   教师核心素养校内展示              教师核心素养校际影响
          └─────────────────┬─────────────────┘
                            │
          教师核心素养提升目标阶段性达成与下个目标确立
```

研究方法

①文献研究法：查阅与本研究有关的国内外文献资料，并进行充分检索、分析和利用，为确定本课题的研究奠定理论基础和研究方向。

②调查研究法：采用问卷和访问调查表，对教师教育教学现状及现行校本培训情况进行调研，以便在实践构建中增强针对性。

③行动研究法：教师的日常生活主要是教育、教学生活，叙事行动研究就是引导教师将对校本培训及自主发展过程遇到的困惑或问题作为研究对象，然后进入研究现场进行访谈，整理分析资料，提炼研究成果或总结自我反思以及反思后的行为跟进，以此循环并在过程中调整研究

措施，探索实践规律，通过撰写自己的故事、分析相关课例与案例等，形成研究成果。

④案例研究法：借助一些教育教学案例深刻描述，以故事或事件的方式呈现课堂教学中一些典型的师生行为表现和情感的状态。这些教育教学案例设计的主题是体现教育智慧。

实施步骤

本课题实验时间大约为三年，即从2017年2月份开始到2020年7月结束。

第一阶段：课题准备阶段（2017年2月—2017年6月）

①成立课题组，制定课题方案。

②课题研究组成员学习现代教育理论，搜集整理教师专业发展与名优教师群体培养的相关文献资料，为研究的实施提供理论与实践依据。

③通过对国内外相关研究的学习与借鉴，结合学校已有校本研训的研究成果，形成新阶段开展研究工作的实施方案。

④按照省规划办的要求，申报湖南省教育科学规划课题。

⑤主研教师知识培训。

第二阶段：研究实施阶段（2017年7月—2019年7月）

①开展教师核心素养现状的调查研究，分析教师素养中一些不足或值得他人学习的长处，在此基础上制定校本研训相应的基本措施。

②通过课标解读、"说、授、评、问、辩"模式下的校本课研讨、青年教师五项全能竞赛、师徒结对、同课异构等各种活动，达到教师核心素养的相互发展。

③通过给教师推荐相关书籍、派遣其外出学习等达到教师对核心素养的更深理解与提升。

④通过指导教师自我研修、课堂教学的反思、经验总结、问题的自我剖析等多种方式，达到教师个人发展。

⑤通过校内外的发展环境相结合，利用我校优质资源与农村薄弱学校结对的方式让教师在才华的自我展示中增强自豪感和职业幸福感，从而达到自我提升。

⑥通过以上各种研究，组织教师总结经验，形成校本研训的策略体系。

第三阶段：总结、提炼成果阶段（2019年8月—2020年7月）
①形成课题组成员论文集加以出版。
②搜集整理实验研究材料，对相关数据进行分析，科学评定实验研究成效。
③撰写课题研究报告。
④组织课题结题鉴定会与成果推介会。

具体措施
①聘请专家指导，集中学习讨论，提高课题研究小组的研究水平；
②落实分工、落实任务，并制定时间进程；
③组织开题，落实研究任务；
④落实每两周一次的负责人碰头会与每月一次的全体课题组成员集中学习讨论；
⑤研究期间，每个成员至少发表一篇与课题有关的论文；
⑥分阶段检查各研究小组的原始研究资料。

成员分工、研究成果及责任人

序号	研究阶段（起止时间）	阶段成果名称	成果形式	负责人
\multicolumn{5}{c}{主要阶段性成果（限报10项）}			
1	2017.02—2017.08	《试论新课程理念下的教师核心素养》	论文	龚 艳 刘红艳
2	2017.03—2017.09	《试论教师的核心素养与教育教学技能》	论文	李志芳 严 丽
3	2017.03—2017.11	《试论教师的核心素养与教育教学艺术》	论文	严清华 李 梅
4	2017.11—2018.06	《创新校本研修 打造教师专业成长的翅膀》	论文	陈 波 唐 浩
5	2017.04—2018.11	《基于校本研训的教师核心素养提升的实践与研究》阶段性研究成果	综合材料	刘呈靖 李 娟
6	2017.04—2020.06	《年度创新教学设计》	教案集	吴红卫 唐 浩 汪 颖

7	2017.04—2019.12	《教师阅读报告集》	读后感	王明珠
8	2018.02—2020.05	《核心素养吐芬芳》	论文集	吴翠薇 吴业辉
9	2018.02—2020.05	《教师成长故事集》	故事集	陈　波
10	2020.05—2020.06	《基于校本研训的教师核心素养提升的实践与研究》的研究报告	研究报告	尹述红

最终研究成果（限报3项，其中必含研究报告）					
序号	完成时间	最终成果名称	成果形式	负责人
1	2018.02—2020.05	《核心素养吐芬芳》	论文集	吴业辉
2	2018.02—2020.05	《教师成长故事集》	故事集	陈　波
3	2020.05—2020.06	《基于校本研训的教师核心素养提升的实践与研究》的研究报告	研究报告	尹述红

经费管理

1. 学校将自筹3万元专项资金支持课题研究；
2. 依湖南省教育科学规划领导小组文件要求管理经费的使用；
3. 经费预算如下：

①图书资料费：1200元

②学习培训费：8000元

③资料打印费：800元

④专家咨询费（含开题论证、中期检查、结题鉴定等）：10000元

⑤成果奖励费：8000元

⑥小型会议费：2000元

经费管理单位名称：常德市澧县第一完全小学

通信地址：澧县澧阳街道办事处棚厂街社区文化街57号

邮政编码：415500

开户银行：澧县沪农商村镇银行账号：7361214020000000026

课题研究目前行动情况

1. 完善了课题研究的各类保障

①制度保障。学校制定了《教育科研三年规划》《教育科研课题管理办法》《课题组量化细则》《科研教师量化细则》《教师优秀教研成果奖励办法》等制度，规范课题研究行为和管理。学校还把教师在课题研究方面的表现情况列入年度考核的内容，并作为评优评先、教师聘任和职称评聘的主要依据。

②组织保障。本课题研究将聘请省市县课题研究的专家学者进行长期指导和培训。另外，本课题组也有专题分工。课题研究小组负责统一规划课题研究方向、课题的论证申报、课题的结题和经验的推广，学校教研室负责各课题组的日常研究、信息收集、监督、检查等，各课题小组（即备课组）具体负责课题研究工作和课题组日常档案建设与管理，子课题实行教师个人负责制，由承担人具体负责研究内容的选定与实施。

③设备保障。学校建立了网络科研平台，一流的实验室，高标准的录播室，各教室均配备有多媒体教学平台，都为课题研究提供了硬件支撑。

④时间保障。学校拟定措施确保每周集体研究时间不少于2小时，个人研究时间不低于3小时，减轻研究骨干教师日常工作任务（如值班、开会等），以便集中精力开展研究，确保研究效率和质量。3年如一日，我们完全有理由相信可以完成本课题的研究。

⑤经费保障。学校将自筹3万元专项资金用于课题研究，单独建账、单独核算、专款专用，供教师外出学习考察、课题培训、专家指导、资料打印及成果奖励等，确保研究顺利展开。

2. 学习、培训、研讨情况记载

①本人几乎天天关注"湖南教育科学规划网"，也要求课题组成员尽可能多地关注该网站，及时了解课题研究的最新动态及课题办的相关精神。

②2017年2月22日，参加完在澧州学校举行的课题申报工作会后，召开课题组全体成员研讨会，研讨内容是：课题的人员组成及分工，课

题交流，制定研究方向，主要是课题界定及课题研究背景。

③2017年2月27日，召开课题组全体成员研讨会，教研室陈波主任主持，研讨内容是：课题的研究方向及课题立项申请书的填写和上传，要求研究课题人员抓紧时间开展研究，准备好文献资料和课题立项申请书。

④2017年4月，课题组副组长陈波组织课题组成员学习《激励教师专业发展的校本途径研究》和《林乐光谈教师的核心素养》，介绍了本课题提出的社会背景、选题意义及研究价值。学校统一购买了近600元的书籍和刊物供课题研究。赵冰清、陈波、唐海燕、唐浩、严丽等教师自费购买了相关书籍进行学习，并都做了读书笔记。

⑤2017年5月，教研室陈波主任组织课题组成员学习课题相关研究理论。

⑥2017年5月11日，课题核心人员赵冰清、唐海燕参加"2017年度常德市教育研究立项课题主持人培训"。培训的主要内容：李炳煌教授主讲《课题研究的有序推进与研究方法的科学应用》，郭铁城教授主讲《课题成果的总结提炼和表达》。

⑦2017年6月22日，召开课题组全体成员课题研讨推进会，教研室陈波主任主持，研讨主要内容是：怎样开展校本研训；校本研训与教师核心素养相互作用与关系研究；学校推进校本研训工作的基本思路研究。

⑧2017年7月1日，召开全休课题组成员（主研人员、参研人员）会议，布置开题报告准备工作，集中学习《常德市教育研究立项课题管理工作规程》及与课题研究有关的教育学心理学理论。主要研究开题报告的事宜，如资料的收集、整理，上传时间等，建立相应管理制度。

⑨2017年7月7—9日，课题核心人员赵冰清参加了湖南省教育科学研究工作者协会举办的"2017年度湖南省教育科研培训班"学习。培训的主要内容：课题申报、课题开题、研究方法、论文撰写、课题结题、课题管理、成果评奖等。

参考文献（规范呈现20部、篇）

[1] 张扬, 张建中等. 有规矩 成方圆——区域推进以校为本教研制度建设 [M]. 上海: 华东师范大学出版社, 2010.06.

[2] 李春华. 名校校本研究创新能力.[M]. 重庆: 西南师范大学出版社, 2010.01.

[3] 兰军, 刘平秀等. 基于教师发展的中小学教师培训模式研究——以武汉经济开发区中小学高素质队伍建设为范例.[M]. 武汉: 华中科技大学出版社, 2012.05.

[4] 索磊. 基于实践理性的教师专业成长研究.[M]. 厦门: 厦门大学出版社, 2016.12.

[5] 赵希斌. 优秀教师的四项核心素质.[M]. 上海: 华东师范大学出版社, 2011.07.

[6] （美）托德威特克尔. 优秀教师一定要知道的17件事（诠释教师核心素养, 解密优秀教师的成功路径）.[M]. 北京: 中国青年出版社, 2016.06.

[7] 顾明远, 郭永福等. 中国教师核心素养提升丛书——哲理故事.[M]. 北京: 石油工业出版社, 2017.04.

[8] 顾明远, 郭永福等. 中国教师核心素养提升丛书——教育智慧.[M]. 北京: 石油工业出版社, 2017.04.

[9] 顾明远, 郭永福等. 中国教师核心素养提升丛书——励志故事.[M]. 北京: 石油工业出版社, 2017.04.

[10] 顾明远, 郭永福等. 中国教师核心素养提升丛书——情感故事.[M]. 北京: 石油工业出版社, 2017.04.

[11] 顾明远, 郭永福等. 中国教师核心素养提升丛书——职场故事.[M]. 北京: 石油工业出版社, 2017.04.

[12] 顾明远, 郭永福等. 中国教师核心素养提升丛书——创新故事.[M]. 北京: 石油工业出版社, 2017.04.

[13] 刘光余. 校本研修: 新课程背景下教师能力的生成路径.[J]. 教育科学论坛, 2015.04.

[14]董鲁,皖龙.教师专业化:培养核心素养的起点——中国教育学会第28次学术年会综述.[J].中国教育报,2016.01.

[15]周颖华,陈飞.基于核心素养的教师培养模式:挑战与转型[J].教育理论与实践,2017(14):24—26.

[16]王伟.新课改理念下教师核心素养的培育[J].华夏教师,2016(10):79.

[17]吴文芳.例谈小学语文教师的"核心素养"及达成路径[J].七彩语文(教师论坛),2016(8):8—10.

[18]李星云.基于数学核心素养的小学数学教师课程体系建构[J].教育理论与实践,2016(11):47—50.

[19]林乐光.林乐光谈教师的核心素养[N].现代教育报,2016.

[20]张敏.激励教师专业发展的校本途径研究[D].上海:上海师范大学,2007.

四、专家评议要点

（专家论证的由开题专家填写，自我论证的由课题主持人填写）

填写内容：侧重对课题研究实施内容的可行性评估并提出建议，包括重要变更。

根据湖南省教育科学规划课题管理规定，2017年7月10日，省教育科学规划办组织专家组对澧县第一完全小学申报的课题《基于校本研训的教师核心素养提升的实践与研究》进行了开题论证。专家组听取了课题研究开题报告，审阅了课题研究的有关前期准备资料，经过认真评议，形成如下论证意见：

1. 研究思路清晰。从学校研究实际出发，确立了具体明确的研究目标，研究内容丰富，研究程序清晰，对成果预设具有较强的可预期性和对研究目标的相关性。

2. 研究方法适切。如本课题中的"现场访谈，分析资料，提炼成果，总结反思，探索规律，撰写故事，案例分析，形成研究成果"等行动研究法，能保证课题研究真正源于教师教育生活，成长于实践，成功于内需，达到教师核心素养的真正提升。

3. 研究计划全面。课题按时间序列进行了详细的过程设计，并对实施阶段进行了详细的论述划分，课题组成员结构合理，研究任务分工明确。

4. 研究保障有力。从事课题研究的科研团队力量强，课题研究各项前期工作准备充分，学校拥有较好的信息化教育设施和环境，经费可以满足研究的需要。

为了进一步完善研究方案，使本课题研究更具有完整性、针对性和可操作性，建议如下：

1. 对课题的题目进行适当调整，建议改为"基于校本研训的教师核心素养提升的实践研究"。

2. 同意对教师核心素养的三个定位：信息素养、创新素养和自我管

理素养。建议把这三个核心素养作为研究重点,最后形成课题的研究成果。

3. 进一步查阅参考文献,尽量与"校本研训"和"教师核心素养"紧密关联,以此寻找到所需的精准的理论依据。

基于以上意见,专家组一致认为:本课题选题准确、研究目标定位准确,研究内容全面,研究方法行当,研究力量强,同意正式开题,并马上开展研究活动。

签字:

年　月　日

湖南省"十三五"教育科学规划课题

《基于校本研训的教师核心素养提升的实践与研究》课题中期研究报告

澧县一完小课题组

一、问题的提出

　　基础教育课程改革，将我国千万教师的核心素养问题提到了前所未有的高度，教师的培训、学习显得比以往任何时候都更加重要。校本研训作为一种以学校培训为主阵地，将教师教育活动与教育教学实际结合起来的培训模式，能有效地整合本校的培训资源，充分调动教师专业化发展的内驱力。近年来，我们顺应教育形势发展的需要，注重立足学校实际，开展以校为本的"说、授、评、问、辩"五环校本教研模式的教师培训与教育教学研讨活动，促进了教师的专业发展。但是，教师的发展是一个连续的过程，发展的路如何继续走？我们必须思考。另外，学生核心素养框架已成为当前颇受关注的一大教育热点，要培养学生的核心素养，对学校教师队伍专业发展提出了新的要求，教师的素养将很大程度上决定学生的核心素养能否在教育实践中真正落实。作为农村县城区的学校，如何结合理论学习和借鉴经验的基础上，认真研究教师特点、学校活动特点，通过行动研究优化学校和教师行为。为此我们力图通过总结过去研究的经验，继续以校本研训为主要内容，探讨和实践教师发展的新路子。

二、研究目的与内容

1. 研究目标

　　基于理论学习和实践探究，厘清教师专业核心素养的内涵，探索促进教

师素养提升的校本研训途径与方式、构建学校开展校本研训的实施策略和教师个人发展评价与激励策略，促进教师主动自觉发展，教师的个体发展向教师整体的发展转变。

2. 研究内容

①研究教师核心素养品质及其在工作中的表现特征，探索核心素养对教师专业活动的意义与价值。

②探索教师专业核心素养的个体发展路径，研究教师个人发展的学校与社会生态氛围。

③探索学校开展校本研训、培养教师核心素养的实施策略与评价策略。

④探究校本研修中，个人自主研修、教师群体研修与学校整体研训在研修内容与方法上的协同机制构建。

三、研究的过程

为了探索提升教师核心素养的路径，我们向学生、家长、老师分别进行了问卷调查，将培养教师核心素养的常态动作分别进行列举，并允许自行补充进行完善，反馈情况统计如下。（以教师收回的问卷为例）

学历进修	30人
专家讲座	11人
优秀教师	5人
集智备课	8人
组内学习	18人
说课评课	8人
校本教研	20人
课题研究	4人
师徒结对	18人
校内比赛	4人

各级比赛	19 人
校际听课	6 人
教学反思	22 人
个人规划	4 人
书报杂志	8 人
教师沙龙	8 人
网络教研	30 人
支教轮岗	50 人

我们认为以上的项目比较周全，基本上涵盖了培养教师核心素养的主要方式，我们觉得，"案例+反馈"在教师核心素养提升过程中起关键作用，教师是学习者，又是实践者。以课堂观摩为学习方式，以撰写典型案例为反思方式，以反馈评价为指导方式，从理论到实践，再从实践到理论的循环有效地促进教师迅速成长。在具体操作时，我们采取了"整体驱动，比翼齐飞"的策略：

（一）自主发展与群训众创相结合

教师成长既需要自我意识觉醒的"内生长"，又需要学校引领的"外生长"。"内生长"多指向教师的生命成长，在精神层面开疆拓土；"外生长"多指向教师的专业成长，在专业层面日益精进。

研究还发现，学校对入职期教师的发展高度关注，而往往忽略成熟期教师的需要。实际上，入职期教师发展愿望本来就很强烈，而教师走向成熟以后，高原现象随之而来，遮蔽了自生长。因此，特别需要学校创设"我要发展"的氛围，推动每一类教师积极生长。从"计划"到"规划"、从"外建"到"内输"、从"讲台"到"平台"全方位考虑。唯有如此，教师才会真正成长、成熟、成才、成功。激荡着生命的活力，享受到职业的幸福。

我们坚持周周都有公开课的展示：青年教师比武课、中年教师的优质课、老年教师的示范课，让教师在课堂舞台上崭露头角，使教师"一年过关显身手，三年成熟为能手，五年成才是高手"，我们还让课题主研人员当"红娘"，成功牵手103对师徒签订了合同。

（二）校本教研与"借巢养凤"相结合

我们注重掘展校本教研的主渠道，凸显针对性、自主性、应用性、群体性特征，采用了案例研究模式、教学反思模式、师徒合作模式、问题探究模式、聚焦诊断模式，将校本培训开展得风生水起，丰富多彩，并采取"内引外联"策略拓展培训途径。

请进来培养，即有目的、有计划地邀请有关专家来学校讲学、上示范课，为广大教师开阔视野、接触理论前沿、形成敏锐的科研能力创设条件。

送出去培养，即有目的、有计划地组织各类不同的老师到高等院校培训基地进修、学习，听取省内外教育专家和特级教师的学术讲座，提高其理论素养；对于特别优秀的教师代表，学校不惜代价，分批次组织他们到长沙、宁波、上海、北京等地进修，学习外地先进经验。

派出去培养，即主动与有关学校联系，让老师到一些学校挂职、支教，实地学习他人、他校的经验，以促进自身的发展，也可以应一些学校之邀，有意识地外派培养对象代表学校外出讲课、讲学。这样的外派活动一方面能使培养对象产生自豪感、成就感。同时，在与外地领导、专家、教师的积极交流中，借鉴他们的教学经验，这样内外结合、相互融合、相得益彰，从而不断提高教师的素养。

（三）线下活动与网上研训相结合

伴随着当代以"互联网+"为特征的全球化、信息化、智能化时代的到来以及教育技术手段的革新，人们的学习、生活、工作方式正在发生巨大转变，如何应付网络课堂、在线课程以及翻转课堂等对学校教学活动的冲击？需要教师具有良好的创新素养去面对。我们利用博客、QQ、微信等平台，强化互动对话、讨论功能，做到线下问题，网上作答；线下反思，网上交流；线下成果，网上展示。形成了"民主参与、共同讨论、专家把脉"的校本研训套路。

四、研究初步成果

（一）完成了教师核心素养的模型

我们认为，教师素质是多侧面的整合体。我们剔除教师其他普通素质因素，追求其根本性、关键点、要害处，形成了以下要素模型，我们将"敬业爱岗、博学善教、协作创新"三个方面组合在一起，取其每项第一个拼音大写字母，且称为"JBX"模型。

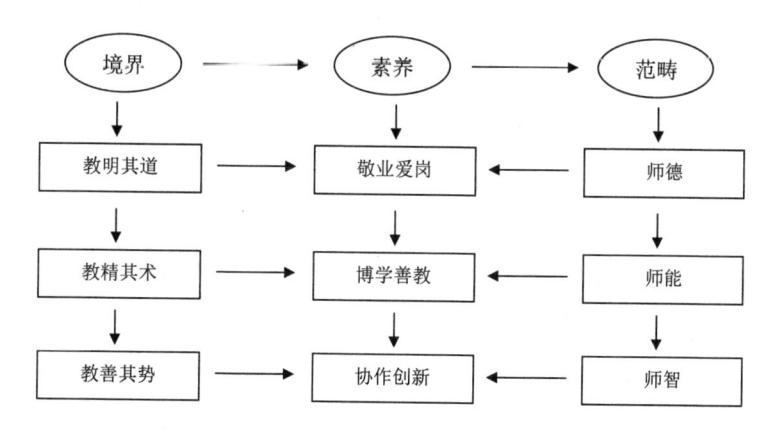

```
境界          素养          范畴

教明其道  →  敬业爱岗  ←  师德
   ↓            ↓            ↓
教精其术  →  博学善教  ←  师能
   ↓            ↓            ↓
教善其势  →  协作创新  ←  师智
```

（二）物化成果初步显现

课题实施以来，学校有35名教师获县级"师德标兵""优秀教师""劳动模范"等光荣称号，有14名教师获市级以上奖励，有208篇论文在市级以上获奖或刊登，教师有自己的教学主张，其中有3位教师的专著相继发表，学校也获市级教育科研先进单位的光荣称号。

五、研究结论

在上级中期评估之前，我们对课题进行了自我评估：做到了"舍得投入"与"科学投入"结合、"硬件资源"与"软件资源"匹配、"内部条件"与"外部资源"统筹、"行动研究"与"教学实践"，同步达成了研究资源与研究行为的良性循环、相互催生，最大限度地满足研究工作的实践需求，主

要表现为以下几个方面：

研究效度构建表

关键维度	研究领域	行为要素
一、研究定位的把控力	1. 明确研究价值取向	（1）服务于全体教师专业发展
	2. 确立校本研究范畴	（2）以教师为主体，以学校为主阵地
	3. 遵循校本研究原则	（3）个人研究与学校实际相结合
		（4）理论研究与教学实践相结合
		（5）前瞻性研究与现实应用相结合
二、研究规律的发展力	4. 厘清行动研究规律	（6）合作型研究与独立型研究并举
		（7）引进型研究与校本型研究互补
		（8）系统型研究与灵活型研究协同
三、研究制度的创建力	5. 确立研究管理制度	（9）健全研究项目申报立项制度
		（10）健全研究项目中期检查制度
	6. 构建评价激励机制	（11）研究成果激励措施长效
	7. 设立专门管理机构	（12）学校设立科研管理部门
		（13）专人负责学校科研工作
四、研究资源的保障力	8. 组建高效研究团队	（14）组织教师建立课题研究团队
		（15）成员之间沟通顺畅、合作良好
	9. 提供充分经费保障	（16）研究经费列入年度整体预算
	10. 保证充足研究时间	（17）每周固定一个下午每天学习一个小时
	11. 提供丰富研究资讯	（18）配备图书音像资料
五、研究行为的督导力	12. 制定学校科研规划	（19）符合学校发展需要
	13. 推进研究实施应用	（20）定期检查研究项目的进展

续上表

关键维度	研究领域	行为要素
五、研究行为的督导力	14. 开展全员专题培训	（21）系统地发起全员性的学习活动
	15. 重点培养研究骨干	（22）鼓励骨干教师指导、带动同伴
	16. 个别指导关键环节	（23）指导教师科学设计研究方案
		（24）指导教师认真实施研究方案
	17. 有效物化研究成果	（25）指导教师发布发表研究成果

六、讨论

众所周知："素质"曾一度成"热词"，风靡教育领域。我们认为素质有"素与质"和"素的质"两种含义，即从联合、偏正构词诠释其含义，我们更看重后者。"素养"与"素质"一字之差，但素质强调的是结果，"素养"指向更多的是过程，这就为本课题提供了研究与实践的可行性。

课题初步研究中，我们发现还有很多工作需要完善和探讨：

1. 教师是社会的一部分，作为人的核心素养因素繁多，我们总结的"JBX"模式还应不断检验与完善。

2. 在信息风起云涌的时代，怎样开发软件，实施"互联网＋培训"模式值得进一步探讨。

3. 我们常说，"没有最好，只有更好"。基于校本教研，寻求培养教师核心素养的最佳途径仍是我们的任务和目标。

主持人　尹述红

思想经纬

花开花落，我们在思考；潮起潮落，我们在思考；时空轮回，我们在思考。子在川上曰：逝者如斯夫。时光不老，我们不老，思想永远是那一支年轻的芦苇。让我们一苇以航，让教育成功行驶到彼岸。

澧县一完小 2020 年教师教育教学论文刊发情况统计表

序号	论文题目	刊名及期号	撰写人	级别
1	《浅谈小学美术教学中培养学生审美能力》	中小学教育	周泽平	国家
2	《通过"现代"路径，步入诗意丛林》	湖南教育（B版）	陈 波	省级
3	《论心理健康教育下的小学语文教学》	考试指南报	宋惠君	省级
4	《论生本教育下的小学语文阅读教学》	考试指南报	龙红英	省级
5	《议新时期小学语文课程资源的开发利用》	考试指南报	雷 艳	省级
6	《浅谈小学语文口语交际教学》	考试指南报	马桂英	省级
7	《议小学语文绘本智慧阅读教学的策略》	考试指南报	马桂英	省级
8	《论读写结合在小学语文阅读教学中的运用》	考试指南报	尹德莲	省级
9	《议激励教育在小学语文教学中的应用》	考试指南报	曹静子	省级
10	《小学语文高年级的高效课堂模式探究》	文化时代	柏镁芳	省级
11	《做有温度的班主任》	科教新报	唐 浩	省级
12	《大手牵小手，家校同步走》	科教新报	陈 波	省级
13	《亲子悦读，和谐家庭》	科教新报	叶梅芳	省级
14	《论几何画板在小学数学教学中的运用》	考试指南报	李 燕	省级
15	《议小学数学课堂提问技能的现状》	考试指南报	王美香	省级
16	《论数学思维在小学数学教学中的培养》	考试指南报	庹群芳	省级

续上表

序号	论文题目	刊名及期号	撰写人	级别
17	《论合作学习在小学数学教学中的运用》	考试指南报	万美琼	省级
18	《论小学数学教学中课堂导入的重要性》	考试指南报	胡长兵	省级
19	《论对话教学在小学教学中的应用》	考试指南报	王 霞	省级
20	《论小学数学课堂教学中学生数学能力的提高》	考试指南报	陈科宇	省级
21	《浅谈小学数学知识生活化教学》	考试指南报	彭红霞	省级
22	《数学广角——搭配（教案）》	教育学文摘	皮玉杰	省级
23	《小学六年级英语阅读分层指导教学探索》	科教论坛	李 梅	省级
24	《互联网技术促进小学生英语学习兴趣的探究》	考试指南报	严清华	省级
25	《互联网与小学英语学习兴趣提高的教学深度融合的教学模式》	考试指南报	严清华	省级
26	《论音乐游戏在小学音乐教学中的应用》	考试指南报	龙红英	省级
27	《小组合作学习在小学体育教学中的应用》	教育学文摘	王 瑜	省级
28	《探究小学体育教学中如何开展德育教育》	教育学文摘	赵电波	省级
29	《试析新课改背景下高中地理教学方法的创新》	育才报社	李利萍	省级
30	《又是毕业季、字书抵万金》	科教新报 2020年第26期	田 娟	省级
31	《优化隔代教育培养出色孩子》	科教新报 2020年第26期	赵冰清	省级
32	《论小学语文绿色教育的实施》	考试指南报 第510期	郑杜娟	省级
33	《基于小学数学翻转课堂教学模式的实施策略》	中国志愿者	皮玉杰	省级
34	《对小学信息技术课堂教学有效性的探究与思考》	教学与研究 2020年第9期	吴紫燕	省级

澧县一完小 2021 年教师教育教学论文刊发情况统计表

序号	论文题目	刊名	撰写人	级别
1	《如何在小学数学课堂培养创新思维能力》	教学与研究	李志芳	省级
2	《基于创新角度的小学体育教学研究》	中国教师	王国清	省级
3	《试论小学五年级语文写作教学策略》	教研博览	柏镔芳	省级
4	《论课外阅读在小学语文作文教学中的运用》	考试指南报	曹静子	省级
5	《浅析小学语文古诗文吟诵教学策略》	科教论坛	陈 波	省级
6	《让国学之花开满校园》	澧县教研	陈 波	市级
7	《论小学数学教学中学生问题意识的有效培养》	中学生报社	陈柯宇	省级
8	《七巧板玩转课堂》	澧县教研	郭春痕	市级
9	《论小学语文课外阅读应助力核心素养的提升》	考试指南报	胡 静	省级
10	《以数学核心素养为中心的小学数学智慧课堂教学探索》	中小学教育	黄燕妮	省级
11	《科学探究 提升小学科学教学效率》	育才报教研版	李丽萍	省级
12	《小学英语教学中学习兴趣的培养》	英语测试报	李 梅	省级
13	《小学英语合作学习教学探微》	科教新报	李 梅	省级
14	《如何在数学教学中引导学生巧妙识记》	育才报教研版	李 铭	省级
15	《小学数学教学中学习兴趣的激发与培养》	育才报教研版	李 铭	省级
16	《论小学数学智慧课堂环境中的教学互动》	考试指南报	李 燕	省级

续上表

序号	论文题目	刊名	撰写人	级别
17	《直播的日子》	澧县教研	李志芳	市级
18	《议小学语文注重群文阅读教学策略》	考试指南报	龙红英	省级
19	《24时计时法教学的几点思考》	澧县教研	鲁年珍	市级
20	《浅谈英语课堂中如何培养学生听说读写能力》	英语测试报	骆　倪	省级
21	《论小学音乐教学中互动式教学法的运用》	考试指南报	马桂英	省级
22	《论小学数学教学中学生逻辑思维能力的培养》	考试指南报	聂智慧	省级
23	《论教育技术在小学数学教学中的运用》	中学生报	彭玥婷	省级
24	《浅谈小学英语写作教学》	英语测试报	冉沂鑫	省级
25	《议小学德育教育的实效性》	考试指南报	宋慧君	省级
26	《议小学信息技术教学中存在的问题与对策》	考试指南报	孙彩兰	省级
27	《议小学科学教学中提升学生认知能力的策略》	考试指南报	汤万里	省级
28	《议小学语文学习习惯的养成教育》	考试指南报	田　雨	省级
29	《论小学数学教学中生活化的应用》	考试指南报	庹群芳	省级
30	《论互动模式在小学数学教学中的运用》	中学生报	万美琼	省级
31	《议小学语文学习中学生学习预习的重要性》	考试指南报	万燕子	省级
32	《翻转课堂教学模式在小学语文阅读教学中的应用探索》	读与写杂志	汪　颖	省级
33	《在小学语文教学中渗透中华传统文化的意义和路径》	语文课内外	汪　颖	省级
34	《感受古诗词的魅力——小学语文古诗词教学的研究》	中小学教育	汪　颖	省级
35	《议小学数学作业设计的优化策略》	考试指南报	王美香	省级
36	《新时期下的小学体育教学策略》	中国教师	王　瑜	省级

续上表

序号	论文题目	刊名	撰写人	级别
37	《论分层教学在小学数学教学中的应用》	考试指南报	文振祥	省级
38	《小学道德与法制教学实践与反思》	澧县教研	吴翠微	市级
39	《议小学信息技术教学中创新思维提升策略》	考试指南报	吴紫燕	省级
40	《如何培养小学生的写作能力》	澧县教研	向芳芳	市级
41	《论小学体育教学中体育品格的培养》	考试指南报	熊方敏	省级
42	《论如何强化学校安全教育措施》	考试指南报	熊方敏	省级
43	《小学数学教学中数形结合思想的融入研究》	教育科学	严 丽	省级
44	《议提升小学生数学学习心理环境的应对策略》	中学生报	严 丽	省级
45	《浅谈小学英语阅读教学》	中国教师	严清华	省级
46	《论小学语文教学中个性化写作的培养》	考试指南报	杨学丽	省级
47	《论在小学语文教学中如何开展写作教学》	考试指南报	尹德莲	省级
48	《论如何构建小学语文高效课堂》	考试指南报	尹德莲	省级
49	《议小学英语教学有效实施的策略》	考试指南报	尹俐力	省级
50	《在双减政策大背景下的学校管理浅论》	校外教育	尹述红	省级
51	《小学英语教学提高学生核心素养的策略探究》	华夏希望英语周刊	余嫣嫣	省级
52	《音乐教育中的美育特殊性初探》	澧县教研	张秋雯	市级
53	《运用信息技术提高小学数学课堂教学的有效性》	教育学会	张秋雯	省级
54	《阳光体育背景下小学体育教学策略分析》	中国教师	赵电波	省级
55	《议小学语文教学改革与创新》	考试指南报	郑杜鹃	省级
56	《议小学数学教学中错误资源的有效利用》	考试指南报	周 敏	省级

续上表

序号	论文题目	刊名	撰写人	级别
57	《合作学习的实践与反思》	澧县教研	周　珊	市级
58	《小学数学生活化教学探析》	科教新报	周晓华	省级
59	《如何优化小学数学课堂》	澧县教研	周晓华	市级

在双减政策大背景下的学校管理浅论

尹述红

在"双减政策"背景下,学校应该构建良好的教育生态环境,从注重课堂教学质量、课后延时服务、和谐校园关系等方面入手,检查各个管理环节尚且存在的问题,利用科学合理的管理策略来改善问题、弥补缺陷,从而进一步缓解学生家长焦虑情绪,使得学生能够在良好的校园环境中发展个性、发挥潜能,进而达到落实立德树人根本任务的目的。下面列举了几条管理途径以供学校管理者参考借鉴。

一、注重课堂教学质量,丰富教学内容

之前,义务教育阶段学生作业存在量大、任务多、耗时多等特点。学生饱受作业的折磨,同时由于现代社会竞争越发激烈,学生常常会被家长安排一定的校外辅导。在多重压力和负担的压迫下,学生总会产生厌学心理,抗拒对科学文化基础知识的学习,也无法使得自己的个性得到发挥和提升。所以说,"双减政策"的实施对于有效减轻学生负担是至关重要的。针对于此,学校管理层应该注重课堂教学质量的保障和提升,丰富教学课堂内容,引导教师合理设计各个教学环节和教学流程。为了促使教师提升课堂教学质量、丰富教学内容,学校管理层可以做到以下两个方面的内容:(一)建立一套行之有效的教师教学质量和教学效率考核制度。学校应该严格执行建立起的健全的教师考核制度,以提升整个教师团队专业素质为目的,以进一步提升课堂教学效率和教学质量为终极目标。在建立整个考核制度的过程中,学校应该秉持民主、公开、公平的原则,并重视引导教师合理设置作业,尽可能

做到"减负提质",透明性的原则,邀请广大教师共同参与教学考核制度的制定,在参与考核制度制定的过程中允许广大教师积极自由发表意见和观点,学校可以针对教师普遍化的意见进行商讨和解决,争取给予教师一个满意的结果。(二)提升教师福利待遇。教师的福利保障是教师能够安心扎根于课堂的基本,也是促使教师无私奉献、关心学生的积极反馈。学校管理层应该注重提升教师的福利待遇,促使教师以积极的心态去参与到课堂教学过程中。

二、提升课后延时服务,注重学生个性

在"双减政策"的大力实施下,课后延时服务应该是每个学校都应该设定和提升的基础教学服务。在课后延时服务中,教师可以帮助学生解决一些在课堂学习中没有充足时间来解决的问题,帮助学生处理有关于作业的一些疑惑和难题。在课后延时服务中,教师能够有效实行分层教学策略,注重学生的差异和个性,合理根据不同学生的学习特点和学习能力水平来帮助学生掌握适合自己的学习技巧和解题方法,进而促进学生的个性发展。基于此,学校管理层也应该注重课后延时服务的有效性和高效性,要求教师要针对不同学生实行不同的课后延时服务,帮助学生缓解作业负担。首先,学校要确保每个班级在课后延时服务时间内都要做好课后延时服务工作,要求教师秉持平等、公正的态度,悉心地为每位学生解决问题;其次,学校要规划建设好体育、音乐、舞蹈、劳动、信息、书法等区域,要让学生的兴趣爱好得到充分的培养。在课后延时服务中,学生可以依据自己的兴趣爱好自由选择自己想学习的科目或技能,激发自己的潜能,使得自己的个性和特长都能得到发挥。所以,学校管理层要注重课后延时服务的有效性,合理进行规划和设计课程,注重学生个性的发展和提升。

三、创设和谐校园关系,激发学生热情

"双减政策"目的是给学生减负。在轻松愉悦的环境中,学生才能够更有活力、更有热情、更有动力去投入到学习科学文化知识、全面提升自己的

活动中。所以说，创设和谐校园关系对于学生的成长是具有重要影响的。学校要特别注重和谐校园关系的建立，首先要注重师生之间和谐融洽关系的构建。师生和谐融洽关系是构建和谐校园的重要关系。学校可以定期组织"师生交流会"，鼓励师生双方发表自己的意见和观点，比如学生可以对教师教学工作、培育工作等方面提出建议，教师可以针对学生在学习习惯、生活表现、个人性格等多方面进行引导；其次，学校要注重学生与学生之间关系的构建。通过举办"读书交流会""运动会"等活动，学生和学生之间可以结交志同道合的伙伴和朋友，提升学生的热情，鼓励学生共同上进。

四、优化作业设置，减轻学生负担

"双减政策"的目的是重在帮助学生减轻作业负担和学业负担。所以，科学合理设计作业是具有重要意义的。学校管理要促使学生通过作业系统地、针对性地回顾温习已经学过的知识点，帮助学生通过处理作业来寻找自己知识体系的缺漏和不足。学校应该格外强调作业的趣味化和生动化，打破传统作业单调、枯燥的模式，避免设计过多重复性、机械性的抄写作业，要求教师努力创新作业设计模式，训练学生实践、推理、归纳、总结的能力。与此同时，在作业设计环节，学校也应该强调各学科的作业比例结构设置，在规定的作业总量前提下，要求教师合理设置关于书面作业、劳动实践、科学探究、艺术鉴赏等不同性质的作业类型，培养学生多样化能力，促使学生培养自主学习意识，要让学生成为学习的主人，促使学生能够积极参与到完成作业的过程中，逐步提升学生综合素养。

结语

综上所述，在"双减政策"大背景下，学校管理层应该紧跟国家政策步伐，保持与时俱进的管理思想，努力做到提升课堂教学质量和教学效率，丰富课堂教学内容，提升课后延时服务质量和效率，创设和谐校园关系，进而达到减轻学生作业负担和校外辅导负担等压力，促进学生个性化、全面化成长。

通过"现代"路径,步入诗意丛林

——论多媒体对古诗词教学的优化

陈 波

小学课本中的古诗词语言凝练、意境优美,富有思想性和艺术性。但如何让小学生领略古诗词的优美情趣一直是小学语文教学中的一大难题。一来由于古诗词本身含义深奥,与现代社会的语言表达和时代背景相去甚远;二来因为小学生知识面较窄,生活阅历浅,在诗意理解上存在一定障碍,仅停留于"译"与"背",远远达不到"赏"的程度。

在互联网发达的当今社会,多媒体已经成为小学课堂常用的教学手段。笔者在古诗词教学中利用多媒体,让诗中的声、色、形、意直接作用于学生的感官,带领学生步入诗意丛林,取得了不错的教学效果。

一、以音做引

课堂导入是课堂教学的第一步。如果教师能在一开始就抓住学生的心,一堂课就向成功迈出了坚实的第一步。因此教师要多花时间和精力在课堂导入上,而多媒体为教师提供了强大的助力。

《送元二使安西》是王维为送好友出使边疆而作的名篇。为了引导学生较快地融入诗中所表达的"离愁别绪""真挚情谊"中,教学伊始,我播放了古琴曲《阳关三叠》,在音乐营造的依依惜别氛围中,孩子们的心弦一下子被拨动了。于是我顺势导入课题:"同学们,我们刚才欣赏的是古琴名曲《阳关三叠》,它是根据唐朝著名诗人王维的离别诗《送元二使安西》创作的。诗中描绘的是一个怎样的送别场景呢?让我们随着音乐传递的情愫一起去读一读古诗吧……"看到他们认真投入的表情,听到他们深情诵读的声

音,我知道孩子们有了兴趣。

"三分诗,七分读。"在古诗词教学中,我特别注重引导学生在吟诵中理解诗歌内容,感悟诗歌意境和情感,感受中国传统文化的独特魅力。

如杜牧的《山行》,我指导学生吟诵时,首先引导学生按照多媒体出示的"平长仄短入声促"的规律进行诵读,学生在这样抑扬顿挫的反复诵读中感受到了诗歌特有的节奏美、音乐美和韵律美。

二、以画为媒

品诗犹如赏画。苏轼曾说过:"味摩诘之诗,诗中有画;观摩诘之画,画中有诗。"如果在诗歌教学中,利用多媒体技术引入"画",能让学生充分体会诗歌的诗情画意,进而体会诗歌的意境之美。

互联网中有海量资源,这为我的古诗词教学提供了极大便利,我们可以充分利用互联网,找到相对应的"画"制成精美的课件,这样就能"再现"诗中真正的"风景"。学习《晓出净慈寺送林子方》一诗时,我在播放音乐的同时出示了一张图片:烈日下,碧绿的荷叶铺展,与蓝天相接,亭亭玉立的荷花绽蕾盛开。精美的图画、优美的古乐,让孩子们如同穿越时空,像诗人那样一边欣赏风景,一边吟诵古诗:"接天莲叶无穷碧,映日荷花别样红。"学习《卜算子·咏梅》时,我又展示了一张冬季的图片:隆冬季节,北风呼啸,大雪漫天飞舞。有的孩子诵读:"墙角数枝梅,凌寒独自开。"还有的孩子深情咏叹:"驿外断桥边,寂寞开无主……零落成泥碾作尘,只有香如故。"多媒体把古诗词描绘的意境直接呈现在孩子们面前,形成视觉上的冲击,在学生与诗人之间架起了一座跨越时空的桥梁。

除了赏画吟诗,反过来,让学生据诗成画也是一个不错尝试。一次偶然的机会,一个学生在默写古诗《汉乐府·江南》时,在旁边画了碧绿的莲叶、嬉戏的鱼儿,特别赏心悦目。孩子的这一创新举动让我欣喜不已,当天,我便布置了一项特殊的家庭作业:用自己喜欢的方式大胆展示《汉乐府·江南》所描绘的情景,并通过班级微信群与其他同学分享。结果,孩子们表现出的想象力和创造力叫人惊叹:有的绘出了"江南美景",有的用纸剪出了"莲叶、荷花、小鱼"的图案,有的用泥塑建了"群鱼戏莲图",还有的在家长指导下竟然制作了"鱼戏莲叶东，鱼戏莲叶西"的动画视频。学生通过自己灵巧的手"画"出心中所想，"画"出心中所创，把自己也融入了诗的意境之中。

三、以字悟情

对中国的汉字，鲁迅先生曾以"三美"来概括：意美以感心，一也；音美以感耳，二也；形美以感目，三也。不同字体，能够表现不同的美：隶书的刚柔并济，草书的恢宏跌宕，楷书的清秀平和，魏碑的古朴淳厚……不同字体，也传递着或喜悦或忧伤的情感，营造出或奔放或内敛的意境。

如教学《望天门山》时，我用课件出示各种字体的"山"及《望天门山》的书法作品，让孩子们初步感知汉字魅力；再用不同的字体呈现出整首诗，让学生选出最能表达情感和意境的一幅，学生马上从草书的行云流水中体会到了天门山的气势，也从草书的畅快淋漓里读懂了诗人喜悦的心情。又如学习《忆江南·江南好》之后，我让学生选择合适的字体表现诗词的意境。有学生以此诗为内容做了一张幻灯片，以烟雨蒙蒙的江南春景为底图，选用了一种温婉的古典字体呈现诗歌，再配以柔和的古琴乐曲，生动展现了一幅娇艳的江南画卷。

四、以一及百

诗歌教学不能局限于教材内容和课堂教学，而要把学生引到更广阔的语文天地里去。在学完本课内容之后，教师可以根据本课的知识点和情感线再为学生搜集一些相关诗歌，让学生读背，并作简单精辟的讲解，以拓展学生的阅读面。互联网无疑为这一目标的实现提供了强大支持。

例如，教学王昌龄的《出塞》后，可以拓展到杜甫的《前出塞》、王之涣的《凉州词》等其他的边塞诗歌；学习林升的《题临安邸》时，可以拓展到陆游的《秋夜将晓出篱门迎凉有感》和《示儿》，帮助学生进一步体会诗歌内涵及作者情思。在学习中，学生既欣赏到了不同诗人眼中的不同风景，又感受到不同诗人心中的不同感悟。

课余，我还让学生每人建立古诗档案，坚持收集自己喜欢的古诗，并将古诗归类，进行深入、系统的学习。春天到来，有的孩子看到的是缤纷的色彩：流光容易把人抛，红了樱桃，绿了芭蕉；有的孩子体会到的是春天的热闹：若待上林花似锦，出门俱是看花人；有的孩子则感到时间的珍贵：读书不觉已春深，一寸光阴一寸金……通过建设自己的诗词库，极大地点燃了学生学习古诗词的热情，激发了他们对传统文化的热爱。

我的育人小故事

曹静子

自 2014 年 11 月参加工作以来，不知不觉站在这三尺讲台上已有 7 个多年头。一路走来，其间有过茫然，有过挫折，有过成长。但更多的，是感恩。感恩孩子们对知识的渴望，感恩家长们对老师的理解和支持，感恩一路上志同道合之人的相互扶持……这一切，让我收获满满，从而也让我更加懂得如何去爱护我的孩子们。"爱的教育"胜过一切。

陶行知先生说过："爱是一种伟大的力量，没有爱就没有教育。"这些年，我深刻感受到，面对不同的学生应该给予不同的爱。这样，差者才会变优，优者才会更优。

忆往昔，个个学生都如我的孩子一般。但是，他却令我印象深刻，挥之不去。他瘦瘦的，又矮又黑，是我在农村小学工作时教的一个学生。因为爸爸妈妈常年在外乡务工，他自小就跟着姑姑姑父，是名副其实的留守儿童。他性格活泼开朗，因此在课堂上好动，管不住自己。有时自己可以玩很久，有时又会影响周围的同学。他的同桌换了一批又一批，我也总是接到同学和家长的投诉。因为他的同桌不是受他影响一起违反课堂纪律就是常常被他欺负。科任老师拿他没有办法，他对科任老师的批评教育也是无动于衷，惹得其他老师经常向我抱怨。思虑再三，我决定先利用课余时间找他谈心。虽然他碍于我这个班主任的权威，总是立马答应改正，但是转头就忘记了，管不住嘴也管不住手。每次瞄到我偷偷站在教室外观察还能安分一会儿，专心听讲，但是我一转身他立马又开始"行动"起来。后来，我又试着和家长沟通，才知道由于父母常年在外疏于管教，姑姑姑父过分溺爱才导致孩子从小没有养成好的行为习惯，越来越放纵自己。一年到头孩子好不容易盼到父母

回来了，却因为身上已经养成的陋习导致父母对他冷眼相看，不是打骂就是冷战。久而久之，他便开始任性、叛逆起来，后来越来越严重。"人之初，性本善"。每个孩子都是需要呵护的小苗苗，只要付出耐心和更多的爱，正确引导就能长成参天大树。因此，我并没有放弃他，反而付出更多的时间去思考该如何教育好他。

　　有一次体育课小测试，我无意间发现他虽然矮矮瘦瘦的，但跑起来飞快。于是，我和体育老师商量后决定挖掘他的潜力。因为一技之长被肯定，他有了微妙的变化，变得特别爱上体育课，对体育老师也是言听计从。于是那期的运动会，我们让他挑了大梁。训练期间，他每天都是第一个来校，老师教的动作要领也是学得最快。而我，在这期间悄悄担任起了摄影师的职责，想着给他一个惊喜。后来，运动会上，他果然不负众望，在短跑和长跑上为班级赢得了荣誉。此后，我便不断鼓励他，让他树立自信。同时也送出了为他准备的特别礼物。我把他参加运动会期间从训练到夺冠的难忘和精彩瞬间制作成了一个短视频，后面配上我鼓励他的话语。果然，我的心思没有白费。看着他逐渐红了的眼眶，我知道我快成功啦！他对我的态度也从畏惧到慢慢能敞开心扉了。于是，我经常邀请他来我的房间做客，和他聊家人、聊理想、聊生活，以朋友的身份说说心里话。从那以后，班上老师对他的激励多了，指责少了；同学对他的夸赞多了，埋怨少了。他也变得积极起来，脸上的笑容愈发灿烂了。后来，我在班会小结上，又送给了他一份特别的奖励——一飞冲天小雕塑。难以忘记他拿到礼物时高兴得不知所措的样子，双手捧着小雕塑，小心翼翼的，连走路都不会了。同学们都为他鼓掌。放假时，他的父母陪他来拿素质报告单，脸上堆满了笑容。看着他们一家三口远去的背影，我心中满是欣慰：每个孩子都需要也值得我们用爱感化，以心换心。

　　班主任，是班级的一家之主。而每一个学生犹如自己的孩子一般，需要我们给予足够的关心、足够的爱。我一直相信也一直践行着，只要用一颗爱心、一颗宽容之心去善待每一个孩子，关注他们成长，他们定会在灿烂的阳光下开出美丽的花朵。

以数学核心素养为中心的小学数学智慧课堂教学探索

黄燕妮

教师在传授知识的时候，要注重学生的看法，给予正确的指导，要观察学生的心性，改善学生的品格，如今社会，对于人才的要求越来越高，不再局限于单方面的知识积累，还需要能够熟练应用到实践中去。在小学数学教育中，建立以数学核心素养为主的多元教育体系至关重要，这对于小学数学教育长期稳定发展有促进作用。而实现这一教育目的并不能一蹴而就，需要从数学科目整体发展的角度进行统筹思考，帮助学生更好地发展自身。

一、利用生活化的教学方式提升学生的核心素养

传统数学较为重视数理知识的讲解，旨在通过高效的、统一的和规定的模式帮助学生学习、理解和掌握对应的数理知识，对于教师而言，学生成绩的提升是主要教育目的，所以在一定程度上忽视了学习能力的培养，而能力恰巧是学生学习中不可缺少的组成。随着核心素养理念拓展与创新，教师逐渐意识到学习能力培养的重要意义，想要促进教育长远发展，培养综合性人才，必须围绕着学生能力培养这个核心循序渐进地做好每一项教育工作。因此，发挥生活元素在数学教育中的价值，持续推进生活化教育深化创新，对于实现核心素养理念下的高效数学教育起到了推进作用。为此教师需要立足于数学教育中与生活相关的点开展教学，不断推进数学教育创新，实现数学教育全面发展。在我们的生活中，数学是可以应用到很多方面的，老师可以结合现实生活和传统文化进行数学的传授，先讲一讲古人是怎么进行数学计算的，是如何靠数学知识发明创造的，再让同学回家之后，搜搜古人运用数

学的例子，从而让学生走进古老的数学世界。在课堂上就可以通过有色彩的讲解，使学生领略到数学的美。可以通过辅助的东西进行讲解，辅助线就像五线谱一样，谱写着一首首华丽的乐章，这样学生就可以感受到数学的魅力，从而走进数学的世界。

二、从兴趣方面提升学生核心素养

兴趣是最好的老师，学习数学也不例外。此时老师就应该多思考如何才能提高学生的学习兴趣，这个度要刚刚好，不能过于冷清，也不能让课堂毫无纪律可言，只要让绝大部分的学生都积极地参与进来就好。比如在讲抛物线的时候，老师可以把每一种抛物线的形状都画出来，让同学们对比记忆，同时还可以让学生之间分组比拼，一方写抛物线的方程式，一方根据方程式画出抛物线，看哪方是画图小能手。因为画图能力对于抛物线的解答是至关重要的，表面上看只是一个简单的比赛，实际上是为了加深学生的记忆，为后续的解题做铺垫。但老师要注意，一定要规定方程式的形式，不可过难，否则一直画不出抛物线会影响学生的兴趣。像中专学生学技术的时候都是会动手实践的，不会呆呆地坐四十分钟，老师就要抓住这一点进行教学。例如讲集合问题，就可以在保障课堂纪律的前提下，让学生动起来，每个学生代表一个自然数或者无理数，教室为一个大集合，根据老师所提的要求，进行站队，学生如果不想站错队，就要将集合知识记牢，随时应变老师的要求。这样也是一个提高记忆的方法，使学生开开心心地学到数学知识，四十分钟的课堂就会转瞬即逝，同学们觉得数学课堂有趣，就会期待着下一次的数学课，私底下可能还会为下一节知识想方案，老师一定要积极鼓励学生们的自发行为，并运用到课堂上。

三、利用游戏化进行教学，提升学生的应用能力

借助于游戏的形式开展教学是常见的一种方法，在游戏活动中融入相关的知识能够更好地促进学习吸收知识。在传统的游戏教学法中，游戏形式较为单一，学生长期在同一种游戏环境下学习更容易出现厌倦的心理，单一的

游戏形式在教学的针对性上并不强，因为每一种知识的讲解并不是固定的，想要保障知识传授的高效性，必须研究针对性强的教育方法，所以多元化的游戏方法是推动教育质量提升的重要基础。随着教育理念发展，游戏化的教学模式也发生了一些显著的变化，教师更愿意开展多种游戏方法进行教学，在特定的游戏活动中完成知识的融入，使得学生在体验游戏乐趣的同时也能掌握相关的知识。所以改变传统的游戏教学理念，加入新的游戏元素对于数学教育发展至关重要。为了实现这一目标，教师要认真分析数学知识的内容，设计出更多合理的游戏方法，将知识融入游戏活动中，通过游戏活动将所要讲解的知识传递下去，实现相关知识的教学。在设计游戏内容时，要根据教学知识进行不断优化与调整，设计出更具针对性的游戏方法，在充满趣味的游戏中加强知识的渗透，实现知识高效讲解。值得一提的是，在开展游戏教学时，要做好引导工作，引导学生参与到游戏中，并从游戏中学到对应的知识，避免出现学生沉浸于游戏中无法学到知识的情况，这对于教育总体发展较为不利，无法更加有效地推动数学教育改革创新。现实中，各种问题应用都是在相应的情境中实现的，所以，利用游戏化进行教学可以培养学生的实践能力，让学生能够综合发展。

结束语

总而言之，小学数学教育是基础性课程，为了保障数学教学发展与教育总体发展形成良好的协调性，教师应该认真研究数学改革方法，紧紧围绕着数学核心素养进行创新，不断推动数学科目改革发展。在探究新方法的过程中，教师要注重尊重学生主体地位，保障学生学有所获，在教学中多关注学生综合发展，致力于打造多元化的数学课程，在充满活力与乐趣的教学环境下有序地开展教学，进而保障每一个学生都能够学到对应的知识，推动数学教学发展，也促进教育整体发展。

基于小学数学翻转课堂教学模式的
实施策略

皮玉杰

教育事业的发展对教学提出了更高的要求,创新教学方式成了广大教育工作者的重要任务。翻转课堂是创新教学方式的产物,经过一段时间的发展,已经被广泛地运用到了教学中,深受师生的认可,翻转课堂教学模式与传统教学模式相比,不仅能够极大地提高学生自身的主观能动性,还有助于培养学生的思维能力和合作能力,能够促进学生的发展,因此,对翻转课在小学数学教学中的应用进行研究是非常有必要的。

一、制作微课素材

在小学数学教学中运用翻转课堂教学模式实施教学,教师首先需要明确数学教学目标,并且根据班级学生的数学学习情况等制作微课素材,将这些素材提前分发给学生,以此帮助学生进行课前自主预习,从而提升学生数学预习的效果,为引导学生合作探究问题和解决问题、进行课堂教学做好铺垫。

例如,在"条形统计图"的教学中,教师首先要根据课程标准、教学大纲和教材内容等明确教学目标,主要包括以下几点:一是让学生学会分析简单数据,并且认识条形统计图的重要意义;二是让学生认识简单的条形统计图,能够运用涂色法、结合数据内容等在条形统计图上绘制条形图;三是能够运用条形统计图表示和解决生活中的问题,在教学过程中注意培养学生自主学习能力、团结合作意识等。所以教师可以根据这些教学目标制作微课素材,其中包括情境导入内容、简单练习等,例如其中的情境可以是:已知本班学生喜欢看的电视节目的种类人数分别是：动画片15人、电影和电视剧5人、体育节目8人、科普节目8人、综艺节目6人，并将此数据利用图表表示出来；接着提出问题：本班级一共多少人？用什么样的图表能将这些数据形象地展现出来？通过创设类似的生活情境，能够有效激发学生探究学习的兴趣，更好导入新课。

二、渗透翻转课堂理念

小学数学教师要在课堂上充分渗透翻转课堂理念，借鉴和引入科学的教学方法，实现教学方式的多样化，让学生可以在丰富多样的教学活动中逐渐走向主动学习的道路，感受到作为课堂主体的作用，提升学生的自主学习能力。

例如，在"求一个数的几倍是多少"这节课上，教师利用多媒体教学技术在导课环节创设了问题情境，将学生引导到自主学习状态中。学生看到多媒体课件中，有一个小朋友正在水果店买水果，店主问他买多少，他拿起3个苹果说：班级中每名同学需要3个苹果，一共有20名同学，该是多少呢？这个小朋友的脑袋旁边出现思考的大问号，大问号中是班级20名学生整齐坐着的图片。学生被多媒体课件中买水果的情境所吸引，产生想要帮助这个小朋友解决问题的想法，主动思考着"3的20倍是多少"这个问题。有的学生列出了20个3相加的加法算式，计算出一共要买60个苹果，有的学生结合之前学习过的乘法知识列出了3×20的乘法算式，同样计算出一共要买60个苹果。学生对两种计算方法得到相同答案的情况展开了讨论，这一过程实现了加法思维与乘法思维的融合发展，令学生的计算更加灵活，经过探究性学习，总结出求一个数的几倍是多少的计算方法。教师顺势导入新课，让学生看一看教材中的总结与学生们的探究学习结果是否一致，从过去先教后学的数学课堂变为先导后教的课堂，达到了课堂翻转目标。

三、建立学习小组展开合作学习

在传统教学中教师需要面对的学生过多，很可能无法关注到每一个学生

的学习状态，也就无法保证所有学生都能够完成学习任务。为了能够促使每一个学生都参与到教学活动中，教师可以根据班级实际情况建立学习小组，让学生通过学习小组来展开合作学习，每一个学习小组都能够领取到不同的学习任务，而学生又在小组内获得了不同的学习任务，让学生可以真实参与到学习过程中提高学生的课堂参与感。例如，在长度单位的认知教学中，教师就可以将班级分为厘米、分米、米三个小组，在展开教学之前要求学生去寻找那些用单位来判断长度的实际事物，要求每一名小组成员都必须要列举2—3个实际物品，随后在课堂教学中以小组为单位向其他学生讲解这些长度单位的实际特点，并且列举小组内部所寻找的实际事物，让学生在课堂中自主总结这些物品的相似之处。教师再根据学生的总结切入教学内容，对长度单位进行详细讲解，从而提高学生的实际学习效果。

四、注重课堂上拓展提升练习的设计

课堂双基并不是数学课堂教学活动的全部，有效的课堂教学活动还包括了对学生思维的拓展与提升环节。在课堂练习中，适当增加一些拓展练习，让学生综合地运用已学的知识，解决有一定难度的问题，来满足学有余力的学生的求知欲望是必要的。这样的练习，不仅可以提高学生的思维能力、拓宽学生的知识层面、提高课堂教学效率，还能培养学生良好的学习品质。拓展练习的题目设计上要注重层次性原则，对拓展课堂练习的设计要注意让大多数同学都能参与其中，当他们有成功的感受，学习兴趣就会越来越浓，数学学习的自信心就会增强。例如，我在教学《长方体的表面积》一课时，练习中设计了这样的一道拓展题目：一个棱长6厘米的正方体，表面刷上红色，把它切成棱长1厘米的小正方体，有几个小正方体3面涂红色，几个小正方体2面涂红色，几个小正方体1面涂红色，几个小正方体没有涂色。立时引起全班同学研究热情，画的画、说的说，一片研究氛围。这个拓展练习激发了学生的学习兴趣，让学生在发展空间观念的同时，综合地运用了正方体特征的相关知识，复习了基础又培养了学生的思维能力。

结语

在小学数学教学中开展翻转课堂，教师要使学生在自学之前了解学习的目标，转变学习的方式和方法，重视对学生学习情况的了解等等，只有这样才能使翻转课堂在小学数学教学中发挥最大的作用，提高学生对数学知识的掌握程度，提高学生学习数学的效果。

小学数学教学中数形结合思想的融入研究

严 丽

数形结合是数学中一种非常重要的思想方法。在小学数学教学中渗透这一思想，既有利于培养学生学习兴趣，又能借助数量关系与图形结构的转化关系，促使学生直观学习，提高其学习效率。因此，本文探究小学数学教学中数形结合思想的融入是具有非常重要的现实意义的。

一、数形结合思想简述

数形结合思想就是一种数量关系与图形结构结合转化的思想方法，它的应用大致分为两种情形：一种是"以数解形"，即借助数量关系的精确性来阐明图形的某些属性，达到更深入认识图形的目的；另一种就是"以形助数"，借助图形结构的直观特性去立体表示复杂数量关系，达到高效解题的目的。数形结合思想实质上是通过抽象思维与形象思维的结合，使复杂问题简单化、抽象问题具体化，从而实现高效解题目的的一种思想。在数学教学中融入这一思想，有利于培养学生利用数形转化方式解题的意识，有效提高其解题速度与质量。

二、小学数学教学中数形结合思想的融入研究

1. 在抽象概念的理解中融入

概念教学一直以来都是小学数学教学的难点。一方面是由于概念比较抽象，不易于理解，另一方面是小学生认知能力普遍较弱，不太能理解数学概念。但数学概念又在数学学习中占有重要地位，学生只有充分掌握了数学

概念，才能运用自如地解题，才能提高其解题质量。因此，在小学数学教学中，为了帮助学生更好理解数学概念，教师可运用数形结合思想方法简化数学概念，将复杂的、抽象的数学概念，简化为直观、简单的图形，让学生一目了然地掌握，以此高效完成教学目标。例如，在学习"正比例意义"时，对于两种相关联的量，一种量变化，另一种量也随着变化，且当这两种相关联的量对应的比值一定时，这两种量就是正比例的量，它们的关系就被称为正比例关系的定义，字数又长又拗口，学生很难理解。此时，教师就可借助具体事例来简化概念，先列出一组汽车行驶的时间与路程数据，然后引导学生在给出的坐标轴找出上列数据的对应点，然后将其一一连接，最终可发现有正比例关系的图像就是一条直线的特点。根据画出的直线来一一对应和解释概念，不仅能使学生快速理解概念，且还能加深学生印象，使其牢牢记住正比例关系的图像是直线这一知识点。

2. 在解答数量关系复杂的题目中融入

小学数学学习中，有些习题不仅内容繁多且数量关系还极为复杂，采用一一理清题目给出的条件关系，并列式计算的方法，既耗时多，且还可能混淆条件，导致计算结果错误，影响计算质量的提高。此时，教师就可想到数形结合思想的运用。在解答此类题目时，教师可有效融入数形结合思想，引导学生以直观图形表示复杂的数量关系，使那些令人头疼的关系一目了然，从而达到使其快速解题的目的。譬如，"有辆汽车自A地向B地行驶，途中路程需先上坡后平地，再下坡，已知汽车上坡的速度为20km/h，下坡速度为40km/h，平地的速度为30km/h，从A地走到B地，汽车上坡用了6h，平地用了2h，下坡用了4h，问汽车从B地走到A地，需要花多少时间？"初看到这道题目，学生可能一头雾水，不知从何下手，此时教师就可引导学生先画出汽车的行驶路程图，将上坡、平地、下坡三条路段清晰画出来，并将他们的用时、速度都标记在图上，然后再将题目的问题反向标记出来，使学生迅速想到A到B的上坡就是B到A的下坡，然后列式计算，轻松获得正确答案。相比理解文字条件，图形的标示方法显然要更直观、更容易让人获得解题思路，且解题质量也更高。

3. 图形认识、比较中融入

图形认识是小学数学的重要模块，是开启学生认识几何世界的钥匙，也

是培养学生数学素养不可或缺的一部分。小学阶段的图形认识主要分为图形形状、图形性质及图形周长、面积等的计算。其中图形性质掌握、图形周长与面积的计算都涉及了数形结合思想，且应用还十分广泛。以图形性质掌握为例，比如等腰三角形的两条腰是相等的这一性质，就是以两条腰的长度一样这一数量关系表示的。再说图形的周长与面积计算，题目中有时可能不会给出具体图形，而只是用文字表述出来，此时，教师就可指导学生先画出图形，结合图形利用已知条件来计算，从而提高解题速度与质量。

三、数形结合思想融入小学数学教学中的意义

数形结合思想能很好地培养学生的抽象能力与直观推理能力，因而对于高效数学课堂的构建意义重大。首先，数形结合思想是为学生开启数学大门的钥匙。小学阶段的数学知识大多涉及数形结合思想，所以掌握数形结合思想方法，就能快速解答小学阶段大部分数学题，同时，数形结合思想还能帮助学生建立良好数感，构建直观的知识体系。其次，数形结合思想的融入有助于学生对知识的理解与记忆。在小学数学教学中，因数学语言比较抽象难懂，所以学生学习起来很吃力，但图形语言却具有形象直观的突出优势，利用图形诠释数学语言，不仅能提高学生学习兴趣，且还能增强学生记忆的速度与质量，提升其学习效率。最后，数形结合思想的融入有利于培养学生空间观念，发展其逻辑思维能力。数形结合能满足学生对直观图形的观察与分析需求，帮助其建立运用感官去理解抽象事物的思维，有利于学生形成独特的抽象思维能力。

结语

综上所述，数形结合是一种非常重要的思想方法。在小学数学教学中有效融入这一思想，既能提高数学教学的趣味性，调动学生学习数学的激情与欲望，又能通过以形助数、以数解形来弥补学生理解能力、抽象思维的欠缺，帮助学生快速掌握与理解数学知识，从而提高课堂教学效率与质量。因此，在小学数学教学中，教师要重视数形结合思想的渗透，并引导学生学会利用图形结合的方式解题，以此提升其解题效率。

小学六年级英语阅读分层指导教学探索

李 梅

众所周知，三年级到六年级都是属于学生学习英语的黄金期：此时的学生具有基本良好的学习第二语言的能力，同时又有大量的时间可以进行简单基础的英语训练。所以，当学生步入小学高年级阶段，随着词汇量的积累，可以进行一些简单的阅读。对于英语教师来说，探讨小学六年级英语阅读分层的指导教学对于小学生英语学习极为重要。

一、教学时注重学生的自主阅读能力

每当教师在开启一门课时，课程的开始应该是引导学生主动进行阅读。通过一些对话图片的引导，来吸引学生们的注意。比如这里拿六年级上册 Unit 1 What did you do during the holidays（第1到第4页）来说，我们知道这篇课文主要是介绍假期里的活动内容，并能运用一般过去时。开头可以不用采取传统的放录音的方式开启课程，而是进行一段时间的自主阅读，使他们在学习新知识时有了自己的理解，这么做也可以使学生发现自己不懂之处，带着问题有目的地去听课。

二、使学生明白分层阅读的步骤

（一）明白文章大意，理解对话含义

无论在课堂上还在课下进行英语阅读，无一例外需要在明白通晓含义以后才能对其进行更深层次的理解。所以教师在平时教学过程中要分层提高学

生们理解文章大意的能力。比如许多教师在课上会主动要求学生们将要学的课文单词浏览一遍，这样做的目的在学生读课文时能够实现文章的基本翻译。例如，六年级上册 Unit 4 The Mid-Autumn Festival is coming（第 17 到第 20 页），这篇文章涉及了 the Mid-Autumn Festival，centre，mooncake，nuts 等单词，教师在教学过程中可以鼓励学生将单词浏览一遍再开始教学。同时教师在引导学生阅读文章的时候，要注意文章的出现人物、发生的背景，使学生们翻译对话，并概括文章基本大意。比如，It's the Mid-Autumn Festival 主要发生在中秋节的背景下，讲述的是李女士和她的儿子在购买月饼时展开的对话。所以教师在教学的过程中，应从文章出现的人物、背景、段落大意等角度剖析文章。

（二）懂得举一反三

教师在教授一篇文章后，学生们只懂得背诵或对教过的文章进行简单翻译，那是远达不到教授英语高质量目标的。所以需要教师们对知识点再引导，让学生在不同的语境中可以创造出不同的对话。比如六年级上册 Unit7 What can I do（第 33 到第 36 页），这篇文章主要是涉及 I can……这样的对话，所以教师在教授文章时，要注重 I can……的表达。比如尝试情景对话，学生主动用 I can 的形式与老师进行对话，同时老师还要揪出学生们语法上的错误，必要时可以让学生重复对话，达到强化的目的。

三、分层指导学生，提高学生课外阅读的能力

（一）可以通过学生预习程度来分层指导学生

教师可以通过引导学生预习课文的方式来了解学生英语阅读的基本水平，提高阅读课文的质量。比如教授六年级下册 Unit 1 A Family outing（第 1 到第 4 页）时，可以先让学生预习本章，以作业的形式让学生完成预习任务，是一种了解学生英语阅读水平的方式。同时在预习下一篇课文中，可以教授课文的单词，比如 Family outing 中出现的 outing，together，movie 的意思，可以让学生们标注出来。通过学生对预习知识的掌握情况因材施教。对于那些通过预习便能很好掌握知识的学生来说，预习可以大大增强其学习英

语的热情。对于那些通过预习不能很好掌握知识的学生，教师应该对其加以指导，鼓励他们认真预习，便于下一篇课文学习。

（二）利用寒暑假分层引导学生进行大量课外阅读

寒暑假时，学生们总有大量时间对外接触。所以教师可以利用这一时间分层提高学生课外阅读水平。例如，鼓励易接受新知识的学生每天花一小时进行英语的课外阅读，材料可以有新概念，书虫，新东方出版的小学阅读书类等等；鼓励不易接受新知识的学生每天花一小时进行优质的英文纪录片或英文动画片进行观看，同时主动与家长保持联系，促进监督这些学生在阅读课外英语的质量和数量时，做到家校联合，双管齐下。只有家和学校都营造出英语阅读的氛围，才能使不同程度的学生在小学阶段能将英语的基础打扎实。

四、结束语

每个孩子在第二语言的学习中都是有天赋和才能的，但是想要激发出学生阅读英语时的才能，需要广大人民教师的探索和引导。对于教师来说，只有在帮助不同程度的学生提高阅读能力的基础上，利用分层教学模式和课外阅读的形式来提高学生小学阅读能力，才能成为一名优秀的英语教师。

浅谈小学美术教学中培养学生审美能力

周泽平

受到素质教育背景的影响,美术在小学教学中也越来越显得重要。当前的小学美术教学中,教师过度重视理论知识体系的传授、动手能力的培养,从而忽视了学生审美能力的培养,这非常不利于学生的全面性发展。为了更好促进学生进步和发展,小学美术教师要将传统的教学模式进行合理的改革,重视学生审美能力的培养,要激发学生的学习兴趣,让学生真正地喜欢上美术这一门课程,把学生培养成为更有情操、更有创新意识的人,为学生在以后社会上的发展奠定更好的基础,从而促进社会的不断进步和发展。

一、有效激发学生学习兴趣,调动学生主动学习积极性

兴趣是学生进行学习的首要条件,尤其对于小学阶段的学生而言,其年龄较小,无法长时间对同一事物保持较高的注意力,一旦学生对相应的事物失去了探究兴趣后,其自身的学习积极性便会极大地下降。在美术教学中,倘若教师注重对学生审美能力的培养,那么,学生在进行美术学习时便会从不同的角度、用不同的眼光来欣赏相关的内容,这便在极大程度上激发起了学生的学习兴趣,同时使学生在教师的引导下积极地参与到课堂学习过程中,其主动学习能力也同样得到相应的培养。

二、利用作品进行对比教学加强视觉冲击

在教学过程中,将两部相似的作品结合起来,让学生比较两部作品所反

映的情感和内容的差异，有利于提高学生的视觉美感。通过对比分析这两幅画，我们可以更深入地了解作品中的差异，并从差异中进行深入思考培养审美能力。此外，教师还可以要求学生对作品中夸张手法的位置进行注释，这些手法往往是艺术家思想的核心，例如，在欣赏《最后的晚餐》的时候就可以和《蒙娜丽莎的微笑》这幅画进行对比，首先《最后的晚餐》是以宗教题材为主题的一幅画，作者利用正反形象的对比的手法，含蓄地描述人性的特点，引用瞬间艺术的力量，表述人物心境。而《蒙娜丽莎的微笑》是以生活题材为主题的一幅画，一幅取材于现实生活的少妇肖像画，对人和人性作了生动的刻画，表达了新兴资产阶级对现实生活的追求和审美情趣，是对现实生活中人与人性的肯定和赞美。

三、有效提高学生认知能力

素质教育理念下的综合能力，其中包括学生对周遭事物的认识、感知与欣赏。在小学阶段的美术教学过程中教师注重对学生审美能力的培养，能够通过美术教学内容中一些山水画、人物画，以及其他种类的画面内容来开阔学生的眼界，陶冶学生的情操，使学生积极地去看待自然之景，积极地面对生活中的人与物，使学生的人生观、价值观、世界观间接地得到相应的培养。这样一来，学生自身的认知能力也就得到了相应的提升。

四、多让学生进行美术鉴赏，分层次教学

在小学美术教学过程中，认识美对学生学好美术这一门课程而言是非常重要的。在小学美术教学的实践过程中，教师要多给学生展示一些经典的美术作品，多组织学生对这些美术作品进行鉴赏。因为美术是一种艺术，而艺术就要我们通过心灵来感悟，基础是了解相关的美术知识，只有多看多思考才能慢慢领悟作品的内涵，在美术鉴赏的过程中，教师要结合学生这个阶段的心理发展特点和认知水平，由易到难，组织学生从作品的多个角度进行鉴赏，培养学生的发散性思维。此外，教师还需要依据班级里每一个学生个性的不同，进行分层次教学，对学习能力不同的学生提出不同的教学目标，设

置不同的教学内容，让班级里的每一位学生都参与到美术鉴赏的教学过程中。总而言之，小学美术教学课堂上，教师要引导每一位学生鉴赏作品，在鉴赏完后，教师要让学生对作品里的线条特点进行总结，不断提高学生的审美技能。

五、有效进行课堂延伸，合理拓展课堂教学内容

当前学生所接触的美术学习内容大多数来源于教材，但是教材中的内容毕竟有限。教师需要运用相关的教学辅助设备，例如多媒体等，对课堂教学内容进行有效延伸，对学生所接触的美术素材进行相应的拓展，不断丰富学生的美术学习素材。如此，学生所接触的学习内容不断增多，学生的眼界见识自然也会有所拓展提高，这有助于培养学生的想象力与创造力，同时对于学生审美能力的提高具有十分重要的作用。

总结

综上所述，小学美术教育的实质并不是去教授学生如何画好画，而是要通过美术教学来培养学生的美术学习兴趣，使学生发现美术学习的乐趣所在，进而在这个过程中实现对学生审美能力的培养。对此，教师应当分析学生特点，不断创新课堂教学方法，有效开展教学活动，结合学生的实际生活，以此为基础，来使学生从不同角度去看待事物，使学生逐渐感受美、欣赏美、体验美，不断延伸课堂教学内容，丰富学生的见识，久而久之，学生在教师的引导下积极地去参与到美术学习过程中，其自身的审美能力自然能够得到有效的培养。

基于创新角度的小学体育教学研究

王国清

创新是现代社会发展的要求，也是人类文明不断进步的动力源泉。在我国社会快速发展的背景下，教育领域也需要更多的生机与活力。受传统教学模式的影响，当前许多小学体育教师在教学中还保留着过去单一的教学方法，以至于学生对体育学习缺乏积极性。在素质教育背景下，小学体育的内容、形式以及教学方式都需要进行革新，在提高学生身体素质的同时，促进其健康生活行为、体育道德品质以及终身体育精神等多方面的发展，实现学生体育综合素养的提升。

一、小学体育教学目前面临的问题

1. 传统体育教学模式单一、呆板

我国传统的体育教育和其他科目一贯的教学模式一样，具有单一呆板的教学特点。小学生处于人生发展的少儿时期，该时期的特点就是喜欢玩乐，喜欢新事物，对许多事物都有很强的好奇心，但是传统的体育教学模式、单一呆板的教学方法完全忽视了该时期学生的特点，磨灭了他们对于体育学习的乐趣，造成了小学生对于体育学习的抵触，缺少对体育学习的积极性，从而不能够掌握体育课中的教学内容，不利于学生身体素质的发展。

2. 学生参与的积极性低

小学阶段处于发展的不稳定期，该时期的特点就是缺少自控能力、好动、喜欢有趣的事物、耐心差。传统的小学体育教学方式，主要是要学生练

练体操等相对无聊的事，更多的是直接自由活动，这就更无法提起学生自身学习的乐趣，久而久之，学生也就丧失了对于体育课学习的积极性。缺少了学习的积极性，学生自然也就不会去主动学习，也就不会对所学内容有更好的理解和巩固，这样的学习模式，最终只是老师完成了教学内容，能学习的主体学生却没有掌握需要学到的内容。

二、创新角度下体育教学方法的完善方法

1. 更新教育理念，培养主体意识

陶行知认为，要培养创造型的学生，就必须有创造型的教师，应该"敢探未发明的新理"。要成为创造型的教师，就必须善于学习。体育教师要主动学习先进的教育方式，更新自己的教育理念，完成角色定位的转变，由课堂教学的主导者转变为课堂教学的引导者，把课堂教学的主体性地位"归还"给学生，主动地创新课程内容，用富有创造力的课堂教学激发学生的学习兴趣，培养学生的主体意识。

2. 创新体育教学方式，发挥小学生主体能动性

在传统的小学体育与健康课程教学中，教师通常采取灌输式教学法、示范式教学法进行教学。一般情况下，在体育与健康理论教学中，教师经常使用灌输式教学法，将体育与健康知识直接灌输给学生。而在体育与健康实践教学中，教师给学生展示相应的动作，然后让学生反复锻炼这一项动作。这种教学方式不仅抑制了学生的成长，还让体育与健康课堂教学失去了活力与生机。在这样的课堂上，学生感受到枯燥和乏味，表现出来的学习兴趣和学习积极性不高，整体教学效果不佳。所以，体育与健康教师在新形势下要对传统的体育教学方式进行创新，发挥学生主体能动性，以此培养学生体育精神。

3. 创新学习方法，培养创新精神和实践能力

小学体育和其他学科一样，也需要老师不断创新的教学方法，学生要有创新的学习方法，寻找一套适合自己的学习方法，从而培养自己的创新精神

和实践能力。随着信息技术的高速发展，体育教学不再局限于操场。老师可以充分利用现代教学手段进行教学，例如可以带领学生观看奥运比赛项目，给他们讲解简单的带球方式、比赛规则等，在下一节课堂中进行实战教学，课余时间让学生反复练习一些动作，让他们掌握动作要领，提高运动能力。

4. 尊重学生人格，建立民主的师生关系

建立民主和谐的师生关系是创新教学在课堂教学中实施的基础。虽然师生之间存在着年龄、阅历、学识、能力等方面的差异，但在人格上是平等的。所以创新教学要求建立新型的师生关系，它是进行创新教学、培养学生创造性的主要前提。在教学过程中，教师要深刻地了解学生，在情感、思想方面始终和学生保持一致，把学生看作是共同解决问题的伙伴，尽量给学生创设一个宽松、自由的学习环境，也就是给学生创设了一个创新环境。

结语

基于创新角度对小学体育教学进行研究，不仅是新课程改革对现代体育教育的要求，更是促进小学生身体素质发展，培养学生良好体育运动习惯的必要途径。在现代教育改革背景下，小学体育教师要深入分析学生的身心发展规律，创新体育教学方式，通过游戏化教学、信息化教学以及分层教学等方式，提高体育教学的有效性，不断促进学生身体的健康成长。

探究小学体育教学中如何开展德育教育

赵电波

在素质教育的背景下，学校越来越重视体育教学，并加快了改革的步伐。教师在实际授课中，有必要结合小学生的特点，设计出带有德育教育内容并符合其真实需求的体育活动，使之在参与中既锻炼了身体，同时也培养出其集体意识及热爱祖国的情怀等。教师应运用多样的教学方式，使课堂气氛变得轻松，让小学生在最好的状态下，通过体育活动真切地感受到德育教育的存在，提升教学质量，使学生得到全方位的成长。

一、在课堂互动中进行德育教育的渗透

体育课中，教师若总是将动作进行简单示范之后，要求学生去做更多的动作练习等，互动效果不好，不利于彼此间的沟通，更不容易融入德育教育。在这样枯燥的体育课堂中，小学生产生了倦怠的情绪，开始对教学活动进行敷衍，无法使身体素质得以锻炼。教师应当结合学生的实际情况，将德育教育与授课内容结合，用诙谐的语言打造出活跃的课堂环境，提升其参与度，在互动中使之形成正确的思想观念。当小学生出现不遵守课堂纪律的情况时，教师应改变原来严厉批评的态度，不要大声指责，反而用耐心的语气进行教育，使之不产生畏惧，而是真心认识到自身的错误，并加以改正。教师的做法，让学生懂得与人进行沟通的时候，要互相尊重。如此，德育教育得以融入，并起到一定的效果。这样，才能通过体育课这个外部推进因素，将德育教育渗透进学生的心里，使之对人、对事都形成正确的观念，有利于其身心的健康发展。有实际授课中，会出现一些突发的事件，教师也可以根

据实际情况渗透德育教育，使学生形成正确的集体观念。例如：在课堂中进行足球比赛时，小学生摔倒了，但却勇敢地站了起来继续参与，使比赛顺利完成，教师可以对其进行表扬，使学生真切感受到拼搏与勇敢，而且形成了集体荣誉感，使德育教育落到了实处。还比如在练习双手向前实心球的时候，教师要多与学生互动，纠正其不标准的动作，并询问正确动作下是不是感受更容易发力，并能使实心球投向正确的方向。同时，对于肢体不够协调的学生，教师要鼓励其不怕失败并多次尝试，渗透进德育教育，培养其坚持不懈的思想观念。

二、在体育教师的形象中渗透德育教育

以往的体育课中，教师并没有过多地注重自身的形象，在言传身教方面有所缺失。随着社会的发展，教师应当逐渐转变思想，从自身的仪表开始改善，例如：衣着要有运动感，充满活力，让小学生感受到教师幽默又不失大方、文明而又礼貌的新形象。在授课的时候，教师也开始注意表达方式，而且用风趣的语气讲授体育知识，缓解学生紧张的心情，同时运用简洁明了的话语，直接切入重点，使之更轻松地掌握所学内容。学生在体育课中，受到教师从外表到内心的感染，加上其模仿能力较强，所以在无形中就融入了德育教育，使之在仪表方面形成初步的审美观念。面对散发出思想气息的教师，学生会产生尊敬之情，并主动与之配合，更好地在体育课中接受德育教育。

三、将德育教育融入评价中，树立学生自信

小学生都是喜欢表现的，虽然其年龄不大，但也希望得到体育教师的尊重与认可。在实际授课中，教师不要总是对表现不好的学生进行批评，使之失去了自信，觉得无法完成体育课的练习。面对学生在体育活动中出现的问题，教师应当耐心纠正，使之知道正确的做法，在尝试中掌握运用技巧，并从中体会到成功是需要努力的。教师看到学生的进步，要及时对其进行表扬，使之缓解心理压力，不再自卑，使之思想健康发展。对于一些屡次不守

纪律的学生，教师严厉的语气，会使之状态越来越差，对自身产生错误的认识，无法树立起自信，徘徊在孤独的边缘。那么，体育教师应当在这种情况下进行反思，在评价中渗透德育教育，注意表达方式，使学生正确地看待自身的优缺点，并愿意在引导中改进，使之思想与心理健康成长。

四、结合教材渗透德育教育，重燃学生热情

课堂中，教师若只是呆板地将体育知识塞进学生的脑中，并没有顾及其真实的意愿，没有使之愿意参与其中，教学效果不佳。为了改变这种情况，教师应当结合小学生的特点，将德育教育与教材结合，设计出合适的授课方案，使之在进行体育活动的同时，形成正确的思想观念。

在课堂中，教师应运用多样的教学方法，把握好学生的心理变化，使之重燃热情，更好地参与其中。这样既锻炼了身体，也满足了学生想表现的欲望，使之敢于展示自身，释放出个性特点，做到全方位的发展。教师在体育活动中，还应给学生留出思考时间，鼓励其创新，并对其想法与做法表示尊重，使之深入探究所学内容，并运用到生活中。如此一来，学生更加愿意参与到体育运动中，教师轻松地将德育教育渗透进去，使之不怕累，努力去完成锻炼内容，磨炼了其意志。例如：在田径教学中，可以很好锻炼学生的身体素质，教师应从中引导，使学生之间通过沟通加深联系，从而做到尊重并互相帮助。在小组练习中，学生才能更好地完成配合，感受到体育活动中的团队及拼搏精神，提升教学质量。

结束语

在小学体育教学中，教师应当结合学生的实际情况，设计出与德育教育相结合的授课方案。在实际授课中，教师要给学生树立一个全新的榜样，并运用多样化的方式融入德育教育，在锻炼了学生身体的同时，让其懂得尊重与拼搏，也使之形成了正确的道德品质，热爱运动与祖国，提升了教学质量。

管理时空

管是悠悠牧笛，不绝于耳；理是绵绵柳絮，无所不在。以人为本是管理的经线，健全制度是管理的纬线，经纬交织，管理的时空春意盎然。

澧县第一完全小学
迎接国家三类城市语言文字工作汇报材料

澧县一完小在县教育局的领导和支持下，认真执行语言文字规范化建设的工作方针、政策，扎实地开展了语言文字规范化工作，不折不扣地认真执行关于语言文字的法规和标准。学校被评为省级"规范汉字书写"特色学校。

学校建立了健全的语言文字规范化工作机构，不断加强宣传、推广、普及普通话和用字规范化等各项工作的力度。通过狠抓落实，校园里师生使用语言文字规范意识不断增强，有效地推进了素质教育，有力地促进了校园精神文明建设，进一步优化了育人环境，收到了显著的语言文字规范化建设的工作成效。现将工作汇报如下：

一、加强管理，建章立制

搞好学校普及普通话和用字规范化工作，对于促进师生的终生学习与发展，培养师生的创新精神和实践能力，全面提高师生的综合素质，对于继承和弘扬中华民族优良的传统文化，培养爱国主义情操，增强民族凝聚力都具有重要意义。多年来，我们依据相关法律法规和上级有关精神结合学校实际，充分利用学校现有教育资源，积极开展推广普通话和文字规范化工作，并使之融入学校各项常规工作的管理之中，使语言文字规范化工作始终处于常态。

1. 成立领导小组。学校成立了语言文字规范化工作领导小组，一把手任组长，副校长任副组长。学校要求语言文字规范化工作领导小组的全体成员各行其是，尽职尽责把语言文字规范化工作融入学校的各项常规工作之中，做到与其他各项工作同部署、同评估、同考核。

2. 健全工作机构。领导小组下设语言文字规范化工作小组，由教导主任和语文教师担任推普员，各班的学习委员为宣传和监督员，形成了一条龙管理、多点配合的管理网络，一级对一级负责，确保语言文字规范化工作能够有序开展，逐层深入，确保实效。

3. 建立工作制度。学校专门制定了关于语言文字规范化的一系列规章制度，构建了相关的评价体系。制度中规定：所有专任教师必须持普通话等级证书上岗，普通话水平必须达到二级乙等及以上水平，从事语文学科教学的教师必须达到二级甲等及以上水平。学校刊物、橱窗、墙报、校训、班训、标语牌匾以及校电子屏、校内通知、公告栏等必须使用规范汉字，教师板书、阅卷、作业批改用字必须规范，各类集会发言人必须使用普通话，教师的校园用语及与家长交流用语必须规范。

4. 定期召开会议。工作小组定期召开会议，会上认真总结取得的成绩，仔细分析存在的问题，并把问题上报给领导小组。领导小组根据存在的问题及时调整工作思路，重新拿出对策，为推动全校语言文字规范化工作不断深入开展奠定了坚实的基础。

5. 建立评价机制。学校把普及普通话和使用规范字的要求纳入学校的常规工作管理之中，纳入对教师基本功的培训之中，渗透到各项教育教学活动之中；把语言文字应用能力作为对教师业务考核的一项重要内容，并列为教师考核、聘用、晋级和评优评先的硬件条件之一。

二、营造氛围，提高认识

说好普通话，用好规范字，提高语言文字应用能力是素质教育的重要组成部分。讲普通话，用规范字是一种长期的养成教育工程，需要教师和学生有主动参与的积极性，需要有良好而规范的语言文字环境。为此，我们大力宣传，营造气氛，统一思想，以求全校师生形成共识。

1. 通过会议宣传。学校每学期定期不定期地组织全校教师认真学习《中华人民共和国国家通用语言文字法》，认真学习《关于语言文字规范化示

范校实施细则》,并将相关资料印发到全体教师手中,鼓励深入学习和相互交流,使全体教师充分认识到规范用语用字是法律赋予的责任,是时代给予的使命,关系到传承祖国优秀文化、国家统一、民族团结、社会进步和国际间交往的大事,关系到整个学校乃至整个社会的文化品位,也是个人形象的"名片"。

2. 通过活动宣传。对于学生,我们通过班队活动进行宣传,通过故事会、诗歌朗诵会、演讲比赛、经典诵读等活动予以渗透,将抽象的法律条文与鲜活的生活学习现实结合起来,使学生在听、看、辩、演等实践活动中认识说好普通话,写好规范字的重要性,使规范用语用字的意识深入到每一个孩子心中。

3. 通过阵地宣传。我校充分利用校设专栏,充分利用各班板报,充分利用校园广播,充分利用宣传标识等相对固定的宣传阵地,深入而广泛地宣传法律法规知识和语言文字规范化的专业知识,为师生营造良好的用语用字氛围,进一步激发师生学习和使用普通话、规范字的主动性和积极性,使全校师生身处这种环境中,产生了以讲普通话写规范字为荣、以不讲普通话不写规范字为耻的意识。

三、采取措施,狠抓落实

严格执行党的方针政策和相关的法律法规是我们坚守的原则。在规范使用语言文字工作方面,我们也严格按照相关的法律法规和上级语委对学校语言文字工作的要求,在积极做好各项常规工作的同时,采取了有力措施,使关于语言文字规范化的各项制度落到实处。

1. 常抓校本培训,提高教师水平

语言文字工作是一项长期的系统工程,不是一蹴而就的,为此学校有计划地对教师和学生进行普通话培训和规范字训练。除了不定期对全校教师进行培训指导外,学校还统一购买普通话培训书籍材料发放到教师手中,供老师自学和练习使用。此外,学校充分发掘语文教师和部分中青年教师语言文字优势,发挥他们的推普骨干作用,推动校园语言文字工作的检查督导工作。

2. 加强过程监管，落实工作制度

对于教师，学校要求他们要在学生、家长面前及社会上以身作则，说话、写字时时刻刻做表率。学校巡课时，除了要检查教师讲普通话的情况，还要检查教师使用规范字的情况，以及学生课堂言行举止等。学校月工作检查时，不仅查备课、作业批改等，还要检查教师使用规范字情况。对于学生，要求在课堂、课间和校外都用普通话进行交流。在使用规范字方面要求学生作业书写工整，不写繁体字、异体字、错别字。这些具体而有力的举措，有力、有效地促进了全校师生规范地应用语言文字的发展进程。

3. 开展特色活动，促进语言文字规范化工作

学校除了将教师在教育教学活动的用语用字规范化程度作为教学常规检查的重要内容以外，还关注师生在所开展的主题活动中以语言文字规范化熏陶人、培养人，为全校师生营造规范使用祖国语言文字的良好氛围。

（1）每学期学校开展了"查字典和改错字"活动。我们通过发放试卷、评出奖项等形式，使用规范字成了孩子们乐于关注的对象。通过此项活动，学校的校园用字更加规范了，学生作业更加认真、细致、规范了。

（2）每学期，学校以经典诵读活动为契机，大力开展以"诗朗诵、故事会、演讲赛、书画赛"等活动为载体的"双推"活动。这些活动的开展，不仅调动了学校广大师生参与"双推"工作的极大热情，而且调动了广大学生家长参与"双推"工作的主动性和积极性。活动开展的过程中，学生在老师和家长的指导下用语用字的规范程度有了显著的提高。同时，教师、家长的规范用语用字的意识和水平也得到了提高。以活动为载体不仅由学校辐射到了家庭、社会，而且使规范用语用字由口号、说教变成了可操作、易接受的卓有成效的具体实施行为。孩子们在活动中增强了兴趣，普通话水平得到了显著提高。原来在师生中存在的普通话水平参差不齐的局面在慢慢地改观，家长的语言文字素质也在指导孩子过程中得到了提升。同时也彰显我校的办学特色，提升我校的办学内涵。

（3）开展了语言文字社会实践活动。为规范社会用字，我校组织了"啄木鸟在行动"的以查找社会上的用字不规范问题为核心的社会调查实践活动。活动中，学生走上街头，走进商店，检查门店招牌、宣传牌、广告牌等的用语用字情况，并将调查结果以书面形式报告给了相关的主管部门。在主

管部门的干预下，那些不规范用语用字得以改正。这项活动进一步增强了学生写规范字、讲普通话的意识，增强了社会责任感，也净化了社会用语用字环境。

（4）开展了"写规范字"比赛活动。我校每年都要举行"写规范字"比赛活动，比赛分教师组和学生组，教师组比赛项目有粉笔字、钢笔字、毛笔字，学生比赛项目有铅笔字、钢笔字、毛笔字。通过比赛活动提高了广大师生的语言文字规范意识，提升了师生的整体素质。

（5）学校通过各种途径，采取有力措施美化校园文化，净化、优化校园语言，形成了环境美、语言美的育人氛围，使学校的少先队工作充满了积极向上的活力，也使校园充满了诱人的魅力。

四、总结成绩，反思奋进

经过长期深入的"双推"和严格的考核管理，讲一口标准的普通话，写一手规范的汉字已成为我校师生的自觉行为，普通话已经成为校园语言；学校的公文、印章、标牌等使用的汉字没有不规范字；学校的自编教材、教案、橱窗、板报等使用的汉字规范化程度很高；教师板书、批改作业以及书写评语使用的汉字均符合规范要求，学生都能认识并正确书写所学规范汉字。

回顾过去，我们欣喜地发现，语言文字的规范使用，有效地丰富了校园文化的建设，提高了我校的教育质量，推进了素质教育的发展，提升了学校的办学水平。同时，通过创建工作的自评，我们也发现了学校在语言文字规范化方面存在着一定的不足。讲普通话、写规范字是一项长期的、艰巨的工作，我校将在县教育局的正确领导下，不断加强学习，更新观念，狠抓落实，推动语言文字规范化工作再上一个台阶。

澧县第一完全小学

2016 年 11 月

全面实施素质教育　努力创办精品名校

——澧县第一完全小学"义务教育均衡发展督导评估"汇报材料

近年来,在县委县政府和教育局的高度重视下,我校紧紧围绕"全面实施素质教育、努力创办精品名校"的战略决策,不断加大投入力度,规范教育内部管理,学校办学条件进一步改善,办学水平不断提升,学校面貌发生了显著变化,澧县一完小已经成为一所布局合理、管理科学、装备齐全的合格学校。

一、历史悠久　学校办学基础良好

我校始建于清代,垂辉百载,坐落于澧县文化街,东邻古代科举考试的棚场街,南对供奉孔子的澧州文庙,西南紧邻澧县最高学府县一中及澧阳书院,北靠澧州武庙遗址。所有这些,构成了澧县一完小的精神根基,而继往开来的莘莘学子则是百年老校的文脉延续。

一完小占地面积近 2 万平方米,布局典雅,建筑别致,环境优美。走进校园,校道两旁绿树成荫,玉兰花开,东有小桥流水、鸟语花香的雅园,西边塑胶运动场分布着单双杠、滑滑梯、爬爬杆等体育设施。弘雅楼、志雅楼、博雅楼、思雅楼、兴雅楼,建筑风格新颖独特,设计理念别具一格。五栋教学楼矗立校园,气势磅礴,宏伟壮观,成为校园一道最美丽的风景。

学校共有 56 个教学班,3441 名学生,184 名教职员工。其中全国优秀教师、全国优秀辅导员 2 人,省、市优秀教师 11 人,县劳动模范 1 人;市学科带头人 1 人,市、县骨干教师 19 人;高级教师 9 人,一级教师 99 人;硕士毕业 1 人,本科毕业 112 人。

班子成员团结务实，教师队伍结构合理、学科齐全、师德高尚、勤勉敬业。多年来，全校师生秉承"勤奋学习、快乐生活、健康成长"的办学理念，坚持"铸造儒雅教师、培养文雅学生、打造高雅学校"的办学目标和"弘志、博思、兴雅"的校风，形成了"学而不厌、诲人不倦"的教风和"勤学、会学、乐学"的学风。谱写了一曲"文明、活泼、求实、创新"的校园新歌。

二、多途并举　积极改善办学条件

近几年，县委、县政府把教育摆在优先发展的地位，不断加大了对教育的投入，不断改善学校办学条件。县委政府及教育局领导经常下到学校看望老师和学生，及时了解学校发展情况和存在的困难，及时整改，加大投入，近几年来，学校实现了"一年一次大跨越"。

2009年，学校拆除了原有的2栋旧教学楼，先后投入600多万元，建起了面积6000多平方米的五层教学大楼。同时又投入20多万元为每个教室、办公室安装了直饮水系统，让学生能免费喝上干净放心的水。

2010年，学校投入6万多元更新了校园智能广播系统。在原有的基础上，学校先后投入100多万元，对电脑室、实验室、多媒体电教室完成了配套设施。进一步改造校园闭路电视双控系统，加强了校园网的建设。为教师配备了崭新的办公桌椅，改善教师办公环境。

2011年，学校又投资250多万元，率全县之先建成高标准的塑胶运动场，配备学生运动器材，建成了通透式围墙，改变了过去晴天多灰、雨天泥泞的运动场现状。

2012年，县财政又拨出专款70万元，县教育局配套解决资金50万元，按较高标准为全校51个班级安装了多媒体设备，为两个教学专用室配备了先进的电子白板，再次提升了办学条件。

2014年，县财政专项资金48万元，按较高标准改建学校近90米长、10米宽的校道，使学校布局更加合理，环境更加优化。

2015年，通过各种途径筹措资金86万元，建成了网络"班班通"，实现信息化教学进课堂，大大提高了教师的教学效率。县教育局又配套解决资金

50万元，建成一个高规格的"录播室"。

2016年学校自筹资金30多万元，分别对学校食堂、志雅楼的屋面、体育馆进行了维修，让整个校园更加平安和谐。

现在的一完小，已经拥有多功能电教室2个，高规格的录播室1个，大型多媒体报告厅1个，图书室、阅览室、仪器室、综合实验室、劳技制作室、美术室、音乐室、学生语音电脑室、医务室、少先队活动室、音乐器材室、体育器材室一应俱全。其中图书室藏有图书7万多册，学生电脑155台，教师办公设施装备到位。学校教学仪器配备已经达到了《湖南省小学教学仪器配备目录》基本要求，音乐、体育、美术、卫生等专用器材配备符合省定标准。学校有200平方米环形运动场1个、篮球场1个、排球场6个（其中室内一个）、羽毛球场2个，迷你足球场一个。有符合要求的学生食堂和餐厅。学校公共教学用房充足，各专用教室管理制度齐全，并做到了利用充分。

三、扎实管理　下力打造满意学校

（一）以人为本，切实提升管理水平

1. 完善制度，规范学校管理

学校建立健全了各项规章制度，坚持用制度管人管事：规范教师教育行为，以《澧县教育局教师教育行为规范手册》为行动指南；教师评优评先，用《一完小教师岗位目标考评细则》量化测评；考评教师绩效，用《一完小教师绩效工资发放方案》核准发放。

2. 科学引领，提升队伍素质

一是加强行政班子建设。学校实行"每周五行政办公会议制度""行政双人值班制度""行政人员工作日志填报制度"。"双人值班制度"规定，全体行政人员分成"两人一组"值班，一人主要负责维护正常的教育教学秩序，督查学生上、放学秩序，考勤教师上下班，督查全天的教育教学活动；另一人主要考勤学生到校情况，督查教师值班情况、环境卫生状况。行政人员每天将工作情况记录在工作日志上，由一把手批阅，肯定成绩，指出不足。行政班子在三项制度的引领下，各项工作重点突出、松紧有度、工作务实、成绩

显著。

二是规范教师教育行为。学校相继出台了《澧县一完小教学常规管理制度》《澧县一完小教师一日常规》《澧县一完小教研工作制度》《澧县一完小作业设置要求》《澧县一完小教师电子备课制度》《澧县一完小教师上下班打卡制度》等管理制度，对老师的上下班到备教批辅考无一疏漏。常规管理上实行"五管五查"，坚持管备、管教、管批、管辅、管考，查课表、查候课、查课堂、查空堂、查作息。教学工作一月一抽查，半期全面查。教学常规督查以教导处为主周周有专题，以教研室为主推门听课从不间断，有效地规范了教师的教育教学行为。

3. 依托活动，激发工作热情

学校工会以教工之家为阵地，坚持以教工活动为切入口，坚持民主公开制度，激活教师的工作热情。学校工会在每年的上学期开展跳绳、布袋跳等比赛活动，以此促进教师锻炼身体，努力为学校工作做贡献。下半年学校组织开展庆秋游活动、元旦文艺汇演等活动，以此增强各组教师的凝聚力，从而激发广大教师积极工作的热情，丰富教职工的业余生活，让教职工感受到学校这个大家庭的温暖。

（二）整体推进，全面实施素质教育

1. 严格控制班额

2017年9月，在县委县政府和教育局的高度重视下，学校会同派出所和相关社区，下大力解决了超大班额问题。9月1日开学共招收一年级新生8个班，每个班级学生均在55人，彻底解决了过去一年级新生班平均达70多人的现状。

2. 强化安全工作

学校安全工作由安全副校长负责，构筑起了"三网合一"的防范管理体系，严格执行《澧县一完小安全管理一日常规》，紧扣"三个重点"抓好安全防范工作，即"重点时期、重点部位、重点人员"的安全防范。

3. 丰富德育活动

一是强化学生养成教育活动。学校以少先大队和班级为主加强了学生各种行为习惯的养成教育，促使学生养成良好的文明卫生习惯，为孩子的健康成长奠基。今年5月18日，澧县首届小学毕业生"成童礼"在澧州文庙举行。一完小65名少先队员穿上传统的汉服，过状元桥，跨棂星门，在大成殿外列队；鸣钟三下，学生描红，端正书写一个"人"字。接着，主持人对学生进行感恩、立志教育，孩子们与父母拥抱，向父母行三拜礼，父母回鞠躬礼。礼成后，全体学生齐声诵读《弟子规》；随后由礼仪老师为孩子们额头点朱砂，进行拜孔仪式，并在心中默默立下成长之志、报国之志。仪式最后为少先队员们颁发了盖有印章的成童礼证书。

这样的活动让家长们感动不已，都说得到了意想不到的效果，希望这样的活动常年开展。"成童礼"只是一完小开展主题活动提升学生综合素质的一个侧面。

学校的主题活动丰富多彩。常年开展的主题教育活动有："三月文明礼仪月"主题系列教育、"爱的教育"、清明公祭教育、"文明礼仪之星"评选、"听党的话，做好少年"等感恩教育系列活动，"我是校园小歌手"大赛、"童声飞扬·唱响校园"建制班合唱比赛、"阳光校园·我们是好伙伴"演讲比赛、植树节"爱绿护绿""以澧为荣"社会实践、防震应急演练、蚕桑科普知识进校园等主题活动等等，这些活动不仅增长了学生的知识，规范了学生行为，并且净化了学生的心灵。顽皮的学生长大了，不守规矩的学生懂礼貌了，师生关系、家校关系、家庭关系越来越融洽了。一完小学生互相关心，团结协作，"爱心、奉献、主人"这一主题得到更好的诠释，成为家长心目中的"好学校"。

另外家长学校建设富有成效。澧县一完小家长学校是全县小学中唯一的"省示范家长学校"，学校成立了家长委员会，坚持家长培训制度，每年都对新招一年级学生家长进行专题培训。经常召开家长会，举办"家校同乐"联谊会，形成家校联通的德育网络。

4. 坚持科研兴校

首先是大力倡导课题研究。学校先后进行了《小学思想品德课改革的深化研究》《改变学生学习方式提高课堂教学效率》《运用多媒体教学发展学生思维能力》《小学语文阅读教学中开展对话的策略研究》《信息化数学支架式教学模式的研究》等多项实验课题研究，取得了优异成果。其中《信息化数学支架式教学模式的研究》课题研究成果获得省级一等奖，省级"十二五"

规划课题《说、授、评、问、辩五环校本教研模式的探究与实践》获得省级优秀课题。目前，学校申报的省级"十三五"规划课题《基于校本研训的教师核心素养提升的实践与研究》已经省规划办批准立项，我们将带领全体教师积极投入到研究过程中，努力探索出适合我校特点的校本研究模式，提升我校教师的核心素养。

其次是青蓝工程，助推教师不断走向卓越。学校每学年初都启动"青蓝工程"项目，以期让"蓝"更"蓝"，让"青"胜"蓝"，让教研工作成为常态。让年轻的教师观摩展示精彩的示范课和汇报课，并由师傅老师和青年教师分享结对成长体会。学校要求师傅们做到"带师魂、带师德、带师能"，尽职尽责；要求徒弟们则"学思想、学本领、学做人"，在互相学习中共同成长，共同提高。

学校号召教师们积极投入教学改革的洪流，不是博士做"搏士"，不是名师当"明师"，构筑科学高效的现代课堂。教师们构建了"五步导学"本色课堂教学模式，即"激趣导入—自读呈疑—合作探究—梳理归纳—拓展延伸"。"五步导学"本色课堂教学模式的推广，有效促进了各学科的教学质量提高。多年来，学校在县教育局组织的全县小学生文化学业水平检测中都名列前茅，学生全面素质更是得到了长足发展。学校把每周星期三放学后的"教研活动"时间打造成富有实效的固定学习平台。通过教师们"说、授、评、问、辩"五环模式，变"点"对"点"为"群对群"，克服了少数"表演"、多数"看戏"的弊端，充分调动每位教师以主人姿态参与其中，达到"观点碰撞""相互启发""产生共鸣""共同成长"的效果。五环校本教研模式的有力推行，促进了教师的专业水平的提高，提升了教师的课堂教学水平。近三年来，一完小教师参加各级教学比赛的数量和质量呈现飞跃态势，其中，杨波清、朱大莲、孙丽等教师在国家级教学比赛中分获特等奖和一等奖，刘玲、胡淑雅、唐海燕、唐浩、陈李蓉等多名教师在省、市级教学竞赛中获奖。学校还涌现了赵冰清、李梅等湖南省精英教师，龚艳艳等老师为常德市教育工匠。《科教新报》以"百年名校展新姿"为题介绍了澧县一完小"三五"办学经验（即五化育人目标：安全健康意识化；文明礼仪雅致化；学习生活自主化；语言文字规范化；兴趣爱好特长化），五步教学模式以及五环校本教研模式。

5. 加强特色教育

艺术体育教育是我校素质教育的一大特色。我校的文艺节目多次获得省市比赛一等奖，我校的《艺术教育研究与实践》课题获省二等奖，我校"创五个优化、育艺术之花"的经验登载于《中国教育报》。《人民日报》以"办特色学校、育创新人才"为题刊登了学校办学经验。学校坚持第二课堂特长强化训练，长期组建特长社团活动，田径、排球、足球、科技制作书法、绘画、围棋、管乐队、武术、舞蹈等社团长盛不衰，学员参加各类比赛捷报频传。近年来学生参加全县艺术节、书画类等比赛无论获奖人数还是奖次级别都刷新了历史，2015 参演的合唱节目《山童》和 2016 年参演的舞蹈节目《花木兰》均获得了小学组第一名，近 3 年来学生参加市"三独"比赛连年获得佳绩。体育也是成绩斐然，县运会成绩总是遥遥领先，2014、2015、2016 连续三年获得小学组男、女排，田径团体总分第一的大满贯的优异成绩。

规范汉字书写和经典诵读也是我校的特色。学校是国家级规范汉字书写特色学校，也是省级经典诵读特色学校。目前，每天清晨走进一小，你能听到学生朗朗的读书声，那是一小学子聚精会神在进行经典诵读。周三和周五最后一节课，你能看到孩子们坐得端端正正，认真书写，那是一小学子在语文老师和美术老师的指导下进行规范汉字书写。

由于全体师生的共同努力，学校先后荣获全国现代教育技术实验学校、湖南省基础教育教学研究实验学校、省文明卫生单位、省艺术教育先进单位、省示范家长学校、省红领巾示范学校等荣誉称号，并被评为常德市"名优学校""特色学校""明星学校"等等。学校近十多年以来在全县中小学德育工作社会评价中均被评为"优秀"等次。连续 21 年被评为全县教育工作目标管理先进单位。

近年来，学校累计接待了省内 100 多个县市教育考察团，先后承办了省小数学会组织的省级教学比武，全省科学教学模式的探讨，为市级语文、品德与社会、英语等学科的教学比武提供现场，每年至少承办 2 次以上的县级教学比武活动。2011 年 9 月，县委领导亲临学校考察，对学校的办学业绩给予了高度赞扬。2016 年县委、县政府领导视察指导工作，共谋学校发展。近几年来，县委、县政府、县人大相关领导多次到学校调研，解决学校发展的

实际问题，有效地促进了学校的发展。

我校办学条件和教育教学工作能不断改善和登上新台阶，与县委、县政府领导集体做出的一系列重大的正确决策，与各级领导对学校的高度重视是分不开的。成绩代表过去，希望在于未来。过去的几年，我们仍存在着一些亟待解决的问题，一是在师资队伍建设上，教师教学教研能力参差不齐；二是在彰显学校特色上，还有待进一步挖掘。在此，我们决心乘着建设教育强县的强劲东风，进一步完善学校管理，走内涵发展之路，进一步锤炼学校特色，力争把澧县第一完全小学办成首屈一指的特色学校。真正下力"铸就儒雅教师，培养文雅学生，打造高雅学校。"不断强化"管理育人、服务育人、教书育人、环境育人"的意识，改进教育教学方法，努力为学生未来的发展奠定坚实的基础。我们也相信，有各级领导的关怀指导，有全体师生的共同努力，澧县第一完全小学将踏上更加宽广的大道，走向更加美好的明天！

澧县第一完全小学
二〇一七年十二月

澧县第一完全小学
创建常德市标准化实验室示范学校汇报材料

尊敬的各位领导、各位专家：

大家好！

首先我代表学校对各位领导、专家莅临我校检查指导工作表示热烈的欢迎！

澧县第一完全小学始建于清代，垂辉百载，坐落于澧县文化街，东邻古代科举考试的棚场街，南对供奉孔子的澧州文庙，西南紧邻澧县最高学府县一中及澧阳书院，北靠澧州武庙遗址。所有这些，构成了澧县一完小的精神根基，而继往开来的莘莘学子则是百年老校的文脉延续。学校现有53个教学班，学生2848人，教师181人。

多年来，全校师生励精图治，秉承"勤奋学习、快乐生活、健康成长"的办学理念，坚持走科学治校、科研兴校、特色强校之路，不断创新发展。先后被评为全国现代教育技术实验学校、全国青少年校园足球特色学校、全国第二批"中华优秀文化艺术传承学校"、全国国防教育示范学校、国家级"规范汉字书写"特色学校，省级"经典诵读"特色学校、湖南省基础教育教学研究实验学校、湖南省红领巾示范学校、常德市特色学校、名优学校、明星学校；曾荣获省"艺术教育先进单位"、省"文明卫生单位"、省"示范性家长学校"，市"模范职工之家"等荣誉称号。学校少先大队被评为"全国红旗大队"。

近年来，在各级政府、各部门的关心和支持下，我校根据学校实际情况，认真贯彻、执行市教育局《关于在全市中小学开展创建"标准化实验室示范学校"活动的通知》文件精神，在实验室设施、仪器装备、实验室管

理、实验教学等方面做了许多卓有成效的工作，现将我校"创建标准化实验室示范学校"情况汇报如下。

一、领导重视、组织健全、责任明确

学校领导班子非常重视"创建标准化实验室示范学校"工作，成立了以校长为组长，分管教学的副校长为副组长，行政人员、实验教师为成员的领导机构。学校校长负责全面协调、督促"创建标准化实验室示范学校"工作，明确分工，落实到人。全校师生统一认识，目标一致，掀起了创建热潮。

学校一直把"创建标准化实验室示范学校"工作提到非常重要的位置，并将它纳入常规教学管理范围内，每学年初，实验室制定学年计划与学期计划，每学年终，进行学年总结与学期总结。学校还逐步健全和完善了各种管理制度，如《教学仪器管理制度》《实验员工作职责》《学生实验守则》《教学仪器财务管理制度》《仪器的赔偿、报损及外借制度》等。为加强实验室工作的指导和管理，学校指定由教导处具体做好指导管理工作，负责实验室常规工作、实验教学研究工作，及时解决教育教学过程中遇到的各种困难和问题。并对实验室、仪器室等实行专人管理，责任到人，做到仪器设备有人用、有人管、有人维护。

二、配备到位、规范管理、落实教学

（一）"两室"设施配备标准化

我校建有标准化实验室2个，仪器室1个。实验室采光、光照均达到国家学校教室建设标准，配备标准的演示实验台、学生电源控制台、标准的学生实验桌凳，供电到桌、供水到室，有安全消防器材设施。仪器室内配有规格统一的仪器柜，墙壁张贴管理员岗位职责及管理制度。

（二）教学仪器配备标准化

学校所有教学仪器均按省颁一类标准配备，共分为7大类，282种，

8575 件，价值 20 多万元，仪器完好率 100%。学生分组实验仪器按 15 组标准配备，完全能满足学校最大班额 55 个学生的分组实验要求。

（三）"两室"管理规范化、科学化

1．仪器室的管理

（1）仪器室内配有规格统一的仪器柜并整齐摆放、编号排队；实验准备桌摆放位置恰当（紧靠两个实验室），各种规章制度，一律装裱，张挂于墙上，整齐排列，美观大方，符合仪器室标准要求。

（2）仪器入柜，摆放整齐，每种仪器有名称定位卡，柜门有柜卡，做到看柜卡就知道仪器的数量及在柜内第几层，取用方便，尽量做到科学、整齐、美观；还定期检查核对统计实验室仪器设备，做到账物卡相符；做好"五防"工作（防尘、防潮、防蛀、防锈、防盗），对丢失、损坏、报废的要进行登记备案并上报。

（3）注意仪器的维护保养，在仪器的维护保养方面，有防尘、防潮、防蛀、防锈、防盗等"五防"措施。仪器使用后及时进行擦拭、效验、整理、复位，学期末集中进行维护、维修、保养，很好保持了仪器的完好。

（4）建立账册制度，实验室仪器器材、设备设施均按要求计入学校固定资产账。实验室设有"三账"，即"固定资产账""管理明细账""实物流水账"。学校定期进行盘点检查，做到物物有账，及时记账，账账相符，账物相符。

2．实验室的管理

我校在推行实验室管理的规范化、科学化过程中，建立了严格的实验室管理制度。

（1）每位科学教师必须按《全日制义务教育科学（3—6 年级）课程标准》和《常德市中小学实验室常规管理细则》中各年级科学实验目录要求，开足开齐教师演示实验和学生分组实验。

（2）每个年级上完实验课后，必须整理好仪器，安排学生打扫好卫生，摆整齐凳子。

（3）实验员要定期给实验室开门开窗，使其通风，保持实验室干燥，无霉无毒。

（四）实验管理人员专业化

我校根据实际情况，目前配有专兼职实验员3名，3名实验员教师均有实验室管理经验，熟悉相关仪器设备的原理、保管方法和使用方法。同时比较精通仪器管理和电脑软件系统的操作，为提高我校实验室管理效益和实验教学提供了坚实的人力条件。

学校在工资待遇、职称评聘、晋级、进修、评先、评优等方面对实验员与对其他学科教师一视同仁，保持了实验队伍的相对稳定。

学校在实验室配备了计算机、多媒体，每位科学教师必须能熟练地使用多媒体进行科学课的教学。

（五）教师教具制作常态化

自制教具可以弥补学校仪器的不足，同时也可以改进并提高实验教学质量和效率。我校周庆华老师2016年被常德市选派，参加了湖南省教育生产装备处组织的"2016年全省中小学优秀自制教具展评培活动"的培训，在他的带领和指导下，我们教师就根据教学的实际需要进行教具的改进和制作，自制一些教具进行实验教学，收到了良好的效果。

（六）加强实验教学力度，促进实验教学效益的提高

1. 加强组织领导，确保实验教学工作顺利开展。

为加强实验教学工作，我校成立了实验教学领导小组，由尹述红校长任组长，王卫东、龚艳副校长为副组长，成员由各年级科学实验教师组成。分工具体，责任明确，确保了我校实验教学工作的顺利开展。

2. 做好实验教学过程监控，规范教学行为。

按照课程标准和教材的要求，学校督促实验教师拟定了实验教学计划。实验教师根据学校批准的实验教学计划，提前编报所需的教学仪器设备和耗材，指导学生完成实验操作以及相关实验册的填写，并完成批改。每学期末，学校对学生的实验进行考察，并结合平时实验操作对学生实验成绩进行评估，且做好登记。

3. 定期开展实验教学教研活动。

学校要求分管教学领导、教导主任深入课堂听课，每学期不少于2节针

对实验教学的调研课。每学期组织一次学生实验考查活动，通过活动一方面督促教师认真准备实验，认真上好每一节实验课，努力提高实验的辅助教学功能；另一方面让学生自主去做实验，提高实验室开放的效益，激发学生主动学习的兴趣，点燃学生探究科学的求知欲。

扬帆远航正逢时，敢立潮头竞风流。我们坚信有上级政府和教育局的正确领导和大力支持；有各位专家的精细指导和帮助；有全校师生的共同努力，我们将以这次评估为契机，打造魅力课堂，促进教师专业化成长。进一步加大工作力度，严谨规范教学管理，让这个"科研兴校、实验教学"育人的奇葩在澧县第一完全小学绚丽绽放。

澧县第一完全小学

2020年11月

念好"四字经",砥砺前行谱新章

尹述红

尊敬的各位领导、各位同仁:

大家好!

未觉池塘春草梦,阶前梧叶已秋声。不知不觉,走进一完小已一年有余。过去的日子,虽然是我人生中开始第一次面对面管理一所规模较大的小学,说句心里话,压力与责任时常萦绕在我心头,我一度也对自己能否担起一小这副担子有点诚惶诚恐,但一年以来,承蒙局领导的关怀与重视,以及各位同仁的支持与理解,我与我的班子成员一道带领全校教师风雨同舟,凝心聚力,砥砺前行,圆满地完成了上级交给的各项工作任务,且取得了骄人的成绩。回想在一小工作的一年,从当初的忐忑、担忧到目前的自信、欣慰,我看到了一小的实力,一小的品牌,一小的希望。谈到个人感受我想用扎实、愉快、希望三个词来概括,扎实务实的工作作风,和谐愉快的工作环境,创造无限希望的工作团队。作为一名有着多年管理工作经历的老教育工作者,我想用念好"四字经"来向大会汇报这一学年的工作情况,所以此次我发言的题目是"念好'四字经',砥砺前行谱新章"。

一、把握德育这个主题,念好"细"字经,细抓班子、教师、学生三支队伍建设

"打造高雅学校,铸就儒雅教师,培养文雅学生"是一完小这所百年名校的办学目标,其根本底蕴在于抓好学校班子成员、教师队伍及学生的思想道德素质建设。

1. 首先，为了激活班子成员们工作热情，充分调动他们的工作积极性，我秉承当好班长、坚决不做家长的理念，将管理权力层层下放，实行"分管即主管"的管理方式，落实行政分管年级、分管处室制度，缩短决策时间，提高学校各项事务办事效率；其次，要求学校班子成员始终坚持行政会议制度、周例会制度，将长短期各项任务目标及时分解、明确分工、在团结协作的基础上，形成合理化良性竞争，最大限度增强管理力量；最后，及时听取各项信息反馈，对处室、年级组工作实行全方位监控，推进学校各项工作朝着既定的目标又快又好发展。

2. 在抓教师队伍建设这一方面，我重视职业道德、从教行为、道德水平的建设，学校利用例会多次组织教师集中学习优秀教师事迹，引导教师观看"中华诗词大会""朗读者"等节目陶冶性情，提升修养。利用评选"最美教师""最美工匠""优秀党员"等活动契机，树立教师队伍中道德模范标兵，弘扬正能量，传递正能量，激发教职员工责任意识、爱岗敬业和主人翁的意识。

3. 加强了学生干部队伍建设，全面促进学生学习、生活自主化。学校政教处成立了"大队委干部""安全文明小卫士""校风监察"三支学生管理队伍，队伍人数多达200多人，协助各处室全面参与学校自主管理。学校以月主题教育为抓手，制订长期教育计划，定期开展心理健康教育，努力将学生培养成为拥有健全人格的、德才兼备的优秀毕业生。

二、突出安全这个重点，念好"紧"字经，紧抓共管求和谐

安全问题最令人担心，因为一完小最大的特点是：学生数量多，学校活动场较少，学生活动多，学生年纪小。安全问题是时刻挂在心头的一块巨石，安全工作抓不好，一切努力都是零。为此，一完小推行了学校、政教处、年级组、班级四级安全问题预防教育。政教处制定了全期安全教育计划，具体到每周教育内容；年级组每天对学生安全进行排查；班主任每天利用放学前5分钟，有针对性地开展安全教育，并且做好详细的记录，政教处分阶段就安全工作开展情况进行交流，共同坐下商量解决问题的对策。一年

来全校教职员工上下齐心，发现问题及时解决，最大限度地减少安全隐患发生，齐抓共管确保了校园的和谐稳定。

三、抓好教研这个亮点，念好"实"字经，实抓课堂求高效

科研是兴校的利器，以研促教，以研兴教为我校的良性发展提供了源源不断的动力。科研兴校，学校高度重视，每期组织的"青蓝工程"徒弟们"学思想、学本领、学做人"，从启动仪式到收官评比，老师们在相互学习中共同成长，共同提高。这一工作也在克服我校近年来师资结构中存在的难题，为我校的长远发展扫除障碍。同时，为全面提升教师业务素养，加强教学基本功训练，学校还组织了教师朗读、书写比赛活动；此外，每周三的常规教研活动是教师们的练兵场，全校教师集体观摩培训，实现业务素养提升。平时的稳扎稳打为学校储备了大量人才，教师教学比武参赛获佳绩，在"一师一优课、一课一名师"晒课推优活动中，全校共有13名教师的教课被推选为县级优课，其中有9堂送市赛。5月，我校的课题《说授评问辩五环校本模式的研究》获得常德市第十一届教育研究优秀成果一等奖。省级十三五规划课题《基于校本研训的教师核心素养提升的实践与研究》7月已顺利开题。省级重点家教课题《家校结合，促进学生"五化"教育的研究》6月顺利开题。课题《小学中华经典诵读行动策略的研究与实践》已经立项申报。各种教研活动的开展，是为了实现课堂教学的高效，今年我校在全县教育教学、运动会、艺术活动等方面取得的成绩同样喜人，这正是对我校潜心教研，注重学生全面发展的最好肯定。

四、坚持制度化理念，念好"精"字经，精抓制度管灵魂

来到一完小，我感觉从某种角度讲，学校不缺乏好教师，而是缺乏好的管理机制。缺乏一个奖勤罚懒、泾渭分明的价值体系，自然不能树立正气之风，激发学校的生机活力。多年以来我一直信奉一句老话"人管人，管死人，制度管人管灵魂"，这与我国依法治国的理念不谋而合。一完小是一所

拥有在职教师170多人的大校，教师素质整体比较高，但也呈现出参差不齐的现状，所以建立健全公平公正的管理机制、晋升机制是形势所迫。这一年来落实了《一完小教师上下班打卡制度》，工会修改通过了《岗位竞聘量化打分细则》《教育教学教研成果奖励方案》《年终岗评及职称评定评分标准》，政教处推出了《班主任考核量化打分细则》，目前学校章程也在紧锣密鼓的完善之中。这些制度的完善及落实将所有的责任明确到岗位，各项工作的开展将有典可依、有章可循，这对全面调动教职员工的工作积极性将起到积极的推进作用。

一完小的发展，是全校近200名教职员工用辛勤的汗水和智慧换来的，作为校长我只是在背后支持他们，鼓励他们，努力成就一完小文化。过去的一年是满载硕果的一年，也是值得反思的一年，是压力与希望并存的一年，更是催人奋进的一年，过去的一年有感慨更有收获。即将到来的新学年，我们一完小人将矢志不渝地围绕学校的"五化"育人目标，把握育人和安全两个重点。扎扎实实推进丰富多彩的育人活动，加强规范汉字书写和语言文字规范化两项特色推广，学校还将在体育、艺术、科技创新等多方面加强投入，在促进学生全面发展的同时，寻找一条适合我校校情的特色发展之路。全面打造高雅学校，铸就儒雅教师，培养文雅少年。"老骥伏枥，志在千里"，我将和我的团队一起，携手共进，一起迎接一完小更加灿烂辉煌的明天。

二〇一七年八月十七日

（2017年澧县教育干部大会讲话）

绘就宏伟蓝图，实现高质量发展

尹述红

各位代表、同志们：

大家好！

一年又一年，澧县一完小正是在大家共同努力与辛勤耕耘下，走过了一段又一段美好的历程。今天，经过精心筹备，2021年第七届四次教代会已召开，此时此刻，代表学校两千多名师生近五十名代表齐聚一堂，共商美好未来，共话灿烂明天。借此机会，我谨代表学校行政作《绘就宏伟蓝图，实现高质量发展》的学校未来发展报告，敬请各位代表予以审议，请列席代表提出意见。

一、过去一年的工作与成绩

一年来，我们一直继承和发扬着一完小优良的办学传统，秉承"雅"的办学理念，围绕"铸造儒雅教师，培养文雅学生，打造高雅学校"这一办学目标，突出安全、育人这两个重点，狠抓质量建设、队伍建设、校园文化建设这三个中心，具体抓好了八个方面的工作：

一是强化党建引领。围绕"学史明理，学史增信，学史崇德，学史力行"扎实开展党史学习教育活动，落实每月主题党日活动，大力开展学习与宣传，进一步统一思想，提高认识，转变作风。

二是创新德育新措施，拓宽立德树人新思路。一年来，坚持"安全健康意识化、文明礼仪雅致化、学生生活自主化、兴趣爱好特长化、语言文字规范化"的"五化"育人目标，开展了文明礼仪教育、爱国主义思想教育等主题教育系列活动，培养学生良好的行为习惯。结合党的百年华诞，开展了讲红色故事、传承红色精神相关活动，促使学生从小就增强爱班级、爱学校、爱党、爱国家的意识，进一步提升学生的思想理论水平。

三是加强安全教育，强化安全责任，构建和谐平安校园。一年来，结合疫情防控，完善安全制度，广泛宣传，加强教育，增强自我保护的安全意识，坚持预防为主，落实各类值班，坚持月排查制度，确保校园稳定与平安。

四是夯实教学教研，落实双减措施，狠抓课堂求高效。坚持教学以生为本，以提高质量为目的，加强教师业务素质培训，加大常规管理力度，规范了备课，提高了课堂效率，优化"五环"校本教研模式，夯实组级研训，扎实开展青蓝工程，促进青年教师快速成长，大力开展各类教学竞赛，各类比赛都榜上有名，有力稳保我校教研特色。

五是完善内部机制，促进学校管理规范化、制度化、科学化。

六是寻找新的增长点，特色教育卓有成效。

七是落实各类活动，全方位全方面提升了学生综合素质。

八是借力发力，改善了办学条件。2020年自筹30多万元对学生食堂、面包房等进行全面改造、维修与添置。2021年争取上级财政80万元资金，还将自筹50多万元对操坪、水网以及校园亮化进行全面升级改造。

正因为我们全体教师齐心合力，勤恳务实；正因为我们团结拼搏，无私奉献，一年来，成绩与荣誉写满了一完小。

2020年10月，高标准通过常德市中小学标准化实验室示范学校评估考核；2020年11月，成功承办澧县第九届青少年科技创新大赛；2020年11月，承办全县课改开放日；2020年荣获常德市优秀少先队集体；2020年年终岗位考核再次夺得红旗单位、办学水平综合评估先进单位、教研工作先进单位、全县艺术教育先进单位；课题研究稳步推进，教研竞赛成效卓著；体育、艺术、科技创新，再创佳绩。

各位代表，成绩鼓舞人心，经验弥足珍贵，但我们必须清醒认识当前存在的问题与不足，只有这样，才能不断改进和完善，才能促进学校继续向前发展。

二、我校面临的困境与挑战

要谋划好未来发展，必须清醒地认识当前教育面临的形势以及过去成绩、荣誉背后的启示。一百多年的发展，一百多年的声誉，带给我们的是更多的思考。一完小之所以一直领跑澧县小学教育，我们认为：一是一代又一代一小人赢得了机遇，抓住了机遇；二是历来有一支务实肯干、脚踏实地、不计报酬、无私奉献的教师队伍和一批优秀管理骨干；三是有一股好的学风、教风和良好的精神风貌；四是教师们高度的责任感和奉献意识。从事小学教育，不管是研究生、本科生、专科生还是中专生，都需要有一颗责任心。对得起学生，对得起自己的良心，不放弃任何一个学生，这就是一完小一百多名教师的责任心。即便如此，我们也不能因为这样而忘乎所以。人们常说"人无远虑，必有近忧"，要使一完小继续保持良好的态势，甚至于高质量发展，我们又不得不看到当前一小教育面临的困境与挑战。

一是学校建设与发展。因地域受限，未能很好地再规划，房屋陈旧，虽每年向外谋求支援，但仅能解决小打小闹的一些小问题。得不到上级重视与支持，学校要发展、要创新的确寸步难行。学校环境虽然整洁干净，但办公条件简陋；设施设备曾经一流，引领全县小学教育，但年代久远，且目前逐渐老化，整体推进教育现代化应用工作心有余而力不足。

二是课程改革力度不大，观念未能彻底转变。课堂教学中教学方式转变只说不体现，高效课堂少，费时低效课堂多，只满足于苦干，巧干方面未拿出好的思路，这势必给教师带来的是身心俱疲。尤其双减政策出台的今天，抓质量提升，我们的确感到底气不足。有些非语、数、英科目敷衍了事，虽然有备课组要求进行好校本教研，但有些教师不愿参与，更不愿去研究、去探讨。大家知道，思想进步是一切进步的先导，思想落后是一切落后的根源，改革意识不强，导致课堂效率不高。

三是学生的思想政治工作有待进一步细化。尽管我们做了努力，但学生中不良习性大量存在，百年名校与不文明行为显得极不协调，未达到一完小文雅学生的标准。只要上级一来督查，我们就有点手忙脚乱。乱丢乱扔习惯依然存在，卫生保洁仍未达到要求；公物破损严重；整队开餐学生自觉性较差，公共场合学生维护一完小形象意识也不强。如何针对当代小学生心理特点，有效加强学生管理，引导学生健康成长，均有待进一步去探索，学生规范行为、养成教育急需加强。

四是教师队伍建设令人担忧。职称问题一直是一小教师发展最大的问题，也是制约学校发展的瓶颈。许多教师因职称问题不得不离开一小到其他学校工作，甚至回到乡村学校。全校教师总量大大超编，但每月因长期临时聘请老师的代课费高达近两万元，必须优化组合，合理安排工作量，尽量少请或不请代课教师。这里并不是说代课教师不负责任，而是会引来家长的非议。另外，教师队伍建设参差不齐，极少数教师工作作风漂浮，思想意识不高，敬业精神不强，社会、家长反映较差，上级不定时督查评价不高。

五是用水用电及公物保管欠落实，浪费破坏较为严重，节约有待进一步加强。

六是传统项目的特色优势渐渐远去，号鼓队、腰鼓队等其他艺术项目目前已经没有队伍了，以前气势壮阔的大课间活动十多年未改进，且做操质量愈来愈差，尤其是两边围墙通透后，引起社会极大反响，既没有整齐的队伍，更没有做操质量，学生散漫，教师熟视无睹，迫切需要体育组与政教处拿出方案，调动班级参与积极性，确保大课间活动真正落到实处，再现一完小学生良好的精神风貌。

三、我校教育未来发展的机遇与蓝图

随着党史学习教育活动深入开展，社会风气愈来愈好转，双减政策出台，教育也迎来了发展的大好时机。一完小教育一直保持良好的发展态势，教师团队意识、敬业精神、"五环"校本教研特色这些优势依然保持。我们应充满信心，传承一小精神，乘势而上，紧紧瞄准"学生快乐、教师幸福、家长满意"的办学目标，继续秉承"雅"的办学理念，坚持"五化"育人目标，坚持以质量求生存、以改革谋发展、以文化提品味的发展战略，以夯实常规为基本点、以精细化管理为切入点、以有效课堂为增长点，全力推进素质教育，加强校园文化建设，立足一完小实际，做强做精做实一完小，让一完小继续在澧县小学教育这块土地上熠熠生辉。

1. **群策群力，改善办学条件，优化育人环境**。

办学条件是一所学校办学的基础，只有基础扎得牢，办学水平发展提高，才不至于成为"空中楼阁"。针对当前一完小办学条件现状，我们应充分利用一小资源，动员各方力量，精心构建，大胆投入，不断改善育人环境。近期对思雅楼墙裙砖脱落问题进行整体改造，确保校园安全；争取上级部门的重视，尽最大努力挤入项目完成对弘雅楼、博雅楼的升级改造。人能改造环境，环境也能育人。在改善办学条件的同时，将一完小环境，尤其是校道两旁行道树进行优化、绿化，全校落实好净化、亮化，提升我们的办学品位。

2. **凝心聚力，推进课堂改革，提升教育质量**。

教育教学是学校的中心工作，质量是学校的生命线，夯实常规管理、深化课堂改革是提升质量的重要保证。我们将进一步完善《教师常规管理细则》，定期月检与不定期抽查相结合，随机抽查与推门听课相结合；一月一小结，加大奖惩力度，对存在的问题及时进行通报，并与年终绩效挂钩，并限期整改。继续推广五步导学模式，整体推进课堂改革，落实好备课组活动。

加强校本研训工作，落实五环校本教研模式，提升专业水平。教科研是学校提升质量、促进教师发展与学校改革的动力，但这项工作面临碎片化、不接地气的困境。将学校全年主要教研活动整合在同一时间段，开展每期一度的教科研月活动，同时组织全校教师针对个人教育教学中遇到的问题，在学生中积极开展个性化、特色化微型课题研究，使教科研更加接地气。以课堂教学为中心扎实开展研究，倡导"科研兴教"，鼓励教师每年至少完成一篇教育论文发表或获奖；强化教育研究作用，力争十三五课题结好题，谋划好十四五课题；培养一批青年教师，提高他们的教研能力。通过这些措施，促进我校教研活动蓬勃发展，落到实处，真正达到以研促教，提高教育质量。

3. **齐心合力，狠抓师生的思想工作，提高育人实效**。

一是加强师德教育，全面提高师德水平。借助党史学校教育活动这股东风，切实抓好教育干部和教师队伍的作风建设，行政人员下到基层，深入年级、班级，进入课堂，实行包组包班制度，增强主体教师工作责任感。提高教师队伍整体素质，关键是要培养教师的职业精神，一要具有执着的敬业精神，能安心工作，潜心工作；二要具备良好的精神状态，保证工作全身心投入；三要具备高度责任感，对岗位负责，对自己负责；四要具备良好的个人品质，为人师表，言传身教。

　　二是坚持德育的首要地位，加强学生养成教育。育人为本，德育为先，全面贯彻党的国家教育方针，培养全面发展的接班人，把立德树人作为教育的根本任务，引导学生树立正确的世界观、人生观、价值观，努力使学生养成良好的学习习惯，促进学生身心健康。这要求我们教师要有"全员经营管理"理念，用自己的人格影响人，用自己的品德感化人，用自己的言行引导人，发挥"教书育人、服务育人、环境育人"的德育网络教育功能。（1）加强德育队伍建设，培养自主管理意识。注重对班主任，特别是年轻班主任的培训，建立德育工作领导小组，发挥指导作用，发挥班主任优秀骨干的作用，一年至少召开一次育人经验交流会，一期一次班主任座谈会。学先进经验，找准班级育人管理薄弱环节，努力提高班主任的工作能力。（2）进一步建立健全德育工作制度，创新工作机制。落实组织好升旗制度，开展好主题教育中队活动。走进学生心灵，深入开展心理咨询和心理健康教育工作，注重疏导，确保学生具有健全的人格；全方位多渠道育人，强化养成教育，注重寓教育于活动中，切忌枯燥说教；让学生在活动中获得体验、获得感悟、享受快乐，注重发挥少先队先锋模范作用。

　　三是树立安全第一的责任意识，构建平安校园。加强安全知识教育，规范操作程序，落实好一岗双责，进一步健全安全制度；加大隐患排查力度，实施报告制度，及时消除隐患，确保校园平安无事。

4. 尽心尽力，落实校园活动，构建快乐和谐校园。

　　一所校园，应是充满生气的地方。构建快乐和谐校园，需要我们尽心尽力，以学生为主体，以活动为载体，真正落实好校园活动，让学生在校园得到良好的熏陶，感受学习的快乐。

　　一是加强校园文化建设，营造快乐和谐校园文化氛围。校园文化是一所

学校的灵魂，是一所学校赖以生存和发展的根基，也是一所学校可持续发展的精神动力。未来学校的竞争，归根到底是学校文化的竞争。校园文化直接影响到教育环境的品位，影响到造就人生的品位。可见，校园文化建设对于学校建设和发展有着举足轻重的作用。一方面挖掘一完小历史，编撰校史，提炼一完小精神，传承一完小精神；另一方面加强班级文化建设，配合县教育局的相关要求，学生自己动手，形成一班一品特色。最后整体谋划校园文化建设规则，进一步开展绿化、净化、美化校园活动，让学生在活动中欣赏美、创造美，开阔视野，陶冶情操，让高雅文化真正走进学生的生活。

　　二是以兴趣为导向，塑造多彩人生。为充分发挥学生特长，培养其兴趣爱好，提高其综合素质，可借助课后服务这个平台，组建各类兴趣小组，落实各类社团活动；充分利用大课间活动时间，重新谋划新一轮的韵律操，开展阳光体育活动，让每个学生都充分地活动起来。随时随地让学生能献出节目、拿出作品，让学生品尝收获的喜悦、成功的幸福。学校还可继续开展校园科技节、艺术节、经典诵读、运动会、广播操比赛、演讲比赛、书法比赛、各类球赛等，让学生参与其中。针对教师，可不定期举办读书心得报告会、教师才艺展示，分层次开展如教学比武、教师的体育活动，让教师和学生的生活真正丰富多彩起来。另外，年级组、教研组、班级也可以根据各自实际，开展一些健康有益的活动。学校将大力支持，让活动占领学生的业余生活阵地，让他们从活动中感受到校园的快乐，从而激发他们热爱校园、热爱学习，为今后的人生奠定良好的基础。

　　各位代表、同志们，一完小正处于发展的关键时期，正处于新的发展起点上，机遇与挑战并存。我相信，有上级主管部门的正确领导，有全体教师团结一致，一完小教育一定会与时俱进，蒸蒸日上，一完小的明天一定会更加美好。

　　最后祝各位代表身体健康，工作顺心顺意！

2021 年 10 月 29 日

（澧县一完小第七届四次教代会讲话）

八面来风

赞美也罢，批评也罢，我们都在这里；得到也罢，失去也罢，我们都在这里。风从八方吹来，我们感受到惬意，我们将乘着风，再立新功，再铸辉煌。

一、2016年下学期学校新闻报道

澧县一完小兴趣爱好特长班开班

邹 靖 2016年09月08日

9月7日下午四时,澧县一完小兴趣爱好特长班在各功能教室拉开帷幕,开始本学期的第一堂兴趣爱好课。

为实现学校五化目标之兴趣爱好特长化,不断增强学校内部活力,形成办学特色,几年来学校开设书法、绘画、舞蹈、葫芦丝、笛子、声乐合唱、

科技创新、排球、乒乓球、武术等 20 多个"兴趣爱好班",满足一部分有着学习热情和共同爱好的孩子学习需要,培养和提高他们的兴趣水平。

该校成立相关领导机构,甄选配备的辅导教师一部分是本校有专业特长、教学经验丰富且责任心强的优秀老师,另一部分则是自校外聘请的专业教师。每周星期三放学后,学生们则打乱班制,根据兴趣自由选择入班上课,在指导老师的指导下进行学习和活动。

特长班的开设,涉及知识领域广,满足了学生的兴趣需求,进一步培养学生们的兴趣爱好、专业特长,从而提高他们的综合素质。

"国培计划"线下集中培训在一完小隆重举行

邹 靖　2016 年 09 月 19 日

9 月 19 日上午,由县教育局组织人事股、教学研究室和县教师进修学校组织的小学语文"国培计划"远程培训第一次集中培训在我校举行,全县 70 多名教师参加了此次培训。

开班典礼上,教育局领导强调了本次"国培"的重要性,县进修学校樊

老师对学员提出了学习要求，班主任吴老师讲解了具体的学习方法。

培训会上，我校青年教师唐浩为大家带来了语文示范课《我是什么》，县骨干教师龚艳艳进行了评课，并就《如何让古诗词变得有滋有味》开展讲座，针对古诗词教学的现状以及如何点燃小学生学习古诗词的欲望，与国培班的学员进行了研讨，并向国培班的各位学员分享了古诗词的五步教学模式和小学古诗词教学中的一些经验。

"国培"为教师们搭建了学习、交流、研讨的平台。教师们将培训中学到的新理念、新方法运用到语文教学中，教学水平和教学能力将会更上一个台阶。

一完小："青蓝工程"师徒结对活动促进教师大成长

赵冰清　邹　靖　2016 年 09 月 29 日

为提升新进青年教师的业务水平和整体素质，9 月 29 日，澧县一完小开展青蓝工程师徒结对活动启动仪式。

仪式由分管教研工作的赵冰清副校长主持。教研室的陈波主任就青蓝工程的具体内容进行了详细的解读，张帆主任宣读了参加活动的师徒名单。师

傅教师代表李志芳老师用自己的亲身经历表达当师傅的责任和荣耀，徒弟代表余嫣嫣老师分享了自己点滴进步以及青蓝工程带给她的获得感，发自肺腑的发言感动了在场的每一位成员。最后由学校尹述红校长为师傅老师颁发聘书并指导老师们签订结对协议。

"青蓝工程"师徒结对活动是学校加强教师队伍建设的重要措施之一。师徒结对活动使双方达到"师德高尚、境界高远、能力超强、学识渊博、言行儒雅"的目的，该举措为新教师快速适应新学校、新课堂，成长为教育教学前线的中坚力量创造了有利条件。

澧县一完小庆祝建队节67周年 "红领巾相约中国梦——听党的话，做好少年" 主题大队活动暨一年级新生入队仪式

王舟娟　2016年10月13日

"红领巾飘呀飘起来，队旗飘飘放光彩，星星给我梦，火炬给我爱，亲爱的党对我们最关怀……"伴随着嘹亮的歌曲，10月13日，澧县一完小庆祝建队节67周年"红领巾相约中国梦——听党的话，做好少年"主题大队活动暨一年级新生入队仪式在学校体育馆盛大举行。怀揣着对少先队美好生

活的向往，一年级小朋友与五年级大哥哥、大姐姐手拉手共同庆祝建队节。孩子们齐唱队歌，拉开了大队活动的帷幕。

在党的关怀下，在澧县一完小党支部的领导下，队员们牢记"听党的话，做好少年"的谆谆教诲。活动中，一完小党支部书记尹校长、王校长为一年级8个中队授中队旗，宣布成立中队；大队委干部们给中队辅导员佩戴红领巾；五年级大哥哥、大姐姐们给新队员们亲手佩戴红领巾，并且互敬队礼。

辅导员王老师带领队员们宣誓，祝愿队员们在一完小这个温馨的大家庭茁壮成长，准备着为共产主义事业贡献自己的力量。新队员代表戴艺呈、蔡立媛用稚嫩的声音向队员们传递着自己入队的喜悦，从小立志"听党的话，做好少年"。大队长罗文彤对队员们提出了希望和要求，祝愿所有队员独立、自主、快乐成长。

少先队的活动丰富多彩，大队委们的节目献演精彩纷呈，深受所有队员的喜爱，活动现场高潮起伏。光荣的少先队是队员们健康成长的摇篮，队员们在活动中深受教育，从小树立"听党话，做好少年"的理想；队员们在活动中收获成功，尽情展示自己的才华；队员们在活动中沐浴党的关怀，快乐成长。

澧县一完小圆满完成"湖南省基础教育质量监测"样本校监测工作

杨波清　邹　靖　2016年10月12日

2016年10月12日，一完小圆满完成了湖南省基础教育质量监测样本校监测工作。

一完小能成为湖南省基础教育质量监测样本学校，是对这所百年老校全体师生最大的信任和激励。自9月起，学校就开始认真筹备本次质量监测工作，成立了以校长尹述红为组长的领导小组，由教导处具体组织实施此项工作。先是组织了师生动员大会，让师生了解本次监测工作的意义和重要性，明白参与质量监测的态度与责任感，然后对相关老师和学生进行了两次模拟训练，以确保质量监测工作的顺利开展。

10月12日上午8时，在校长尹述红的陪同下，省、县相关领导对组考工作进行了巡查，并给予了充分肯定。

10月12日8时30分质量监测工作正式开始。学生们本着"诚实、守纪、求实、细心"的态度，在计算机前按要求认真操作，仔细答题；10时35分，开启了第二项监测工作，学生问卷调查；11时15分，进行教师、校长问卷调查，填答时大家态度诚恳，严肃认真，充分体现了该校教师队伍的良好素质；14时，进行了质量监测数学学科测试，学生们沉着冷静、认真作答。整个监测期间师生表现优秀，充分展现了一完小师生的风采。

据悉，此次质量监测工作是从国家有关部门制定教育政策的需要出发，以学生学习质量及相关因素的信息数据采集为手段，全面把握国家基础教育的质量现状，科学诊断国家基础教育存在的问题及其原因，为教育决策提供科学依据和支撑。

澧县小学"教学开放周"活动在一完小拉开帷幕

陈 波 邹 靖 2016年10月26日

为进一步推动新课程落实深化进程,切实提高广大教师教育教学水平,促进学校教育教学质量的提高,10月25日上午,澧县小学"教学开放周"活动在一完小拉开帷幕,莅临该校指导工作的有县教育局基教股、教研室相关负责人,各兄弟学校分管教学的校长以及一线教师近200人。

本次开放周活动为期3天，活动以课堂教学为中心，采取先听课后评课的方式，形式新颖，内容充实。活动第一天，澧县一小的孙庆娟、傅菊华等6名教师分别为大家呈现了精彩纷呈的语文、思品、科学课堂，每位教者都对教学环节的设计做了精心的准备，切切实实把本次活动作为交流与提升自己教学水平的平台，特别是唐海燕老师的古诗诵读课、叶梅芳老师的国学课更是让人耳目一新，赢得了同仁的一致好评；在随后的评课环节中该校五名教师及局领导对课堂的亮点与不足做了公开客观的评价，为进一步提高教学水平提出了很多宝贵意见。最后，县教研室主任文定轩、县语文教研员鲁玉华老师就品德、科学、语文学科做了精彩讲座，为我县小学教研又一次指明了方向。最后，该校利用夕会时间，以各班为单位分别呈现了国学诵读，孩子们在老师的带领下，在声情并茂的诵读中，一步步走向通往尘封百年的国学经典的大门，走进中华民族共同的精神家园，一起感受国学经典的魅力。

澧县一完小2016年秋季运动会隆重开幕

杨波清　邹　靖　2016年11月02日

生命因运动而精彩。11月2日，天高云淡，彩旗飘飘，迎着爽朗的秋风，澧县一完小秋季运动会开幕式在学校操场举行。

下午1时38分，精彩纷呈的运动会入场式在学校鼓号队雄壮的奏乐声中正式拉开序幕，国旗、队旗、校旗方队，校徽方队，标语牌方队，号鼓方队，彩旗方队和51个代表队迈着矫健的步伐，昂首阔步，在主席台前进行了入场表演：学生们衣着绚丽多彩，迷彩服、学士服、动物服装等让人应接不暇；学生们有的手持花环、有的手持"笑脸"、有的手持小红旗……随着音乐的旋律舞动着，充分体现了各自的班级特色。特别是刘连辉、叶梅芳等老师和学生们齐上阵，脸上写满喜悦，全身散发着光彩。全体师生坚信，每个人不仅要有高尚的品德、文明的举止、优异的成绩、更应该具有强健的体魄。

入场式结束后随即进行了运动会开幕式，副校长王卫东致开幕词，总裁判长韩业东对此次运动会提出了要求和希望，运动员和裁判员代表分别宣誓，最后由校长尹述红宣布本次秋季体育运动会开幕。

据悉，本届运动会为期三天，共有51支代表队近千名运动员参赛，他们将传承和发扬"更快、更高、更强"的奥林匹克精神，严格遵循"公开、公正、公平"的竞赛原则，大力弘扬体育精神，师生协力，在多个项目中展开激烈角逐，赛出风格、赛出水平！

澧县一完小
在第五届青少年科技创新大赛中再创佳绩

王卫东　2016 年 11 月 07 日

近日，2016 年澧县第五届科技创新大赛评选揭晓，澧县一完小共有 5 名学生的科技幻想画和 2 名学生的科技制作参赛，全部获奖，为校添光添彩，再创佳绩！

此次科技创新大赛以"体验、创新、成长"为主题，由澧县科学技术协会、县教育局、县科技和工业信息化局、县环保局主办，县青少年校外活动中心承办。澧县一完小六年级五班唐陈昶毓的科技幻想画《海洋奇妙乐园》、六年级二班胡博颖的科技制作《燃气灶防溢水安全托》均荣获此次大赛一等奖；六年级二班陈咨韵、六年级八班龚思琪均荣获科技幻想画二等奖；六年级五班乔思敏、六年级七班叶谭和玉均荣获科技幻想画三等奖；五年级六班郭秉瑞荣获科技制作三等奖。

据悉，该校一直对科技创新教育非常重视，经常性开展相关的教育活动，也在省、市、县科技活动中取得了不小的成绩。此次青少年科技创新大赛，再次给学生搭建了展示特长的平台，使学生的思维想象能力得到了发展，科技意识得到了激发，科技创新能力得到了锻炼。

辛勤的付出换来甜美的欢颜

王卫东　2016 年 12 月 01 日

激情记录青春，艺术共筑梦想。在澧县 2016 年"体育新城"杯中小学艺术节上由澧县一完小选送，刘呈靖、胡红老师指导的舞蹈《花木兰》，再次获得一等奖，辛勤的付出，终于换来了甜美的欢颜。

"唧唧复唧唧，木兰当户织。不闻机杼声，惟闻女叹息……"随着音乐旋律的响起，一完小的小"舞蹈家"们以自己最好的风貌向观众演绎了全新

的花木兰替父从军的感人故事，演绎了一种巾帼不让须眉的奇女子勤劳善良的品质、保家卫国的热情和英勇战斗的精神。她们踏着激昂动感的音乐节拍，在舞台上完成了一套又一套精心构思的动作，为观众带来美的享受，她们将音乐和动作完美结合，诠释了艺术带给我们的魅力。比赛期间，台下多次掌声雷动，全场观众以最热烈的掌声表达了对她们表演的肯定。

此次艺术节，推进了我县素质教育，活跃了校园氛围，为同学们提供了施展才华、张扬个性的舞台和开发思维、放飞心情的空间，培养了艺术素养、发现了艺术新苗，促进了学校交流、展示了办学特色。

一等奖作品：《花木兰》

澧县教育局督学责任组莅临
一完小进行实验教学和信息技术教育督查

邹 靖 2016年12月14日

  12月13日下午，澧县教育局督学责任组一行四人莅临澧县一完小，对该校实验教学和信息技术教育工作进行了专项督查。

  本次督查以《澧县中小学2016年信息技术教育管理工作岗位目标考核细则》和《澧县中小学实验教学管理工作岗位目标考评细则》为依据，通过

查看各功能室、教室、查阅资料、听取汇报、走访座谈等方式，重点督查了2016年下学期以来实验教学管理工作和信息技术教育管理工作，并进行了严格的量化打分。

督学组与学校进行了交流，对该校信息技术和实验教学工作给予了高度评价：亮点纷呈，学校投入大，管理工作细致到位，电教设备使用率高。同时对今后的工作提出了更高的要求。

据悉，该校是教育部授牌的现代教育技术实验学校。此次督查进一步促进了学校的相关工作上新台阶，使学校更加重视现代教育技术和实验教学工作，用好电教、实验、图书、音体美等器材设备，为教育教学工作做好服务，进一步提升学生的综合素质。

一完小教师参加湖南省"乐疑"课堂教学推介交流会

张　帆　刘年辉　2016年12月19日

12月15日至12月17日，湖南各地教育精英相聚武陵，参加由湖南省教育学会主办，湖南日报报业集团科教新报社协办，常德市武陵区教育局、北正街小学承办的湖南省"乐疑"课堂教学推介交流会，澧县一完小教师代表刘红艳、李志芳、刘年辉、汪颖在教研室张主任的带领下，齐聚武陵，参加了此次教学研讨会。

研讨会上，北正街小学交流了经过实践探究，在小学课堂教学模式的研究中如何将"乐"与"疑"融合在一起，回归本真的课堂，让学生在快乐中学习，学习快乐的同时获得求知的兴趣与终身学习的能力。学术的饕餮盛宴，如甘如怡，滋润着师者之心。北正街小学教师与教育大师同课异构、交流学习。听完北正街小学张丕香老师执教的《祖父的园子》、胡颖洁老师执教的《平均数》，澧县一完小刘红艳、刘年辉两位教师大胆走上讲台，谈论自己的听课体会。然后与教育同仁一起聆听大师论道，演绎课堂真谛，老师们都表示获益匪浅。

会后在北正街小学宏大的校区参观中，落落大方的小导游们口齿清晰地为客人介绍学校，给大家留下了深刻的印象，展示了北小学生的聪慧、文明、有礼，参观老师连连赞叹。

诗国乐乡，自有歌舞献三湘来宾；高朋满座，乐闻丝竹品武陵教育之美。武陵区的师生们为远道而来的客人带来了一场精彩的艺术晚宴，展示了武陵素质教育的动人之处。活动虽然只有三天，但这场高品位、大规模、多形式的教学盛会却已悄然叩启与会人员的智慧之门。立足生本，努力学习先进的教育理念，踏实干好本职工作将成为一完小教师的不断追求。

一完小：国家三类城市语言文字工作评估深受好评

杨波清　邹　靖　2016 年 12 月 25 日

12月23日上午，国家三类城市语言文字工作评估团学校评估组一行四人，在县政府办、教育局有关领导的陪同下莅临澧县一完小，进行国家三类城市语言文字工作评估验收。

此次评估分为三个工作程序：首先听取了学校的工作汇报，汇报分为四个方面：重管理，健全学校语言文字制度；树表率，规范教师用语用字行为；抓活动，提升学生语言文字素养；重宣传，营造规范用语用字氛围。然后评估小组分为三组，一组查阅相关资料，另外两组随机抽取老师和学生进行座谈和测试。最后就整个评估工作进行总结通报。

在最后的评估通报中，检查组一致认为，该校语言文字规范化工作领导重视，措施得力，发挥了领军作用。迎接此次评估准备充分，汇报图文并茂，资料翔实，工作汇报与检查情况相符，师生测试效果良好。检查组勉励该校继续努力，以国家三类城市语言文字工作评估为契机，持久开展语言文字规范化工作。

据悉，多年来，该校高度重视语言文字工作，把语言文字规范化作为提高师生文明素养、提升学校文化内涵的重要内容,并将语言文字规范化工作渗透到学校教育教学工作的各个方面。学校坚持以"经典诵读""规范汉字书写"为办校特色,被评为湖南省首批"经典诵读"和"规范汉字书写"特色学校。同时该校大力开展"小手牵大手"活动,把语言文字规范化工作延伸到家庭和社会,为营造"说普通话、写规范字、做文明人"的社会环境做出了一定的贡献。

澧县一完小举行冬季体育群体活动

王卫东　2016年12月27日

寒风挡不住热情,冬日校园洋溢着欢声笑语,竞技争先,活力无限。12月下旬,澧县一完小举行了为期两周的冬季体育群体活动。第17周进行一至四年级的跳短绳比赛,第18周进行五至六年级的拔河比赛。在比赛中,运动健儿奋勇争先,顽强拼搏,啦啦队摇旗呐喊,赛场气氛高潮迭起,掌声不断,让同学们充分体验到了运动的快乐,让参加比赛的每一位同学都可以深深感觉到团队带给自己的力量,同时也为冬日的校园增添了一道亮丽的风景线。

据悉,该校倡导"每天锻炼一小时,健康工作五十年,幸福生活一辈子"的健康理念,不仅会全力抓好常规的"两课两操",而且已开设足球、

排球、乒乓球、武术、田径等各类特长班，引导学生走出教室，走入操场，自觉加强体育锻炼，增强体质，愉悦身心，健康成长。

澧县一完小经典诵读节目喜获市级大奖

邹 静 赵冰清 2016年12月29日

近日，从常德市教育局传来喜讯，在由市教育局、市语言文字工作委员会举办的"纪念中国共产党成立95周年暨红军长征胜利80周年诵读大赛"中，澧县一完小师生同台朗诵的《颂红色经典 做美德少年》在全市106个作品中经过激烈角逐，脱颖而出，荣获市一等奖，澧县小学组获奖的仅此一例。

该节目以"长征"相关诗词歌赋为载体，伴以歌曲、场景表演等多种形式，朗诵者个个声情并茂、精神饱满，将真情实感融入诵读之中。激昂的旋律，壮观的背景画面，让观众仿佛被带入了草地和雪山之中，《七律·长征》《延安，我把你追寻》等红色诗歌作品经过演绎，唤起了师生对长征的追忆和对英烈的缅怀，更是激起了师生对今日祖国和平生活的珍爱之情。

据悉，澧县一完小是全省首批经典诵读示范校，"雅言传承文明，经典浸润人生"是该校经典诵读的理念，平时十分重视经典诵读教育，每天晨读以及相关节日时都会组织学生诵读经典，该校学生在领略中华经典文化博大精深的同时，文化素养也在不断提高，师生的诵读活动已成该校的一道亮丽的风景线！

二、2017 年上学期学校新闻报道

一完小：携手共赢　梦想起航

赵冰清　邹　靖　2017 年 02 月 11 日

"好的开端是成功的一半"，2 月 11 日上午，澧县一完小全体教职员工再次集会于五楼会议室，召开新学期开学准备工作会议。本次会议由熊方敏副校长主持，各位校领导出席了会议，全体教师参加了此次会议。

会议第一项议程由吴业辉副校长对 2017 年上学期工作做出了详细的计

划部署,以"实施我校'三·五'办学方略,拓新工作思路,深化内部管理,争创教学质量与办学特色的新突破,实现师生综合素质的新发展"为指导思想,规划"实现一个目标,突出两个重点,做出三个建设"的总体思路,提出五个工作要点,并列举了八项具体措施和月重要工作安排,吴校长还寄语全校教师:2017,我们要争做"不断学习、笔耕不辍、跟上时代、懂得爱自己、有幸福感"的教师。会议第二项议程由教导处杨波清主任对开学工作做出了详细的安排,明确了开学工作的整体部署和职责要求。最后尹述红校长对新学期工作进行了强调,并要求教职员工要有居安思危和争先创优的意识,做新时期高素质的教师。

"雄关漫道真如铁,而今迈步从头越"。此次开学会议的召开,规划了前景,明确了目标,强化了责任,规范了要求。一完小全体教职员工将带着梦想,携手起航,共创美好明天!

澧县一完小举行 2017 年上学期"不忘初心,奋发向上"春季开学典礼

邹 靖 2017 年 02 月 13 日

圣猴舞棒辞旧岁,金鸡高唱迎春来!伴着过去一年的收获与喜悦,怀着对新的一年的憧憬与向往,2月13日上午,澧县一完小全体师生欢聚在塑胶操场,隆重举行 2017 年上学期"不忘初心,奋发向上"春季开学典礼。

上午 8 时 30 分,开学典礼在庄严的国歌声中拉开了序幕。首先由两位少先队员献词,接着学校校长尹述红发表了热情洋溢、慷慨激昂的新学期致辞,他全面回顾了上一学年学校教育教学管理的喜人成果,充分肯定了师生的优异成绩,并对新学期工作提出了以下建议和要求:开好头,起好步;改陋习,勤钻研;健身心,提素养;讲文明,懂礼仪;显个性,展风采。为全校师生指明了今后努力的方向,为新学期的教育教学吹响了进军的号角。随后教师代表廖芬老师声情并茂地向同学们表达了老师们的殷切希望,学生代表宋柯莹代表全体学生表达了新学期的决心。

最后，马主任做了总结性讲话，并宣布开学典礼结束。新的学期，开启了新的希望，一完小人将以智慧做帆，以勤奋作桨，不忘初心，扬帆远航。

教研室陈波主任主持会议、工作部署
教研组长各抒己见
一完小：狠抓安全工作　排查安全隐患

熊方敏　2017年02月22日

"安全重于泰山"，澧县一完小始终把安全工作作为学校工作重中之重。根据上级精神，2月20日，该校安全排查小组成员在校长尹述红带领下对校园建筑设施、食堂餐饮设备、校内其他各类设备及校外周边环境进行了专项排查。

本次排查的重点是用电安全、消防设施、餐饮设备、校内设施及周边环境情况。检查目标是把存在的问题认真梳理归类，逐项进行整改，为营造安全、文明、和谐的校园氛围提供保障。

通过仔细摸底排查,发现了几处安全隐患:1.办公楼门厅吊顶有松弛,有随时脱落危险。2.雅苑水池周围没有防护设施,学生在周边玩耍有掉落水池的危险。3.雨天开餐师生存在上下楼梯滑倒的危险。对于这些问题,学校及时采取整治措施,立即向上级相关部门上报;另外在水池边布置安装防护栏,在楼梯通道铺设地毯防滑。

这次排查行动有力地推进了校园安全工作管理的规范化。在今后的工作中,该校将再接再厉,齐心协力将安全工作推上一个新台阶。

一完小启动"文明礼仪月"主题系列教育活动

王舟娟　2017年03月06日

3月6日上午，澧县一完小全体师生在操场隆重举行一年一度的"文明礼仪月"系列活动启动仪式，这预示着一完小在狠抓学生文明礼仪养成教育的道路上又向前迈进了一大步。

文明礼仪教育是学校德育的基础工程，它反映一个学校教师、学生的精神风貌，是校园文化建设的重要组成部分，也是学校形象工程的主要标志。根据一完小"五化"教育要求，为切实提升在校学生文明素质，营造安全、文明、健康的育人环境，逐步养成良好的文明礼仪习惯。政教处结合"3·5学雷锋日""3·8妇女节""3·12植树节""3·15消费者权益日"开展"文明礼仪月"系列主题教育活动，帮助学生树立正确的道德观念，形成良好的校风，引导学生摒弃陋习，逐步养成良好的文明行为习惯——在家孝敬父母；在校尊敬师长、团结同学，知书达礼，践行文明；在社会学会生活、乐于奉献。

本月系列活动将持续4周，包含7个主题活动。其中在雏鹰争章——"文明礼仪之星"评选活动中，学校行政领导将下到班级，就学生在校形象礼仪、课堂礼仪、活动礼仪、集会礼仪分别进行量化考章，促使学生将文明礼仪内化于心，量化于行，争夺"文明礼仪"勋章。

澧县一完小开展城乡结对互助活动

杨波清　邹　靖　2017年03月08日

根据澧县教育局《关于开展城乡结对互助活动》的安排，澧县一完小和复兴镇中学结成互助学校，并深入开展"结对互助"相关活动。

3月7日下午，复兴镇中学一行十多人莅临一完小，共同开展结对帮扶活动。双方商定根据学校资源的实际情况，今后将从学校管理交流、课堂教学研讨和教学资源共享等方面开展形式多样的帮扶活动，进一步提高教育教学质量和办学水平。

会后复兴中学教师一行受邀参加了一完小开展的教研活动，艺术组胡红老师执教的《对花》，通过模仿圆场和虚拟化表演，让学生感受到了黄梅戏的歌舞化、通俗化，给听课的老师留下了深刻的印象；英语组邓锐老师执教的《Let's make a kite》，以扎实的语言功底，丰富的课堂活动，灵动的课堂

表演，让听课的老师回味无穷。在之后的评课环节中，双方学校教师代表就"英语课堂上，如何调动后进生的学习积极性？如何抓住每单元的重点句型进行教学？"等话题进行了研讨。

据悉，早在2月份，该校参与帮扶结对的教师在校长尹述红的带领下来到复兴中学，针对城乡结对互助活动进行了交流。复兴中学张校长从多个方面阐述了复兴双龙小学目前面临的困境。针对复兴双龙小学所面临的现状，一完小校方承诺在力所能及的情况下将尽全力支持。此次活动的开展，使两所学校彼此增进了解，达成共识，为两校搭建了一个相互学习、互相帮助的平台，双方可通过这个平台互通有无、取长补短、携手共进，促进彼此办学水平的提升。

结对扶助　携手共进
——一完小、复兴镇中学举行"青蓝工程"师徒结对活动

邹　靖　2017年03月17日

　　为了充分发挥教学骨干教师以及优秀班主任的教育教学示范、辐射和引领作用，促进青年教师、新进教师的专业成长，进一步打造兄弟学校优质教师团队，全面提高教育教学质量，3月16日下午，澧县一完小、复兴镇中学兄弟联谊校"青蓝工程"师徒结对活动启动仪式在一完小多媒体教室隆重举行，一完小校长尹述红，复兴镇中学校长张柏文等参与了此次活动，14位导师与18名徒弟成功结对。

　　本次结对仪式由教研室主任陈波主持。

　　在一完小陈李蓉老师和皮艳春老师展示的精彩示范课和汇报课后，"青蓝工程"师徒结对活动启动仪式拉开了帷幕。师傅李梅老师和徒弟骆倪分享了她们结对一年以来的成长体会，师傅提出了三个方面（勤奋、领悟、研究）的建议与大家共勉，徒弟汇报了自己在师徒结对活动中所取得的进步，从而坚定了新结对教师的决心和信心。随后分管教研的赵校长宣读师徒结对岗位职责，并就5月份的活动主要形式和内容做了详细介绍，她强调：师傅们要做到"带师魂、带师德、带师能"，尽职尽责；徒弟们应"学思想、学本领、学做人"，全面发展，师徒要进行双向听课，开展教法学法研究，加强

专业理论学习，及时做好听课反馈记录，在互相学习中共同成长，获得双赢。

之后，复兴镇中学李校长宣读了青蓝工程师徒名单，将整个活动推向了高潮，一完小尹校长、复兴镇中学张校长为"师傅"教师颁发聘任书，徒弟们按要求进行了正式的拜师礼，师徒双方还共同签署了《师徒结对协议书》，整个会场气氛亲切感人、庄重而温馨。

最后，尹校长和张校长总结性发言中着重指出：师徒结对过程是一个有目标、有计划、分阶段的经验传授过程；是一个一招一式地学，继而认真揣摩、自成风格的过程；更是一个双方互动，不断开拓、不断创新、不断提高的过程。他们希望师傅严格要求、倾囊授艺；徒弟虚心求教、善问勤思，师徒共成长。

"师徒结对"任重而道远，诚心、精心、细心、耐心是拜师学习的态度；勤学、勤问、勤看、勤听是拜师学习的方法；成长、成熟、成才、成功是拜师学习的目的。此次师徒结对仪式既激起了徒弟们浓厚的学习兴趣，又彰显了澧县一完小教师不吝赐教的名师风范。相信澧县一完小和复兴镇中学兄弟联谊校"青蓝工程"师徒结对活动一定让"青"更"青"，让"蓝"更"蓝"！

一完小开展"爱绿护绿"活动

王舟娟　2017 年 03 月 17 日

3月12日是我国的"全民植树节"。我们中华民族自古就有"爱树、育树"的传统。在现在快节奏的城市生活中，到处高楼林立，孩子们越来越远离大自然。借植树节来临之际，3月10日政教处发起倡议开展"爱绿护绿"活动，号召各班建立班级植物角，美化学习环境。

各班积极响应,争做绿色使者,成立班级植物角。3月17日全校开展了《牵手班级植物角》主题中队活动,就认识植物角花卉、了解养花知识、如何与植物角和谐共处等问题展开讨论,制定了班级"爱绿护绿"计划。开展此项活动激发了孩子们积极主动、仔细观察植物的兴趣,引导学生发现平时不易引起注意的一些植物特征和变化,学习一些有关植物的科学知识,掌握一些简单的种植技能,培养了学生的爱心、耐心、责任心。

澧县一完小开展"以澧为荣"社会实践活动

王舟娟　2017 年 03 月 29 日

　　"悠悠澧水河"寄托了无数游子思乡的情怀，保护家乡从了解家乡做起，从呵护家乡的环境做起。为激发学生知家乡、爱家乡的情感，使学生获得亲身体验，3 月 29 日，澧县一完小志愿小分队首先到"澧州文庙""古城墙""八方楼"参观学习，了解家乡悠久的历史文化，感受一代又一代澧州人为家乡发展所做出的突出贡献，接着沐浴着和煦的春风到兰江闸开展"保护母亲河——澧水河"志愿者活动。

参观学习中，队员们被古往今来文人墨客们的才华深深折服，由衷赞叹勤劳智慧的澧州先民们为我们留下的宝贵文化遗产，内心激荡起呵护澧州城、保护澧水河的爱乡情怀。队员们在澧水河畔主动捡拾垃圾，宣讲保护母亲河的知识，受到广大市民的一致好评。此次活动的开展拓宽了学生视野，增强了学生社会实践能力，激发了学生爱护家乡、保护母亲河的情怀。

一完小开展"阳光校园 我们是好伙伴"演讲比赛

王舟娟 2017 年 03 月 31 日

为加强学生思想道德建设，教育学生知文明、懂礼仪，学会感恩，争做"五好小公民"，3 月 28 日、30 日，澧县第一完全小学开展了以"阳光校园，我们是好伙伴"为主题的演讲比赛活动。

据了解，本次比赛共有 6 组参赛选手，他们分别是来自一至六年级的优秀学生代表。赛前经过层层筛选，每班挑选出语言功底好、形象气质佳的选手参加全校比赛。活动中，选手们用热情洋溢的语言，表达对阳光校园的喜爱之情；对身边同学的感激、赞美、敬佩之情和幸福生活在阳光校园争做阳光少年的决心。比赛过程中选手们真情流露，神采飞扬……精彩纷呈的演讲触动了在场家长、老师以及同学们的心，博得了台下一阵又一阵热情的掌声，使活动主题得以升华。经过激烈的角逐，最后有陈子豪、王治月、张柯荣、张波荣、朱禹曦、陈孙红、戴艺呈等 21 名同学获得比赛一等奖。

此次活动的开展旨在引导学生做积极向上、团结友爱、尊重他人、诚信友善、善于合作的阳光好伙伴，能有效地促进学校德育教育的开展，提高学生文明程度，为创设文明和谐的育人环境及形成良好的校纪学风，起到积极的推动作用。

澧县一完小教代会召开

何少峰　赵冰清　2017 年 04 月 01 日

3 月 31 日下午，澧县一完小第六届四次教职工代表大会在学校五楼会议室召开。来自全校的 59 名教师代表以及 5 位组长列席代表参加了此次会议，教育局机关工会主席皮振欣同志出席了此次大会。副校长吴业辉主持会议。

大会在庄严的国歌声中拉开了帷幕，大会由皮主席致开幕词，他对一完

小开展的教代会给予了高度肯定，并勉励全体代表牢记全校教职员工的重托和期望，树立主人翁意识，以饱满的热情和对学校建设高度负责的态度，群策群力，积极为学校的发展、建设，献计献策。

尹述红校长作了《澧县一完小教育发展三年规划》（以下简称《三年规划》）的工作报告，报告中对一完小的现状和前景进行了分析，遵循"和而不同，雅而有秩"的办学宗旨，为一完小未来三年的发展提出了明确思路。与会代表还听取和审议了总务处的财经预决算报告和学校经费运行情况，工会吴红卫主席解读了《澧县一完小年终岗评和职称评定方案》。

随后，校领导分别下到各组室，组织大家对《澧县一完小教育教学奖励方案》《澧县一完小年终岗评和职称评定方案》等内容开展了热烈讨论。最后大家一致认为《三年规划》符合学校发展目标，有内容的落实，人员的分工

合作，有制度的保障，有评价的后续跟进。对于学校新的人性化的职评量化评分标准和年终岗评量化评分标准，以及各级奖励方案，各位代表纷纷表示拥护。

最后副校长赵冰清同志代表学校，就 12 个代表组室提交的 27 件提案，在大会上一一进行了回复。回复意见中肯，各位代表表示满意。

此次会议凝聚人心，鼓舞斗志，最大限度地调动和发挥了每位教职工的主动性、积极性和创造性。与会代表也纷纷表示，在学校的正确领导下，全体教职工将再接再厉、发挥优势、体现特色、开拓创新，为澧县一完小灿烂的明天而努力奋斗！

一完小唐浩老师荣获全市语文教师素养大赛一等奖

赵冰清　2017 年 04 月 11 日

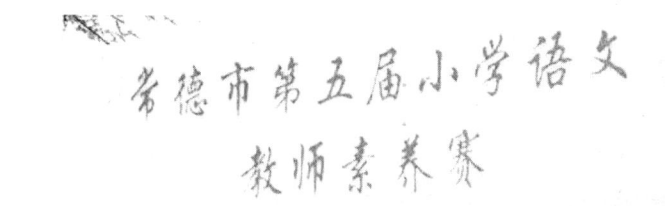

4月11日，从常德市语文素养大赛组委会传来喜讯，澧县一完小唐浩老

师荣获 2017 年第五届小学语文教师素养大赛市级一等奖。

此次比赛，包括粉笔字书写展示、讲故事、才艺表演、课堂教学展示和知识素养答题五个环节，作为澧县唯一的选手，唐老师凭借深厚的文学积淀、扎实的教学功底、出众的艺术才华，在此次比赛中脱颖而出，为澧县教育教学赢得了荣誉。

一完小迎接市疾控中心传染病防控工作检查

王舟娟　2017 年 04 月 13 日

4月13日上午，市疾控中心、县防疫站、教育局保健所有关领导莅临澧县一完小，就传染病防控工作进行例行检查。

此次检查分三步开展，首先，市疾控中心领导就2017年开学以来一完小所开展的疾病预防工作进行一一核查，查阅了相关资料，对一完小在传染病防控方面所开展的定期专题教育、定期对教室进行消毒等具体工作给予了肯定；其次，随机抽取了个别班主任进行座谈，了解教师们的防控意识和各

项防控工作开展的情况，特别问询了班主任在班级开展防控专题教育情况及"晨午检"情况，对于班主任建立班级群和家长时刻保持联系，了解、沟通学生在校及家庭的健康状况，并及时将各种情况反馈给学校，牢牢树立"健康第一、预防为主"的防控理念的做法给予了充分肯定与赞赏；最后，就教师加强《中小学传染病预防控制工作管理规范》的学习问题和学校进行了交流。

传染病防控工作开展任重而道远，学校是传染病的高发之地，一完小将以此次检查为契机，加强各种疾病的预防，经常性地自查自纠，做到防患于未然，为师生身体健康与生命安全营造良好的生活环境，构建卫生、和谐校园。

一完小学生参加中国流动科技馆澧县巡展活动

王舟娟　邹　靖　2017 年 04 月 20 日

4月20日上午，澧县一完小组织三、五年级师生来到县青少年活动中心，参加中国流动科技馆澧县巡展活动启动仪式，并参观体验流动科技馆。据悉，此项活动是中国科协、财政部联合实施的一项公益性惠民工程，此次巡展以"体验科学，启迪智慧"为主题。启动仪式中，一完小学生代表向中国流动科技馆澧县巡展活动献词。

启动仪式结束后，学生们在老师带领下分两批次参观了流动科技馆。一进入展厅，同学们就被眼前的科技产品吸引住了。馆内设置"声光体验、电磁探秘、运动旋律、数学魅力、健康生活、安全生活、数字生活"7个主题展区，50件经典互动展品。有的同学在空中成像、激光竖琴前驻足，有的同学在3D电视前排队等候观看，还有的同学探寻了光的路径、人力发电、尖端放电等等科学感应的虚拟活动，他们与各种高科技进行了一次亲密接触。这些科技展品不但吸引了学生，还吸引了教师纷纷动手操作。一次次科学体验让大家身临其境，亲身感受科技给人类的财富，让学生们在活动中学到了数学、力学、声学、光学、电磁、天文、地理、生物等科学知识，同时也让同学们感受到科技创新的魅力，激发了他们对科技的兴趣和热情。

此次活动的开展，让同学们零距离体验了现代科技的神奇魅力，尽情地享受了一场"科技盛宴"，对丰富学生的科学知识，培养学生探究科学的兴趣，引导广大青少年树立科学思想、掌握科学方法、增强创新精神和实践能力具有十分重要的意义。

一完小开展"世界读书日"活动

王舟娟　2017 年 04 月 21 日

在"世界读书日"来临之际，为培养学生的阅读兴趣，丰富学生的课余生活，4月21日，澧县一完小携手县图书馆开展"世界读书日"活动。

参与本次活动的主要是全体五年级的学生，孩子们首先到图书馆多媒体会议室观看大众科普电影《奇妙的植物世界》，丰富科普知识，增强环保意识和保护地球的责任心；接下来到报刊阅览室开展阅读活动，随后开展有奖

知识竞答活动,孩子们在活动中踊跃参与,积极答题,感受到了阅读的喜悦,收获了知识的硕果;最后五年级的学生代表孙璐颖、王治月发起《读好书倡议》,倡导更多的人参与到读书活动中来,用阅读丰富人们的业余生活,洗涤人们的心灵。

此次活动积极响应党的十八大提出的"完善终身教育体系,建设学习型社会"的号召,引导学生们从小爱阅读,让终身学习、毕生阅读的理念贯穿孩子们的整个人生。

一完小赛课再获大奖

赵冰清　邹　靖　2017 年 04 月 23 日

2017 年 4 月 17—19 日,常德市中小学综合实践活动课程成果展示研讨会在常德市十一中学举行。澧县一完小代表我县小学组在市级成果展示活动中一举夺冠,荣获一等奖第一名的好成绩。

一完小此次的综合实践活动是由一完小陈李蓉担任辅导老师,以《走进城头山》为主题,带领孩子们对澧县文化景点"城头山"开展了为期一个月的探究实践活动,并从活动背景、目标、过程等方面展示此项活动,教师语

言精练有力，教态自然大方，活动开展扎实有效，很好地展示出教师的个人素质，同时也展示出综合实践活动课在培养孩子自主探究，学科整合，展现学生综合素养等方面的强大功能。

获奖证书

活动名称： 常德市 2017 年中小学综合实践活动课程成果展示研讨会
说课教师： 陈李蓉
课题名称： 《 走进城头山 》
获奖等次： 一 等奖
指导老师： 赵冰清 陈波 老师
学　　校： 澧县一完小

常德市教育科学研究院
二〇一七年四月二十一日

此次活动的开展还得到澧县博物馆和城头山管理处的大力支持，让本堂综合实践课将"城头山文化"同语文、数学、品德与社会等学科进行有效融合。充分展现了综合实践活动，老师仅仅只是引导者，需要根据学生的兴趣，立足于学生，才能更好地服务学生，让学生在活动中有所得，有实实在在的收获。

一完小"朗读者" 引领读书潮

邹　靖　赵冰清　2017 年 04 月 26 日

为进一步提升广大教师的读书意识，影响并带动提高全体学生朗读水平，营造良好读书氛围，4 月 25 日上午，澧县一完小在录播室开展了"朗读美文　展我风采"的首届教师"朗读者"比赛活动。

本次朗读者活动，经历了12个教研组的组级初赛，最后17名选手晋级决赛。朗读者在选择美文时别具匠心，有激情豪迈的《海燕》，也有优柔婉约的《再别康桥》，还有感情至深的《秋天的怀念》……朗读形式也是多种多样，有个人诵读、多人朗读，还有亲子互读，配上悠扬的音乐，加上整齐的动作，他们时而激情澎湃、时而如涓涓细流，倾注着自身对美文的理解与感动，让台下的听众为之动容，掌声不断，教师们用声音和文字表达着高尚的灵魂和对经典文化的尊重。

　　经过激烈角逐，评委们秉承"公平、公开、公正"原则，从语言、感情、仪态、效果四个方面进行了综合评分，最终，陈波、田静、宋青枝等7名老师获得一等奖。

本次朗读比赛展现了该校教师良好的个人基本素养和诵读功底以及健康向上的精神风貌，引领了全校师生"读好书，多读书"的读书热潮。学校也将以此次"朗读者"活动为契机，不断提升教师的阅读素养，继续推进学生的读书活动，积极营造学校的书香氛围！

澧县一完小扎实开展读写活动

吴业辉　2017 年 05 月 03 日

澧县一完小秉承"以人为本、面向全体、发展个性"的办学理念，积极开展"读万卷书、写规范字、说普通话"等活动，使办学水平不断提升，以实际行动谱写了"办人民满意教育"的美好篇章。

学校自 2011 年被认定为湖南省首批省级规范汉字书写教育特色学校和经典诵读特色学校以来，切实加强对"读写活动"的指导工作，制定了可行的实施方案，明确了活动开展的时间、内容、方法和步骤，全校师生人人参与其中。让学生诵读《弟子规》《三字经》《音律启蒙》、唐诗、宋词等，使学生感受了祖国语言文字的魅力，陶冶了思想情操。

一场场丰富多彩的活动，一次次亲临其境的参与，一回回与大师握手，师生们在书的海洋里遨游，真切地感悟到经典文章之美，品味到与书为友的乐趣，激发了对祖国语言文字的热爱，提高了文化素养。教师平时勤练书法，写字的水平得到了提高，有效促进了课堂教学效果的提升。精彩规范的板书，深深地吸引了学生的注意力，激发了学生的学习兴趣，潜移默化地影响着学生的书写习惯。写字课的教学不仅指导学生如何书写规范汉字，而且让学生懂得书法艺术之美，激发了学生写字、练字的热情。

一完小开展防震应急演练

王舟娟　邹　靖　2017年05月08日

5月8日，在"5·12"防灾减灾日来临之际，澧县一完小利用升旗仪式机会组织全校师生开展室内避震演练及紧急疏散演练活动。本次活动的目的是促使全体师生居安思危，树立牢固的安全意识，掌握各种逃生自救知识，熟悉逃生疏散路线，不断提高师生应对突发自然灾害的能力。

活动开始后，首先由政教处老师针对全校师生开展安全教育专题讲话，明确室内避震及紧急疏散演练活动开展的重要意义；其次就如何有效实施避震措施进行了系统、详细的指导。伴随"地震警报""紧急疏散"信号，负责楼道、楼梯安全的安全员和班主任迅速到位，组织学生就近躲避，学生躲在课桌下，双手抱头；教师躲在讲桌下。1分钟后，疏散命令下达，学生开始在教师的组织下按照既定的路线有序撤离，撤离过程中，学生能够按照要求保护自己的头部，并注意不推挤和喧哗，跑到学校操场中央。整个演练过程井然有序，历时3分钟，达到了预期的效果。最后演练总指挥熊校长针对本次活动开展情况进行认真的分析和总结，进一步加强安全教育，强化全校师生们的安全意识。

　　为了本次演练活动的顺利开展，学校制定了可行演练方案，并召开安全演练工作会议，明确各相关人员职责，在整个演练过程中，学校领导和老师分工明确、责任到人，确保了学生安全撤离。

一完小学生参加首届毕业生"成童礼"

王舟娟　邹　靖　2017年05月19日

　　5月18日，澧县首届小学毕业生"成童礼"在澧州文庙举行，一完小65名少先队员有幸参加了此次活动。

　　当天下午2时38分，参加成童礼的65名少年，穿上传统的汉服集中在文庙大成门前，在身着传统汉服的老师的引导下，踏上状元桥，跨过棂星门，在大成殿外列队，之后，大成殿鸣钟三下，学生描红，端正书写一个

"人"字。接着，主持人对学生进行感恩、立志教育，孩子们与父母拥抱，向父母行三拜礼。父母回鞠躬礼，礼成！全体学生齐声诵读《弟子规》。随后由礼仪老师为孩子们额头点朱砂，进行拜孔仪式。活动中，队员们心中默默立下成长之志、报国之志，仪式最后为少先队员们颁发盖有印章的成童礼证书。

参加仪式的家长表示，庄重的成童礼不仅让孩子受到了极好的教育，同时也是对家长的教育，它让家长知道：父母身上的教育责任更重了。学生们纷纷表示：参加成童礼很受感动和教育，它让自己知道了要如何对父母感恩，对老师感恩，对自己立下的志向更有很好的鞭策作用。

据了解，成童礼是儒家思想的精髓之一，年满12岁至15岁的孩子以此礼仪告别幼年，表达对父母的感恩之情，迈入少年时代，树立明礼、中信、孝义等多方面的传统理念，并立下报效国家的大志。此次活动在县文物局的组织下，在澧县小学毕业生中首次尝试，活动中孩子们懂得了感恩老师对自己的悉心教导、感念父母对自己的养育之恩。而此时，他们也告别了童年进入少年，并开始立下报国之志，孩子们情真意切，家长们感动不已，说得到了意想不到的收获，希望这样的活动能常年开展。

一完小：童声飞扬　唱响校园

王卫东　邹　靖　2017年05月25日

为丰富校园文化生活，提高学生团队意识，培养学生良好的艺术修养，5月24日，澧县一完小"童声飞扬·唱响校园"建制班合唱比赛在学校体育馆隆重举行。

本次比赛以年级组为单位，分三、四、五年级三场进行。演唱歌曲由规定曲目和自选曲目两部分组成。整个比赛现场气氛热烈，掌声如潮。同学们穿着整齐的服装，精神抖擞，展现出少先队员的活力与风采。他们用口技加合唱、分声部合唱、领唱加伴唱、合唱加舞蹈等丰富多彩的形式演绎了《小雨》《可爱的家》《每当我走过老师窗前》《校园的早晨》《卢沟谣》等经典儿童

歌曲，用嘹亮的歌声、饱满的热情，唱响了整个校园。

最后，经过激烈角逐，五年级（6）班、四年级（8）班、三年级（6）班等11个班级获得了此次活动一等奖，文思颖、毛安宁、黄舒杨等11名同学获得了优秀指挥的光荣称号。

据悉，为了本次比赛能顺利开展，参赛年级班主任积极筹备，精心策划，努力训练。此次活动充分展现了一完小师生积极向上的精神风貌和向真、向善、向美的校园文化。

一完小："青蓝工程" 携手共进

赵冰清　2017 年 05 月 30 日

　　5 月 27 日，澧县一完小携手支教单位复兴中学，开展青年教师教学素养大赛，两校共 19 名青年教师参与。这是自开学初"青蓝工程"启动仪式以来一直在进行的师徒结对活动的一场汇报展示。

　　在此次活动中，教师们进行的是五项全能比赛，包括教学比武、课标答题、粉笔字书写、朗读比赛、才艺比拼五个方面。27 日上午，一完小分 4 个场地分别开展语文、数学、英语、体育的教学比武活动。下午分两个场地进行其他四项素养展示。老师们参与热情高，各项比赛准备充分，精彩纷呈。

　　课堂上，教师们的一招一式都凝聚了指导老师和自身的心血，每节课教学风格各异，教学环节环环相扣，教学效果显著。青年教师们淋漓尽致地展示了个人的教学基本功和才艺风采。可以预见，不久的将来他们定会成为学校教学的骨干和中坚力量。

　　"青蓝工程"活动开展以来，在师傅们的"传、帮、带"引领下，课前指导、课中观察、课后调研，基本功训练、才艺打磨、课标学习等方面手把手指导，甚至能就一个细节之处进行反复演练指正，青年教师的专业水平有了显著的提高。师傅教师在帮教的过程中获得了成长，得到了自我发展。

澧县一完小以现代教育思想和新课程理念为指导，以"青蓝工程"为活动抓手，不仅展示了教师的个人素养，锻炼了教师，也达到了增进交流、互相学习、共同提高的目的。这对深入推动学校课堂教学改革，增强学校教研水平、名校辐射引领，全面提高教育教学质量都起到了积极的推动作用。

一完小深入开展"禁毒"主题系列教育活动

王舟娟　何少峰　2017年06月20日

"我想雨露可以找到海洋，我想眼泪远离你的脸庞，我想要天天都可以见到你微笑的模样……" 6月19日，"国际禁毒日"来临之际，澧县一完小响应教育局号召深入开展"禁毒"主题系列教育活动。

本次活动邀请了县公安局禁毒大队吴队长开展《珍爱生命，远离毒品》主题讲座，吴警官声情并茂地讲解了什么是毒品、毒品有哪些危害、怎样预防毒品的侵害等问题。严肃的氛围让全体学生深切感受到毒品给人类带来了近乎毁灭性的灾难，促使学生从小增强禁毒意识，学会拒绝毒品、识别毒品。随后，由学校音乐老师全校教唱禁毒歌曲《我想》，全体师生共同练唱，用歌声表达了学生从小拒绝毒品的决心。

最后，学校组织三年级全体学生集体参观"禁毒教育"宣传站牌，孩子们张大求知的双眼，更进一步认识了毒品充满迷惑的外衣，夯筑起了珍爱生命的牢固防线。

此次活动进一步增强了学生的禁毒观念和禁毒意识，提高了师生对毒品及其危害的认识及抵御能力，通过对学生的教育也影响了家长，提高了禁毒工作的实效性。

一完小：幼小衔接　深度体验

赵冰清　邹　靖　2017年06月20日

6月19日上午，澧县一完小来了一群小客人，金龙玉凤幼儿园的大班小朋友来校进行幼小衔接活动。副校长赵冰清代表学校对小朋友的到来表示欢迎，并和老师们交流了幼小衔接的相关问题。之后，小朋友们在大操场上参观了学校的升旗仪式，仪式上学生升旗手和护旗手规范的姿势让孩子们大开眼界，管乐队的学生身着漂亮的乐队装，奏响了一首首庄严肃穆的乐曲，更是吸引了小朋友们的眼球。

升旗仪式之后，赵校长带领孩子们参观了一年级的教室，看看哥哥姐姐的书包、文具盒，感受小学生上课的氛围。接着，孩子们又参观了学校的文

化长廊、功能室、雅园等地方，孩子们不断地感叹"小学真大真好，我想读小学了"，他们看着文化墙上的内容，忍不住齐声读起了上面的内容"春眠不觉晓，处处闻啼鸟……"

本次活动使幼儿切身感受到了小学生的生活，减少了孩子们对小学生活的陌生感和神秘感，让他们对小学生活充满了期待和向往，也使他们对进入小学做好了心理准备，有助于幼儿向小学教育的顺利过渡！

"城市管理"宣教活动走进一完小

邹 靖 2017年06月21日

6月20下午,县城市管理和行政执法局工作人员莅临澧县一完小,为一小学子进行"城市管理"相关知识的普及、宣传及教育活动。

活动中,县城管局领导围绕《开展"两学一做",做合格的市民》的主题,用故事的形式,以通俗易懂的语句,深入浅出地将城市管理相关知识与

"两学一做"有机地结合起来，孩子们很轻松地掌握了这些知识，并纷纷畅言要做城市好市民。

之后，县城管局领导还对孩子们提出了做"好市民"的要求——"六不准"：不准"乱泼乱倒"、不准"乱丢乱扔"、不准"乱摆乱放"、不准"乱吊乱挂"、不准"乱停乱靠"、不准"乱贴乱画"，并给每一位孩子分发了城市管理法律知识学习手册和致家长的一封信，呼吁孩子们小手牵大手，遵守城市管理法律，维护城市秩序，做文明小使者。

一完小举行上学期工作总结表彰大会

邹 靖　2017 年 07 月 03 日

7月1日上午，澧县一完小上学期工作总结大会在校五楼会议室隆重举行，全体教职员工参加了此次大会，本次大会由副校长赵冰清主持。

会上，副校长吴业辉从"教学教研，坚持有序推进；队伍建设，正在阔步前行；学生培养，力争推陈出新；管理服务，立足以人为本"四个方面对本学期工作进行了总结与回顾，并对后段工作提出了新的要求。副校长赵冰清对本学期教学教研工作各项活动获奖情况进行了通报表彰，并由校级领导

为徐洋、皮艳春、刘年辉等教师颁发荣誉证书。

最后，校长尹述红围绕"心中要有集体；心中要有敬畏"两个方面发表了重要讲话，强调作为教育工作者，教师更应该具备学习精神，保持蓬勃的学习动力。他还为教师们布置了一份特殊的暑假作业：选择一本或几本书阅读，喝点心灵鸡汤，多补充营养，50岁以内的教师写好读后感。

一完小省级规划课题开题

赵冰清　2017年07月11日

7月10日，澧县一完小省级十三五规划课题《基于校本研训的教师核心素养提升的实践与研究》在教育局五楼会议室开题论证。省教育科学规划办、省教育科学研究工作协会、市教科院、县教育局教研室相关人员以及一完小该课题主研人员共三十余人参加了此次开题论证会。

开题会由教研室主任文定轩主持，一完小主研人员陈波主任从课题研究背景、文献综述、研究目标和内容、研究思路及方法、实施步骤等方面进行了全方面汇报；副校长赵冰清就课题开展进行了补充说明，其他主研人员向专家就课题的研究提出了相关问题。

专家组听取了课题研究开题报告，审阅了课题研究的有关前期准备资料，经过认真评议，觉得本课题研究思路清晰、研究方法适切、研究计划全面、研究保障有力。为了进一步完善研究方案，使本课题研究更具有完整性、针对性和可操作性，专家组指出了开题报告中有一些不够严谨的地方，也提出了非常好的意见和建议。

文主任对各位专家的中肯建议表示感谢，也对本次开题的课题组的研究工作提出了更高要求，希望"十三五"课题研究高开高走。

一完小将按照上级指示，借助专家的指导，修改完善课题方案，进一步深入开展研究工作，课题研究将作为该校教研工作发展的一项重点推进，学校尽可能提供一切保障，营造研究氛围，促进课题的研究有序、健康、快速的开展。同时通过学校该课题中的校本研训活动，促进一完小教师核心素养的提高，从而提升学生的核心素养，提升学校的教育品位！

三、2017年下学期学校新闻报道

一完小：塑阳光心态 做幸福教师

邹　靖　2017年08月30日

"爱学生是教师一生的功课，责任心是教师永远的习题……"这是从一完小暑假教师培训班上传出的声音，8月30日上午，该校全体教师在五楼会议室共同聆听了"道弘教育"金牌讲师薛家宝《塑阳光心态　做幸福教师》的教师职业培训讲座。

薛家宝以中国教育现状、中韩教师待遇区别等问题为导入，对教师如何用阳光心态去改变自己，做幸福教师做了专题讲座。针对当前教师因职业倦怠、职业困惑、职业压力以及自身职业特点而普遍幸福感缺失的现状，他

用丰富的案例引导老师们学会自我解压、自我调整，培养积极正确的心智模式，学会活在当下。他指出，工作中不是缺少幸福，而是缺少创造幸福的阳光心态，只有幸福的教师，才能培养出幸福的课堂，培养出幸福的学生。他从五个方面进行了具体阐述：有梦想是成功的前提，爱学生是师德的灵魂，上好课是师能的关键，能创新是师艺的根本，多一手是师技的升华。他重点讲解了将自己打造成幸福教师的方法，并以大量实例引导老师们学会在工作、团队中寻找自身幸福感。他希望教师们培育阳光心态，以积极、阳光的心态面对工作和生活，以快乐、主动的方式收获幸福。

"春有百花秋有月，夏有凉风冬有雪。若无闲事挂心头，便是人间好时节。"会后教师们纷纷表示要立志做一名幸福教师，把教育当作毕生的理想去追求，扎实提高自身的专业水平，以精湛的教学艺术、高尚的人格魅力，去实现自己的人生价值，享受作为教师的幸福，热爱自己的生活和事业！

一完小举行新学期开学典礼

王舟娟　2017年09月04日

秋风送爽，丹桂飘香。9月4日上午，澧县一完小全体师生齐聚学校操场，隆重举行新学期开学典礼及第一次升旗仪式。

· 158 ·

开学典礼由政教主任王舟娟主持,在庄重而严肃的升旗仪式中拉开帷幕,五星红旗冉冉升起,全体师生面向国旗庄严致敬。随后,副校长赵冰清以今年暑假热播的影片"战狼2"为契机,对全体学生进行生动的爱国主义教育,激励全体一完小学子牢记"国家兴亡匹夫有责"的古训,为实现美好的中国梦努力学习。接着,教师代表、学生代表发言,分别表达了爱岗敬业的工作信念和努力学习、报效祖国的远大理想。

开学典礼虽然落下了帷幕,但校长、老师的谆谆教诲将激励、温暖每一个同学的内心。相信新学期全校师生一定会借助开学典礼的东风,弘壮志,树新风,以崭新的面貌、饱满的热情,投入到新学期的学习和工作中去,谱写一完小最动听、最感人的教育华章。

一完小：创省级"书画之乡" 办书画示范学校

邹 靖 2017年10月13日

10月12日下午，常德市创建"书画之乡"领导小组莅临澧县一完小，督导省级"书画之乡"创建工作。

市创建"书画之乡"领导小组执行组长文承保，市创建"书画之乡"领导小组顾问王春阳，汉寿县文化艺术协会会长曾燮柳等领导在澧县县委领导

的陪同下，走进一完小体育馆，一同品鉴了百米长卷书画展，一幅幅精美的作品让领导们赞叹不已。随后，在校长尹述红、副校长王卫东的引导下，文承保一行走进学校书法室和美术室，汪绪华和周泽平两位老师精心布置的书画教室给领导们留下了深刻印象，有的领导当场对孩子们进行了指导与点评。领导小组对该校的创建工作给予了充分肯定，并与教者进行了沟通交流，提出了中肯的建议。

近几年来，该校全面实施素质教育，在艺术教育方面，从实际出发，借助创建省级"书画之乡"的契机，挖掘自身潜力，充分发挥师生的个性特长，达到有组织、有场所、有作品、有记录、有经费的五有标准，争创书画示范学校。

家庭教育讲师团走进一完小

孙彩兰　邹　靖　2017年10月20日

为帮助和引导家长们树立正确的家庭教育观念，掌握科学的教育方法，10月18日下午，以"怎样引导孩子快乐成长"为主题的家庭教育讲座在一完小五楼会议室举行。本次活动由县关工委和一完小联合举办，县关工委办

公室负责人、县教育局关工委负责人及一年级家长代表200多人参加了此次活动。

心理学特级教师杨铮传从"尽量多陪伴孩子""关注孩子的心理健康""用孩子的眼光看待孩子""永远给孩子同步引导"四个方面，通过典型案例的视频、鲜活生动的故事，深入浅出地为在座家长诠释了引导孩子快乐成长的真谛，最后他和家长们进行了现场互动。

会后，家长们意犹未尽，就自己在教育孩子方面遇到的问题，向杨老师咨询解决方法。杨老师耐心地给家长们进行分析，并提出合理建议。家长们纷纷表示，学校组织这样的讲座，让他们受益匪浅，希望学校多开展这样的活动，让家长们有更多的学习机会，让孩子们都能够快乐生活，健康成长。

一完小：阳光校园展风采　快乐运动一起来

汪　颖　2017年10月27日

沐浴着暖暖的秋阳，一完小成功举办了为期4天的秋季田径运动会。本次运动会师生全员参与，感受到了阳光体育带来的快乐！

赛场上，运动员们挥洒汗水，奋力拼搏。站在起跑线上，他们集中精神，像利箭般冲向终点，较量的是超常的体力，磨炼的是非凡的毅力。投掷比赛中，他们奋力一掷，不断超越自我。集体项目中，他们团结协作，配合默契，精彩连连。教职工的接力赛，学生们更是用响亮的加油声点燃了全场观众的热情。

本次运动会上，裁判员老师和学生共同参与，认真地关注每一个参赛选手，仔细地记录每一项比赛成绩。各班主任老师和家长志愿者们也加入到了后援团的队伍，一双双搀扶的手，一个个温暖的拥抱，一句句鼓励的话语，赋予了比赛更深刻的内涵。

伴随着胜利的喜悦、运动的激情，本次运动会圆满结束了。运动会不仅

检阅了同学们的体育技能，还激发了他们参与体育锻炼的热情。全校师生将以饱满的精神投入到今后的学习生活中，再努力，再拼搏，再创佳绩！

一完小开展爱心募捐活动

王舟娟　2017年12月11日

12月上旬，澧县一完小收到本校二年级学生杨可馨、肖舒漫两名同学捐款申请书，其中杨可馨同学身患急性极重型再生障碍性贫血症，现在北京准备接受骨髓移植手术，肖舒漫同学因重度烧伤，目前在常德市武警医院重症监护室接受治疗。考虑到这两名学生病情严重，筹集经费时间短，所需治疗费巨大，学校立即召开行政会议，决议为两名学生组织一次全校性募捐活动。

政教处以此为契机组织了一次"让爱心可以触摸"募捐活动。首先各班认真组织收听"让爱心可以触摸，救助杨可馨、肖舒漫我们在行动"捐款倡议，接下来全校以班级为单位加强宣传，发动全校家长参与救助活动，在接下来的一周内全校师生及家长纷纷慷慨解囊，捐款金额几元、几十元、几百元、上千元不等，募捐活动效果明显，全校师生捐款金额达到122698元。

接受帮助的杨可馨家人深受感动，外婆给学校写来感谢信，并在升旗仪式活动中向全校师生表达感恩之心，全体学生深受鼓舞、场面感人。活动结束，政教处对捐款活动中表现踊跃集体及个人予以表彰，肯定了同学们"让爱心可以触摸"活动中的具体做法。

"赠人玫瑰，手有余香"，帮助他人快乐自己，感受到大爱无痕的熏陶，这是学校要传达给全体一小学子的德育理念，学生在活动中学会将爱心表现在一个个具体的行动中，收获了助人之乐。

澧县小学语文部编教材
课堂教学观摩活动在一完小成功举行

刘红艳　龚艳艳　2018年01月11日

1月10日，澧县小学语文部编教材课堂教学观摩暨陈波工作坊主题研修活动在一完小五楼会议室成功举行。

首先，县教育局教研室主任文定轩主持教师工作坊启动仪式。县教育局领导宣读常德市教育局关于建立教师工作坊的文件，传达有关精神。一完小校长尹述红及县一中特级教师、教师工作坊坊主陈军做表态发言。县教育局主任督学陈军就充分发挥教师工作坊名师的示范引领作用，促进教师成长做了强调。

随后，陈波工作坊启动主题研修活动，坊主陈波及其团队成员唐浩、唐海燕3位教师进行了精彩的课堂展示，并针对部编教材的使用做了专题讲座。省教育科研者协会副秘书长张明松对"素养导学"进行了解读，县教研室语文教研员胡宏桥及常德市教师代表全彦老师、一完小教师代表陈李蓉老师分别对3堂课进行了点评。

陈波工作坊于2017年9月由常德市教育局授牌，并随即开展研修工作，通过建立"用得好、辐射广、共成长"的骨干引领教师研修机制，借助网络研修平台，依托学科专家和骨干教师的组建，以期带动全县小学语文学科的教师们开展常态化研修。本次活动是陈波工作坊成立以来的第一次大型活动，恰逢部编教材在全国范围内推广，真是澧县小语界的一次饕餮盛宴！

一完小："青蓝工程"阶段性验收工作圆满结束

赵冰清　2018年01月17日

为进一步提高青年教师的教育教学水平，激励他们不断丰富自身专业知识，提升专业技能，1月16日，在一完小多媒体教室、录播室、体育馆，四个评委组分别对参与"青蓝工程"的徒弟教师进行阶段性成果验收。

来自一完小和复兴镇中学的19位新教师接受了此次验收，验收内容包括课堂教学比武、教案设计及平时的听课情况、教学反思、业务学习、个人

成长小结等。每位参赛教师高度重视，深入钻研教材，精心设计教案和制作多媒体教学课件，向大家展示了专业技能和青春风采。各评委组根据现场打分情况，评出一等奖10名，二等奖9名，颁发荣誉证书。

一完小：少先队活动课说课比赛再创佳绩

王舟娟　2018 年 01 月 20 日

近日，团市委、市教育局、市少工委联合举办的"常德市2017年少先队活动课精品课程竞赛说课比赛"在凤天酒店会场举行，一完小龚钰子、宋青枝两名辅导员分别以全市第一、第二名的成绩荣获中队活动说课竞赛一等奖；熊方敏、王舟娟两位老师被授予中队活动精品课程竞赛优秀指导老师称号；一完小荣获少先队活动课程竞赛最佳组织奖。

《人人争当红领巾小书虫》《梦想从足下起航》两堂中队活动课，以充分开展少先队实践活动为抓手，结合少先队改革方案"五小"活动主题，充分激发少先队员们参与活动的热情，得到了现场专家评委们的好评。

一完小少先大队部每年都会定期开展相应的主题教育活动，特别是每年召开的"年度主题中队活动课"竞赛，营造了良好的队课研究氛围，为各中队提供了充分展示自我的平台，既磨炼了队员们自主创新的能力，又丰富了他们的生活。

一完小召开党支部换届选举大会

赵冰清　2018 年 01 月 31 日

为进一步加强学校党组织建设，1月31日，一完小在五楼会议室召开换届选举大会。会议由上届党支部委员吴红卫主持，在职和退休党员共47人参加会议。

到会党员听取了上届党支部的工作报告,报告全面回顾了上届党支部的工作情况。随后进行换届选举,根据选举的相关规定,到会党员采用无记名投票方式和差额选举的办法,选举出尹述红、吴红卫、赵冰清、皮新宇、熊清平为新一届党支部委员。

选举结束后,支部书记尹述红代表新一届党支部作表态发言,他表示一定不负众望,带领全体党员及教师务实工作,争先创优。他要求全体党员增强三种意识:政治意识、大局意识、服务意识;具备三种品质:勤于学习、关爱他人、敢于奉献;提升三种能力:协调关系、善谋善断、开拓创新。党支部委员皮新宇和熊清平分别带领到会党员学习党员的义务和党的基层组织的基本任务及十九大报告的相关内容。

一完小举行"阅读分享"
艺术展示活动及迎新春联欢晚会

邹　靖　2018年02月05日

　　为丰富全校教职员工的文化生活，展示他们良好的精神风貌，以崭新的姿态迎接新的一年，2月3日晚上，一完小成功举办"阅读分享"艺术展示活动及迎新春文艺联欢晚会。全校近200名教职员工欢聚一堂，共享美好时光。

　　晚会在龙红英老师演唱的歌曲《红红的日子》中拉开帷幕。校长尹述红发表新年致辞，他回顾了学校2017年所取得的成绩和荣誉，展望2018年的美好前景。

　　五年级组的《月夜词梦》、四年级组的朗诵《蒹葭》，用吟诗、诵对、歌舞等丰富多样的表现形式，让大家穿越千年，感受不一样的情怀；一年级组的《木兰辞》，让大家感受到了不忘初心、追梦前行的中国女性的坚韧和伟大；行政组的诗词舞台剧《四季诗韵》，让春之歌、夏之莲、秋之月、冬之梅的绚丽多彩，在诗词中芳华尽显；六年级组的《城头山赋》，再次带领大家感受到了中华城祖、世界稻源的厚重底蕴；艺术组老师们自编的歌舞剧

《喜儿》，将新旧社会进行对比，让在场的教师们感受到了新生活的美好；三年级组的情景剧《西湖之恋》和信息组的幽默舞台剧《戏说四大名著》，用夸张、诙谐、滑稽的表演，让人捧腹大笑，将现场气氛推向高潮。晚会节目精彩纷呈，赢得了现场观众的阵阵掌声。在肚皮舞《野玫瑰》热情洋溢的表演后，联欢晚会落下帷幕。

最终，歌舞剧《喜儿》、幽默舞台剧《戏说四大名著》等6个节目荣获一等奖，丁紫薇、王明珠、戴璇等12名教师荣获"读书达人"的光荣称号。

笑声，歌声，朗诵声，声声悦耳。此次联欢晚会，增进了教师们的情感交流，营造了团结和谐的氛围。同时，阅读提高了老师们的自身修养，激励他们团结奋进、求实创新，以更饱满的热情投入到新一年的教育工作中去！

四、2018年上学期学校新闻报道

一完小：种青蓝之树　育友谊之花

赵冰清　2018年03月14日

　　3月12日是植树节，一完小部分党员代表和教师志愿者在校长尹述红的带领下，赶赴对口支教单位复兴镇中学，种下了两棵丹桂树。

　　活动中，志愿者们手持铁锹，有的挖土，有的扶树，有的浇水，忙得热火朝天。

　　植树活动结束后，在本学期的青蓝工程启动仪式上，在复兴镇中学支教的赵校长鼓励在场的学生们注重环保，努力学习，立志成才。

　　此次志愿者活动选在复兴镇中学种下两棵树，意义深远，自2015年一完小和复兴镇中学结为对口支教学校以来，两所学校结下了深厚友谊，经常开展互帮互助活动，复兴镇中学参与一完小青年教师培养的青蓝工程，一完小教师深入复兴镇中学开展支教工作。

　　两棵树象征着两所学校的友谊，一是以爱绿护绿为宗旨，传播环保理念；二是以树立志，鼓励复兴镇中学学子及青年教师成长为参天大树；三是以树为媒，启动青蓝工程，共育友谊之花！

南京大学潘知常教授来一完小作专题讲座

邹　靖　2018年03月27日

　　3月26日下午，南京大学博导、著名美学家潘知常教授应邀做客一完小，在五楼会议室为学校近200名教师作了一场国学专题讲座。

　　潘教授以"国学经典与当代教育"为主题，分别从何谓国学经典、国学经典与"四书五经"、"四书"之《论语》与当代教育等五个方面进行阐述。他指出，国学是中国的灵魂之学、智慧之学，我们应该以审美心胸，从事现

实事业。

随后,潘教授以通俗、时髦的语言,对新旧"四书五经"进行对比与剖析,以最通俗易懂的方式诠释四书与"新"五经:《大学》乃大学之道、《中庸》乃中正之道、《论语》乃君子之道、《孟子》乃天地正气等,并向大家推荐被誉为众书之书、爱的圣典、文学宝典、灵魂史诗的《红楼梦》,1个多小时的时间一晃而过,贯穿潘教授专题讲座的精神就是爱与美,他提出"唯自由、爱与美不可辜负",对自然、教育、生命都要有一颗博爱之心。

通晓古今、幽默风趣的潘知常教授将历史照进现实、在现实中追溯历史,在他构建的关于文学、历史、现实的缤纷世界中,广大教师表示如沐春风、受益匪浅。

据悉,一完小近年来致力于"读圣贤书、立君子品、做有德人"的国学教育,每学期开展相关的国学教育活动,在本学期4月份"国学读书月"活动来临之际,让老师们享受一场国学精神大餐,真是一场及时雨!

一完小被授予
"全国青少年校园足球特色学校"称号

佚 名　2018年04月03日

　　4月2日，县教育工会领导带领体艺股工作人员一行4人来到一完小，为该校授予"全国青少年校园足球特色学校"牌匾。

　　这是教育部继授予一完小"现代教育技术实验学校"后又一次授予"全国青少年校园足球特色学校"称号。它标志着该校的体艺工作在新时代走在了兄弟单位前列。该校将以此为新起点，在创建足球特色的路上一步一个脚印，踏实勤奋工作，真正形成鲜明的校园足球文化！

全县小学数学教学竞赛在一完小举行

赵冰清　2018年04月11日

　　4月9日，全县小学数学教学竞赛在一完小举行。
　　来自一完小、码头铺镇中心小学、澧州实验学校、火连坡镇中学、梦溪镇中学、复兴镇中心小学、澧阳中学、澧浦完全小学的8名数学教师参加比赛。他们都是各个片区经过激烈比拼后选拔出来的前两名的选手。在本次全县的决赛中他们各显身手，在"数学问题解决"和"复习与整理"这两个领

域展开激烈角逐,最后,一完小的汤鑫、澧州实验学校的孙巧巧、复兴镇中心小学的任婷婷、澧阳中学的刘元红等老师获得一等奖。汤鑫老师以一等奖第一名的成绩取得参加全市比赛的资格。

全县教育系统安全综治维稳工作
现场会在一完小召开

王舟娟　2018 年 04 月 10 日

　　4月9日上午，全县教育系统安全综治维稳工作现场会在一完小召开。县教育局、综治办、保健所有关领导及工作人员、各单位分管安全工作的副校长、政教主任参加会议。

　　与会人员观摩该校的升国旗仪式，现场参观学校商店经营情况，食堂规范化操作过程，学生开餐精细化管理模式，以及涵盖安全、交通、健康宣传

内容的文化长廊，查阅了近2年的安全、综治、维稳工作资料。一完小安全综治维稳工作受到了领导及同仁们的赞誉。

在今后的工作中，一完小全体师生将继续坚持"学校稳定工作既是工作责任，又是政治任务"的原则，把安全工作做深、做细、做透。

一完小：戏曲进校园　传承在身边

王卫东　2018年04月11日

4月10日，一完小作为"戏曲进校园"的首批试点学校，迎来了一场精彩的戏曲演出。同学们兴致盎然地欣赏了京剧演员的现场表演和改编的同名动画片《三岔口》，并进行了戏曲的学习与互动。

演出前，同学们认真聆听了指导老师讲解的剧情，了解京剧作为我国文化艺术的瑰宝和非物质文化遗产的历史和发展。演出过程中，演员的精彩表演让在场的老师和同学们印象深刻，现场气氛热烈、掌声雷动。演出结束后，同学们在指导老师和演员的辅导下，学习了亮相、蹉步等简单的京剧动作，一招一式学得有模有样、有板有眼，表现出了对戏曲艺术的浓厚兴趣。

"戏曲进校园"活动增进了学生对戏曲艺术的了解和体验，对促进学生全面发展、弘扬中华优秀传统文化、推动戏曲传承发展产生了积极的影响。

湖南卫视《中国符号》节目组采访一完小

王卫东 邹 靖 2018年04月27日

4月27日上午,湖南卫视《中国符号》节目组和湖湘书坛十大年度人物、著名艺术家段传新一行莅临澧县一完小,进行传统文化、书画传承的拍摄采访。

节目组一行来到书画教室，对书画教室及作品进行详细拍摄，听取该校负责人对书画工作的情况介绍。书法教师汪绪华针对"如何传承书法文化工作"进行翔实汇报，并就此主题进行沟通交流，节目组对该校的书画传承工作给予充分肯定。段传新当场题写"琴韵书声"，以示鼓励。

一完小举行优秀运动员表彰会

王卫东　2018年05月08日

5月7日上午，澧县一完小在大操场举行县运会参赛运动员表彰大会。

体育组组长韩业东向全校师生通报在县运会上获得的骄人成绩：男、女排球第一名，田径团体总分第一名，并对优秀运动员和教练员进行表彰，对同学们在比赛中表现出的拼搏精神表示肯定。他希望同学们再接再厉，再创佳绩。副校长王卫东和熊方敏分别为优秀运动员颁奖。

多年来，该校秉承"阳光体育，内外兼修，让童心飞翔"的理念，形成了"阳光体育大课间活动操系列"和"阳光体育大课余群体活动系列"两大运动板块，通过坚持不懈的训练，效果显著。

八面来风

一完小举行书法主题讲座

邹 靖 2018年05月11日

为丰富教师的业余生活，让老师们充分感受书法的魅力，全面提升汉字书写水平，5月9日下午，一完小举行以"学书法陶冶情操，写好字终身受益"为主题的书法讲座。

讲座由该校书法教师汪绪华主讲。他回顾了学校近几年在书法方面所取得的成绩，然后从书法的演变及相关传统文化、学习书法的小技巧、如何在

工作和学习之中推行书法艺术等几个方面进行了阐述。为了让现场教师进一步了解如何规范汉字书写，他现场泼墨，边讲解边书写了"终身受益"四个字，以做示范，并指导听课教师规范的握笔及书写方法，现场教师纷纷表示受益匪浅。

据了解，该校早在 2011 年就被认定为湖南省首批省级规范汉字书写教育特色学校和经典诵读特色学校；2015 年成为全国书法进课堂"蒲公英计划"培训基地；2017 年获"澧县书画示范学校"称号，并参与省级书画之乡的创建工作；2018 年 4 月被教育部认定为第二批全国中小学中华优秀文化艺术传承学校。

一完小参与国家级重点英语课题研究

李　梅　2018 年 05 月 31 日

近日，全国基础教育外语教学研究重点课题"互联网技术促进英语教学的实验研究"总课题开题培训会在长沙枫林宾馆召开，作为子课题研究实验学校，澧县一完小派出课题主研人员李梅老师参加了此次会议。

本次会议的主要任务是总课题开题论证,并对参与课题研究的实验学校教师进行培训。总课题组负责人陈力教授作开题报告。然后举行授牌仪式,总课题组为全省参与子课题研究的 80 多所实验学校授牌。课题研究组组长夏春娥教授等作专题讲座。

"互联网技术促进英语的教学实验研究"系国家基础教育实验中心外语教育研究中心设立,并经教育部批准的全国基础教育外语教学研究资助金项目重点课题,于 2017 年 12 月立项。此课题力图研究互联网环境下英语教育的新途径、新方法,对于推进英语教学改革,提高英语教学质量都将起到良好的促进作用,有望成为教育信息化区域性发展的有力推手。

一完小英语教研组将在课题主持人副校长赵冰清的带领下,根据专家的指导建议和要求,扎实推进各项工作,做好子课题《互联网技术促进小学生英语学习兴趣的研究》的开题准备,按照预定研究方案积极开展实验,加强研究的过程管理,如期完成研究任务,争取获得预期的研究成果。

该校一直非常重视新形势下英语教学的研究,认真参与新课改,不断探索和改进教育教学方法,积极申报教研课题,努力打造高效课堂,教学成绩在全县一直名列前茅。该校将以此为契机,在专家的引领下,从课题入手,促进教师的专业成长,提升教师的核心素养,使学校的英语教育教学质量得到长足发展。

一完小举行庆"六一"艺术节展示活动

王卫东　赵冰清　2018 年 06 月 01 日

5 月 30 日,在第 68 个"六一"国际儿童节来临之际,一完小以"炫彩校园　艺韵飞扬"为主题的第八届艺术节成果展示活动在体育馆举行。

此次艺术节的展示活动包括书画类和艺术类,历时 1 个月,5 月初开始布置,各班开展丰富多彩的书画作品选拔赛,班级优秀的作品在文化窗进行展示,并在全校甄选 100 名优秀学子开展"百米长卷绘丹青"的书画大赛。艺术类分年级进行不同类型的活动展示,有艺术体操、合唱、中队活动、经典诵读等内容。在二年级的国学经典诵读展演活动中，整齐的诵读、优雅的表演给观众献上了一场视觉和听觉的盛宴，诵读、吟唱、武术、舞蹈等多种形式融合，带领观众们穿越时空，体会国学的神韵。五年级的合唱比赛，每一支队伍着装整齐，朝气蓬勃，有的轻柔优雅，有的振奋激昂，一首首欢快悠扬的歌曲乘着艺术的翅膀，装点着孩子们童年的梦。

百米长卷绘丹青

二年级的国学经典诵读

据了解，该校每年的5月为"艺术活动月"，每个学生都至少要参加一项艺术活动，做到个个有特长，人人能展示。活动旨在营造健康高雅、和谐向上的艺术氛围，给学生提供展示的舞台，培养学生的审美情趣、鉴赏能力和健全品格，提高学生的核心素养。

一完小：县教育局党委书记龚德平下基层上党课

皮新宇　2018年06月29日

6月27日下午，县教育局领导顶着炎炎烈日来到一完小，参加"主题党日活动"，为该校党员教师上了一堂题为《新时代、新担当、新作为》的党课。该校全体在职党员教师及部分退休党员代表共60余人参加了本次党课学习。

教育局领导言辞恳切，党课内容精彩而接地气。他勉励大家更好地为事业而担当，以更加昂扬的斗志，更加饱满的热情，更加坚定的信心投身到立德树人的工作中。同时，他对近年来一完小的建设与发展给予高度评价。他指出，面对新的发展形势，一完小在建立健全保障学校科学发展长效机制的同时，要大力夯实支部的党建工作，共产党员要发挥先锋模范作用，努力形成有利于创新人才成长的育人环境，促进学校各项工作再上新台阶。

课毕，该校党总支书记、校长尹述红作总结讲话，他希望全校党员教师要进一步学习贯彻党课内容精神，鼓足干劲，带头履职尽责，带头担当作为，为学校的建设发展提供强有力的支持和保障。

五、2018年下学期学校新闻报道

一完小举办大师讲坛

佚 名　2018年08月31日

为进一步做好师资培训工作，努力建设一支观念新、能力强、素质高的新型教师队伍，8月29日上午，一完小暑期大师讲堂活动拉开帷幕。全校近200名教职员工参加此次活动。

活动现场，副校长赵冰清发表热情洋溢的新学期致辞及《做自我修炼、不断超越的新时期教师》的主题讲话，并对暑期学习班做了安排。

随后，全体教师认真聆听硕士生导师、湖南科技大学教授李山林，湖北教育报刊社编辑、《高中生学习》编辑部主任兼语文编辑吴锋，省特级教师、县一中教师陈军的专题讲座。

李山林以善、智、文三个关键词为主题进行演讲。他表示，善即长在心里的善良，有一副悲悯的情怀，做一个可亲的人；智即知识、智慧，最好的修养是读书，养成书卷气，具有过硬的专业修养，做一个可敬的人；文即文明的言行，文雅的风度，文学的情怀，做一个可爱的人。

吴锋指出，教师的成长与发展是贯穿一名教师职业生涯的主线。新入职的教师需要成长，成长起来的教师需要发展，发展到一定阶段已经小有成绩的教师需要升华，所以说，教师的成长与发展既关系到每一名教师的职业前景，也关系到每一所学校的兴衰成败。只有不断成长与发展的教师，才能不断进步，不断创新；只有不断成长与发展的教师队伍，这支队伍所在的学校才能在兄弟学校中脱颖而出。

陈军演讲的主题是《教师的四重境界》。他从童年的梦想谈起，幽默风趣，深入浅出。教师们在聆听大师演讲过程中，不时发出阵阵笑声与掌声，他们纷纷感叹，这是一堂营养丰富、充满欢乐与哲思的思想盛宴。

一完小举办交通安全知识专题讲座

佚 名　2018年09月06日

为了增强学生的交通安全意识，使学生了解交通法律法规，提高自我保护能力，9月4日下午，一完小举办以"小手牵大手，骑乘摩托车戴头盔"为主题的交通安全知识专题讲座。

县交警大队的刘队长用生动、鲜活的案例，通俗易懂的语言，列举一个

个触目惊心的数字，分析事故发生的原因，并耐心讲解骑乘摩托车戴头盔的重要性。同学们对所讲案例感到震惊之余，也体会到了生命的可贵。刘队长还教导同学们要"做文明人，行文明路"，把交通安全知识分享给身边的每一个人，大家共筑平安大道。

市教育局督查一完小新学期开学工作

王舟娟　2018 年 09 月 05 日

9月5日，市教育局开学工作督查组一行在县教育局主任督学陈军的陪同下，到一完小督查2018年下学期开学工作。

督查组一行对该校的各项开学准备工作给予高度评价，充分肯定该校在化解大班额、食堂安全卫生、学生安全文明礼仪教育等方面所做的努力和采取的具体措施，并对今后的工作和发展提出指导性建议。督查组强调，学校要狠抓安全管理，重在措施落实；工作中一定要做到真心、细心、精细化管理；把学校安全管理工作放在首位，办人民放心满意的学校。

校长尹述红表示，化解大班额是办人民满意教育的迫切需要，是推进义

务教育均衡发展的必要手段。今年学校采取了扩、缩、只出不进的办法达到了预期效果，目前已彻底消除超大班额。未来3年学校将坚定不移执行上级教育主管部门制定的政策，实现消除大班额的最终目标。与此同时，校全体教职员工必将在今后的教育教学工作中扬长避短，立足常规，开拓创新，发展特色，为创办优质特色学校而继续努力。

市小学国学教学研讨活动在一完小举行

佚　名　2018年09月21日

9月20日上午，市小学语文教师陈波工作坊第二次线下研修及国学课堂教学研讨活动在一完小举行。

陈波工作坊的两位核心成员王俊俊老师、叶梅芳老师承担此次国学示范课的任务。她们以县教研室倡导的"导—读—悟—诵—行"五步教学模式构建国学课堂，为教师们如何上好国学课提供了很好的范本。两位教者用精湛的教学艺术带领学生感受"孝"的真正含义以及"对对子"的无穷乐趣，吟诵经典，传承经典，赢得了与会专家和老师们的一致好评。

随后举行的研讨活动由县教研室主任文定轩主持，一完小校长尹述红致欢迎辞，该校教研室主任、工作坊坊主陈波就国学教育作专题汇报讲座，并

就如何开展国学教育、上好国学课提供了宝贵的经验。市教科院刘忠义主任、县教研室语文教研员胡宏桥对两堂课进行点评，并分别对如何推广国学，提高学生的国学素养提出指导性意见。刘忠义高度肯定澧县国学教育取得的成果，来自市三岔路小学、芷兰嘉树学校的领导、老师们也分别畅谈了与会的收获。

"常德市书法教学示范基地"
授牌仪式在澧县一完小举行

赵冰清 2018年09月28日

　　9月28日上午，一完小操场上热闹非凡。"常德市书法教学示范基地"授牌仪式在这里举行。

　　一完小校长尹述红在致辞中介绍学生"习字与书法"教学的做法，并表示学校将以此次授牌为契机，以立足学生书写能力的提高、凸显书法教学特色为出发点，使本校的书法教育蓬勃发展。随后，省硬笔书法家协会副主席宋颖宣读授牌文件。市文联副主席殷习清、市书法家协会主席李泽民向一完小授予"常德市书法教学示范基地"牌匾。

　　中国硬笔书法协会副主席崔国强为一完小师生赠送《崔国强钢笔字帖》并讲话，他强调，学校要以此次授牌为起点，扎实推广规范汉字书写教学，要让学生在汉字书写中找到快乐，从而激发学习的动力。学校要进一步开展好书法教学活动，要有计划，有目的地增进每个学生对书法基础知识的了解，不希望学生人人都成为书法家，但是人人都能写端端正正、漂漂亮亮的

汉字。活动最后，与会书法家和师生举行现场笔会交流互动，一幅幅行云流水般的书法绘画作品，让师生啧啧称赞。

我县省、市规划课题中期评估在一完小举行

王卫东　2018年09月30日

9月29日，澧县一中、一完小、澧州实验学校、澧州幼儿园等4所学校的省、市级规划课题中期评估在一完小会议室举行。市教科院刘忠义教授等专家对4所学校的课题研究进行指导。各学校的课题主研人员参加评估论证会。

4所学校的课题主持人分别向与会专家介绍课题实施的情况。一完小课题主持人介绍《基于校本研训的教师核心素养提升的实践与研究》这一课题一年来在研究内容、过程与成果等方面的情况。该校通过自主发展与群训众创相结合，校本教研与借巢养凤相结合，线下活动与网上研训相结合等研究方法，提升教师的核心素养，初步完成了教师核心素养的模型。

专家组在研读课题中期报告、听取汇报、查看资料、互动研讨后，对四所学校的课题组自开题以来脚踏实地的研究以及取得的成果给予了肯定。专家一致评价，一完小的课题注重观点的提炼，重视实践后的总结，接地气、有根基，课题研究融于学校的整体行动之中，扎根于学校的愿景之中，立足

于校本研训对教师的成长培养，通过实实在在的研究，丰富多彩的活动，促进了教师的专业发展，极大彰显了学校的特色。

专家们也对各校的课题提出中肯建议，指出要加强理论学习，理论和实践的联系要更紧密。

最后，县教研室主任文定轩对活动进行总结，他感谢专家们的专业指导，同时聚焦课题研究中的问题，提出有效建议。他希望各学校能够根据专家的意见和建议，做好后期的研究工作，找准课题要解决的问题，实实在在抓出成效。

鼎城区教育考察团到一完小考察交流

赵冰清 2018年10月12日

10月12日，常德市鼎城区教育局领导带领20位校长和业务骨干，在县教育局基教股股长的陪同下，到一完小进行为期半天的考察交流。

考察团一行听取该校校长尹述红的汇报，他从学校的办学理念、发展历

程、教学教研、学生的综合发展、常规落实等方面进行全面汇报，各位副校长从不同的角度对学校的发展情况进行详细介绍。随后，考察团一行进行实地参观考察，他们对该校在校园文化建设、自主教研平台、教学常规管理及专业团队建设等方面的做法和取得的成绩给予充分肯定，并表示收获满满，不虚此行。

一完小教师喜获全市音乐教学竞赛一等奖

张秋雯　2018 年 10 月 21 日

10 月 18 日至 19 日，常德市小学音乐教学竞赛暨合唱教学研讨活动在市十一中举行，全市各区县的 11 名教师参与竞赛。一完小胡红老师代表澧县参赛，喜获一等奖。

课堂上，胡红老师极具亲和力，课堂设计层层推进，环环相扣，充分展示了教师优良的艺术素养，深受评委老师的好评。

此次竞赛共有 5 名教师获得一等奖，6 名教师获得二等奖。最后，市教科院主任对此次活动进行总结，并对音乐教师应具备的素养及合唱教学提出

了中肯的建议,让参与观摩学习的教师受益匪浅!

一完小教师荣获澧县首届中小学国学课堂教学竞赛一等奖

田 娟 2018年10月26日

10月24日至26日,澧县首届中小学国学课堂教学竞赛小学组比赛在一完小举行,在各学校初赛中脱颖而出的24名教师参加决赛。

一完小向芳芳老师和她的备课组团队精心设计教学环节,反复备课、磨课。大赛现场,她从容淡定,语言优美,课堂气氛灵动,与学生和谐互动,快乐诵读,教学过程充分抓住了文本特点和学生认知规律,得到了在场听众的高度评价。经过激烈角逐,向芳芳老师一举夺得大赛一等奖。

本次比赛为全县国学教师搭建了展现风采、相互交流学习的平台,让师生感受到了国学传统文化的魅力,同时也将有力推进澧县国学教育的发展。

一完小秋季运动会盛装开幕

王卫东   2018 年 10 月 31 日

　　迎着金秋的暖阳，伴着桂花的清香，10 月 30 日，一完小秋季运动会拉开帷幕。伴随着运动员进行曲，各班代表队依次入场，每个班级的学子排着整齐的队形，穿着艳丽的服装，神采飞扬，昂首阔步地走过主席台。独具特色的班级才艺表演，朝气蓬勃，活力四射，展示出各班良好的精神风貌，向全体师生和家长展示了一场属于一完小学子的完美视听盛宴。

　　随后进行的班级接力赛，加油助威声此起彼伏。运动员们一个个如矫兔般飞离起点，像利箭般冲向终点，他们不屈不挠、顽强拼搏的体育精神，博得了现场观众的阵阵喝彩。

　　本次校运会将历时 4 天，分别进行大课间操、田径、乒乓球等 30 多个项目的比赛。其中大课间活动是全员参与，另有 53 支代表队、848 名运动员参加竞技比赛。运动会将充分展示学生的青春风采，考验他们的体能与心理素质。所有选手将在本届运动会上发扬"友谊第一，比赛第二"的精神，赛

出成绩，赛出风格！

市级学科带头人
课堂展示观摩活动在一完小举行

李志芳　2018 年 11 月 08 日

为进一步优化课堂教学模式，着力构建有效课堂，充分发挥骨干教师的示范引领作用，11 月 6 日至 7 日，常德市第五届小学数学、小学科学学科带头人课堂展示观摩活动在一完小举行。市教科院数学教研员郭环球、科学教研员邵起平，各区县教研室数学、科学教研员及教师代表近 400 人参加活动。

此次活动由市教科院组织，澧县教育局、一完小承办。活动在孩子们美妙的歌声中拉开帷幕，第一堂课是武陵区育英小学孙慧老师展示的科学课《变色游戏》，她从作画入手，引导学生发现变色的小秘密，生动活泼、趣味横生的学习氛围让孩子们享受到学科学、爱科学、用科学的乐趣。一完小张毅老师执教的《分数的意义》，将教材进行创编，先引出单位"1"，让学生充分理解单位"1"，再讲述古代人们创编的分数故事，张老师娓娓道来，打破传统的教学模式。课堂的练习设计也非常有新意，不仅有助于巩固新知，

还富含很多的课外知识，渗透了环保教育，让枯燥的数学课生动起来。

参与展示活动的 8 名教师和两名专家的讲座，结合各自的学科特点，努力构建开放、和谐、愉悦、富有活力的课堂，倡导自主、合作、探究的学习方式。在教学中，执教者尽情展示自己的教学风采，灵活驾驭课堂且张弛有度。他们扎实的教学功底、独特的教学设计、精炼而充满感染力的教学语言以及学生富有成效的学习状态，给全体观摩教师留下了深刻印象，充分展示了骨干教师及学科带头人的个人风采和教学艺术。

一完小 9 支团队参加全省中小学教师备课大赛创佳绩

龚钰子　2018 年 11 月 23 日

近日，2018 年湖南省中小学教师在线集体备课大赛评选结果揭晓，一完小 13 支团队参赛，9 支队伍胜出，李志芳、龚钰子等近 50 名教师分组研磨的教学设计和课堂实录分别获得省级一、二、三等奖。这是该校首次参加此项大赛，取得了优异成绩，展示了该校教育信息技术与学科教学深度融合的丰硕成果。

接到参赛通知后，学校老师积极响应，以备课组为单位迅速组建团队在线集体备课，确定主备和主讲人选。老师们充分利用先进的教学设备和网络资源，发挥集体作用，凝聚团队智慧，对参赛作品反复推敲，仔细打磨，团队成员纷纷献计献策。经过各团队的共同努力，运用信息技术深度融合、结构清晰、理念先进的教学设计和课堂实录顺利进入到最后评奖环节。经过专家评定，语文学科孙庆娟、宋慧君，音乐学科刘程静为主备人员的团队获得三等奖。英语学科严清华，数学学科向志华，语文学科刘红燕为主备人员的团队获得二等奖，数学学科李志芳、龚钰子、欧克慧老师为主备人员的团队获得一等奖。

该校是全国现代教育技术实验学校，近年来又重新置换班班通、网络联校、录课教室，在老师的备课和上课方面全面实行网络教学，广泛开展教育信息技术的研究与普及，促进信息技术与学科教学的深度融合，为教育质量的全面提升奠定了坚实基础。

一完小务实开展主题党日活动

赵冰清 2018年11月23日

11月22日，一完小在党员活动室开展"学榜样 强服务 做贡献"主题党日活动，全体党员参加，活动由党总支宣传委员赵冰清主持。

全体党员认真观看《榜样3》，看到宋书声老人一辈子做了一件事，就是把马列主义著作翻译到中国来，主持人问他，几十年如一日是怎么坚持下来的，宋老回答：是党的要求，他说能够从事马列著作的翻译工作，他感到很

光荣。所有党员无不为他的精神所感动。

随后，校纪检书记吴红卫对前期党建工作进行通报。党总支副书记皮新宇组织学习《常德市进一步严明机构改革纪律要求的通知》，并对党建工作提出要求，指出进一步落实党的组织生活制度是党内政治生活的重要内容和载体，是党组织对党员进行教育管理监督的重要形式，认真落实"三会一课"制度、民主生活会和组织生活会制度、谈心谈话制度、民主评议党员制度，是全面从严治党的再发力，是干部干事创业的再动员。

最后，党总支书记尹述红讲话，他要求所有党员必须做到讲政治、讲正气，树威信、树形象，强配合、强沟通，做实事、做贡献，以身边的模范为榜样，从我做起，在自己的岗位上发挥模范带头作用，恪守初心，不负使命，进一步增强为人民服务的宗旨意识。

一完小荣获城关片区经典诵读比赛冠军

傅菊华　2018 年 12 月 13 日

12 月 12 日，城关片区经典诵读比赛在县图书馆多功能报告厅举行。

　　此次比赛由一完小主办，县图书馆协办，共有一完小、实验小学、弘毅小学等 6 支队伍参赛。经过充分准备，各参赛队伍展示了各自的朗诵水平和精神风貌，展现了近年来推广素质教育、开展国学活动的成果。经过评委们的公正评判，一完小的参赛作品《月是故乡明》凭借新颖精巧的设计，深情投入的表演，优美动听的配乐获得本次活动的第一名。一完小、实验小学、弘毅小学和澧阳黄桥小学等 4 支队伍将参加全县经典诵读比赛。

六、2019年上学期学校新闻报道

县政府领导赴一完小检查校园安全工作

黄继元　2019年02月19日

2月19日上午9点,由县政府、教育局领导组成的检查组来到县一完小检查校园安全工作。

检查组详细询问了学校安全管理各项措施落实情况,并深入到学校食堂、教学楼、学校周边等场所进行了实地查看。该校校长尹述红就学校安全管理、教师队伍建设等情况做了简要介绍,就目前存在的安全隐患,特别是

教学楼外墙瓷砖脱落、周边噪音干扰等问题做了详细汇报。

　　检查组对一完小的安全管理、校园环境建设、学生的文明礼仪培养等工作予以高度肯定，并强调指出，要牢固树立安全发展理念，要进一步规范校园秩序、加大安全检查力度、压实安全管理责任，以高度的责任心积极主动做好校园安全工作，为师生营造良好的生活学习环境。对存在的安全隐患，要强化隐患排查与治理，要不惜人力、财力、物力，专人负责、限时整改。

一完小：别出心裁的升旗仪式

　　　　宋青枝　2019年02月26日

　　2月25日上午八点半，澧县一完小新学期第一次室外升旗在操场上准时举行。

　　新学期，新气象，为了丰富校园文化，更全面地展现学生风采，本学期升旗仪式在原有的仪式上，加入一个班级的主题风采展示。随着一阵浑厚的鼓声，四年级3班的全体同学闪亮登场，一首首国学经典瞬间唱响整个校园！最为精彩的部分，当数活动主持人现场随机抽取孩子们的国学摘抄本中

的内容现场提问，孩子们个个对答如流！由此可见，国学已深入一完小每个班级的课堂，每个孩子的心灵！

鉴古而知今，诵读国学经典可以塑造人格，修身养性，让孩子们养成良好的学习习惯！澧县一完小作为国学经典特色学校，一直在砥砺前行。此次活动的开展，让学生不忘经典，争相传颂国学名句，争做博学少年。

澧县一完小：学生有特长　学校有活力

王卫东　2019 年 03 月 06 日

　　为丰富学生的校园生活，实现学生多元化成长及全面素质的提升，3月6日，经过三周时间的精心准备，县一完小兴趣爱好特长班在各功能室如火如荼地开展了起来！

　　本学期，学校开设了书法、绘画、舞蹈、素描、笛子、声乐合唱、科技创新、排球、乒乓球、武术等20多个"兴趣爱好班"。每周星期三放学后，

学生们打乱班级，根据兴趣自由选择走班上课，在专业老师的指导下进行学习和活动。辅导教师一部分是来自本校有专业特长、教学经验丰富且责任心强的优秀老师，另一部分则是自校外聘请的专业教师。

特长班的开设，满足了学生的兴趣需求，进一步培养学生们的兴趣爱好、专业特长，从而提高他们的综合素养。

澧县一完小："青蓝工程"谱新篇

田 娟 2019年03月17日

春风送暖花千树，师徒结对共进步。为进一步加强教师队伍建设，打造城乡教师成长共同体，3月13日下午，一完小举行"青蓝工程"徒弟教师五项全能竞赛活动启动会。校长尹述红出席会议，并做重要讲话。

会上，副校长赵冰清对上学期徒弟教师"同课异构"汇报课活动进行总结，并向一学期来取得可喜成绩的青年教师们表示祝贺，尹俐力等18位老

师作为获奖教师,接受了表彰。副校长王卫东、数学专家胡长兵、教研室主任陈波分别从综合、数学、语文方面分学科点评,肯定了孙彩兰、段若男、彭玥婷、聂子谦等一大批优秀青年教师肯学会教,他们的课堂环节清晰,讲解透彻,注重了方法多样化的指导,有青出于蓝而胜于蓝之势。此外,陈波以汇报课片段为例,给青年教师详尽地大补了低段阅读识字教学的实操课,高屋建瓴,具体可行。

随后,赵冰清对本学期六月即将进行的"青蓝工程"徒弟教师五项全能竞赛活动做了具体安排。吴校长送上箴言:老师们不仅要修炼专业素养,更要像复兴镇中学赵球老师一样,虚心诚恳,跨校求教,方能取得"真经"。

最后,尹述红勉励大家,在积极备赛的过程中,更要把握平时的高效课堂,广泛阅读,勤于反思,用情、用心做好教学,珍惜"青蓝工程"这个平台,争当师德楷模。

澧县一完小召开通讯员培训会

王明珠 2019 年 03 月 18 日

3月15日下午,澧县第一完全小学会议室在浓浓的春意中召开了一次高质量的通讯员培训会。

此次培训会,旨在提高学校教师的通讯报道写作能力,提高各组教师的主人翁意识,加强学校活动的宣传力度。

培训会由"湖南省通讯员之星""红网优秀通讯员"刘清炎老师主讲。刘清炎从"新闻的文体特点,新闻材料的挖掘,写新闻易犯的大忌,上稿的17条经验"四大方面对如何撰写新闻进行了详细的讲解,并结合自己写新闻的亲身体会,对参会的18名通讯员进行了指导。他短短一个小时翔实、接地气、高效的讲座,揭开了参会的每一位通讯员心中新闻的那层神秘面纱。通讯员王俊俊说:"原来写新闻除了固定的一些格式外,再做到见人见事见细节,让事实说话就可以了。"刘清炎也笑着说:"对,写新闻就是这样简单,只要做到讲事实、接地气、冒热气、有生气,就一定会有好新闻稿件。"他

的一番话更是让每一位参会通讯员对今后的通讯工作充满了信心。

一完小工会组织教职工春游

江 婕 2019 年 03 月 18 日

春风送暖，草长莺飞，为丰富教职工课余文化生活，为大家提供一次放松身心、相互交流了解的机会，一完小工会于3月16日组织全体教职员工春游。

此次活动共有一百多名教职员工参与。上午教职员工集体乘车到达荆门市漳河沙滩公园散步嬉戏，午饭后到观音岛，泛舟漳河，乘兴登岛，参加各项游乐项目活动。

此次春游，学校工会精心筹备，充分体现了学校工会对广大教职工的重视和关心，丰富了教职工的精神文化生活和业余生活，更加融洽了同事之间的关系，增强了凝聚力，激发了老师们爱岗敬业、奋发向上的工作热情，进一步推动了学校各项工作的蓬勃发展。

澧州春色艳　一小读书香

宋青枝　2019 年 04 月 02 日

　　为丰富校园生活，促进全体师生语文能力的提升，4 月 1 日上午八点半，澧县一完小"聚焦语文能力，提升核心素养"读写展示活动在学校操场隆重举行。县教育局党委委员、主任督学陈军，督学责任区工作站站长张可明、副站长刘健等一行人全程参与了此次活动。活动由语文老师汪颖和优秀学生代表傅健铭主持。

　　学校副校长赵冰清就本次活动致开幕词。她对本次活动提出了相关要求，她希望全体师生积极参与到语文能力提升工程的系列活动中来，让书香缕缕飘逸校园，让规范汉字书写成为一完小师生的名片。

　　随后开始各年级国学经典诵读展演。一年级小朋友诵读的是《三字经》，为我们打开了古典文化的悠悠长卷。"百善孝为先"，孝心记心间，行孝需亲为，莫要挂嘴边，二年级的全体学生带来的是《弟子规》，让我们学会感恩，学会做人。《增广贤文》是中华民族千百年来生活经验的结晶，三年级的全体学生为我们展示了其中的奥妙。《笠翁对韵》声韵协调，朗朗上口，韵味十足，四年级的孩子们用动听的声音展现了其别具一格的魅力。大学之道，在明明德，在亲民，在止于至善，五年级的同学们用齐诵的方式展示了《大学》的深奥道理。唐诗宋词，是国学之瑰宝，六年级的同学们在面临毕业之际，用一首首离别诗，表达了对母校的不舍。

最后，学校全体语文教师集体诵读《我的祖先名叫炎黄》。老师们身穿整齐的服装，声情并茂，铿锵有力，把对祖国这片热土的无限热爱表达得酣畅淋漓，赢得了在场领导及其他教师和全体同学的一致好评。与此同时，参加粉笔字和硬笔字书写的老师和孩子们奋笔疾书，用规范的写字姿势和整洁、漂亮的字体展示了一完小师生不一样的风采。

本次活动的开展，进一步体现了澧县一完小对提升语文能力工程的重视，坚定了打造书香校园、墨香校园的决心，参加读写活动将成为一完小全体师生的习惯和乐趣，提升全体师生核心素养，为实现"儒雅教师，文雅学生，高雅学校"这一办学目标奠定了良好的基础！

一完小举行国学讲座

王俊俊　2019 年 04 月 02 日

为弘扬中华优秀传统文化，传承中华国学经典，4 月 1 日下午 4 时，澧县一完小特邀县教研室主任文定轩进行"国学讲座"。

本次国学专题讲座以《解决三个基本问题，让国学教育绽放生命的光彩》为主题，由浅入深，从"什么是国学和国学教育"引入，然后分别从

"为什么推进国学、推进什么国学内容、怎样推进国学"等方面为大家进行详细讲解,通过事例让在座的教师感受到了推进国学义不容辞,作为教师,落实国学关键在课堂。文定轩提出:教师在推进国学时,必须推广吟诵,并为推进国学教育提供一个良好的环境。文主任平和的语言、丰富的文化内涵让大家见识到一位对国学不懈追求的求知者的风采。

此次讲座,有效地引导全校教师更加热爱中华民族的传统文化,积极主动投身到国学学习中,与经典同行、与圣人为伍,用国学经典文化滋润心田,让国学经典文化与生活相伴。

一完小:立足常规检查　落实教学管理

王明珠　赵冰清　2019年04月15日

为全面了解教师教学工作的情况,更好地完成教育教学工作任务,使教学常规工作细致化、规范化,4月12日,县一完小在教导处段杰主任牵头下,全体行管人员和各年级组长、备课组长组成的检查组,对学校所有教师的备课、听课、业务学习、政治学习,以及所教班级部分学生的各门作业进行了全面、细致的检查。

检查由分管行政带领备课组长分组进行检查打分,评分项目共有12项,包括教师备课的教案是否具有针对性和实效性,书写是否规范整洁,教后感是否有反思和改进的观点,设计的作业是否科学合理,对学生的作业批改是否及时,二次批改是否具有指导性等。

通过打分评比，绝大部分教师的备课能落实教学目标，渗透先进教育理念，教学环节清晰合理，学生作业设计有广度有维度，教师批改细致到位。既发现了亮点，也找出了不足。

本次师生"备教改辅"大规模的检查旨在以评比促规范，以规范促提升，真正地达到以"落实常规检查，规范教学管理"的目的，使学校教学工作再上一个台阶。

市政府领导视察澧县一完小

赵冰清　王舟娟　2019年04月15日

4月12日下午，市政府、市教育局领导来到澧县一完小，督导大班额化解以及学校安全工作。

领导们现场清点各班级学生人数，详细询问了该校超大班额化解情况。该校校长尹述红就化解大班额工作进行了情况汇报。他介绍，一完小历史悠久，素质教育推行扎实，社会反响较好，由于校园面积小，教室和师资有限，超大班额状况普遍存在，加重了教师负担，对正常教学产生了一定影响。十九大以来，为切实促进义务教育均衡发展，标准化发展，一体化发展，学校就超大班额化解问题多次召开专题会议，严格落实各级部门有关文件要求，制定了科学的化解计划。目前已经在全县率先按计划完成了超大班额化解任务，2018年完全消灭了65人以上的班额，2020年将实现全校六个年级一步棋，严格控制班额在55人以内，实现小班教学。

随后领导们视察了学生食堂，检查学生开餐环境，重点查看早中餐留样及食堂陪餐制度落实情况，并询问学生开餐状况。他们充分肯定了学校的食品安全工作尤其是留样工作做得好，并对优化食堂工作环境提出了新的要求，要求学校将食堂卫生、从业人员规范操作、食品原材料储存、加工及留样等工作作为常态工作来抓。

市政府领导指出，化解大班额一完小起到了示范作用，希望全县要把这块"骨头"彻底啃下来，并且永久地啃下来，这是关系着教师和学生待遇的问题。他要求全县各级各类学校切实提升安全意识，牢固树立责任意识，要本着对学生、对家长、对教职工高度负责的态度，全力做好校园食品安全工作，力求切实筑牢食品安全防线，为学生提供卫生健康饮食。

澧县一完小召开青年教师工作会议

曹珊霞　2019年04月17日

4月17日下午，澧县一完小四十多名青年教师齐聚学校党员活动室，参加以"拥有热情　相信未来　做一个有梦想的年轻人"为主题的青年教师工作会议。

会议在俞敏洪先生的演讲中拉开序幕。青年教师代表宋青枝发表了自己的梦想感言，她谈到自己加入一完小这几年来有迷茫与彷徨，更有努力和成长。她说自己的成长得益于学校这个大舞台提供的机会，离不开前辈教师的帮助和指引，更感谢时光抹去了自己的浮躁，让自己在岁月的沉淀中收获了越来越多的成熟和稳重。她的梦想是心无旁骛，甘守三尺讲台，上好每一堂语文课，做孩子们最贴心的朋友。教导主任段杰就学校常规工作对青年教

师提出了要求,他肯定了青年教师在日常教学工作中所做出的努力,也指出了存在的问题。他提出,青年教师要有高度的责任感,并保持良好的工作态度。

随后,副校长赵冰清对青年教师的表现给予了充分肯定,对课堂上暴露出的问题提出了指导性意见,她指出,青年教师要确立好自己的短期和长期目标,立足课堂,向课堂要质量,在课堂上坚持渗透德育,做一名学习型、智慧型的教师。副校长吴业辉结合一线教师和管理者身份,对青年教师提出了三点建议:做人有原则,做事有底线,工作有追求。青年教师在面对繁重的工作时要懂得换位思考,在遇到彷徨和诱惑时要守得住职业道德和爱心,在工作和生活中要有积极向上的心态,夯实教学基本功,做一个有梦的青年,更要做一个追梦的青年。

学校校长尹述红寄语青年教师做学校发展的主力军,要志存高远,脚踏实地,立足现实,教好书,育好人。

最后,赵冰清为青年教师推荐并共同学习了《魏书生给青年教师的二十条建议》,全体青年教师齐诵现代诗食指的《相信未来》,活动在琅琅的诵读声中落下帷幕。

据悉,这是五四青年节来临之际,学校开展的青年活动之一,旨在激发和培养青年教师的热情,继承和发扬老一辈教师吃苦耐劳的优良传统,提升个人业务能力，坚定理想信念，肩负时代使命！

一完小：国家安全　人人有责

熊方敏　2019年04月15日

在第4个全民国家安全教育日来临之际，澧县一完小开展了一系列全民安全教育主题活动。

4月15日，在升国旗仪式上，政教处主任王舟娟做了以"加强安全教育，强化安全意识，提升安全素养"为主题的讲话，为全校师生讲述了国家安全的基本内容和国家安全相关法律知识，教育大家传承中华民族伟大的光荣传统，弘扬时代精神，不忘初心，万众一心，为实现中华民族伟大复兴的中国梦而努力。

随后，各班学生在班主任带领下，分别观看学校自制的国家安全教育展牌、学校安全教育宣传长廊、国防教育展厅，师生们对《反间谍法》《国家安全法》《网络安全法》等安全法律知识以及交通、消防、防溺水、反邪教、反恐等安全知识有了更深刻的印象，对我们国家的强军之路和周边的英雄人物

事迹有了更深层的了解。

据了解，该校还将通过校园广播、电子显示屏、征文、手抄报、班级中队活动等形式，继续深入开展全民安全教育活动，让全校师生树立牢固的国家安全意识，懂得国家安全是国家生存和发展最基本、最重要的前提，关系到国家的稳定和社会的长远发展，维护国家安全既是国家责任，也是每个公民的责任。

一完小：小学生英语口语风采大赛再获佳绩

余嫣嫣　2019年04月19日

为全面贯彻落实《义务教育英语课程标准》，深化英语教学改革，进一步加强我县小学英语听说教学，充分调动学生学习英语的积极性，4月18日，澧县第二届小学生英语口语风采大赛在九澧实验学校举办。澧县一完小选送的节目《snow baby》表现不俗，再获佳绩。

一完小代表队由李梅、冉沂鑫、丁紫薇老师和19名可爱的孩子参赛。

在比赛中，孩子们一句句流利的英语，标准的语音，优美的语调，沉稳的表演，到位的表情，将观众带进了一场视听盛宴！经过激烈的角逐，最终我校的小选手们用自己的魅力和扎实的语言功底征服了观众和评委，获得一等奖的好成绩！

此次比赛共有24所学校参赛，为大家带来英语情景对话、课本剧、舞台剧、讲故事等不同形式的表演，比赛结束后，叶明双主任对此次活动进行点评，对小选手们的出色表现给予充分的肯定。

本次比赛不仅给各位小选手提供了开口说英语展现自我的机会，还鼓励所有的孩子张开嘴巴，大胆说英语，诠释了小学生的自信与风采，让孩子们在欢笑中收获一份难忘的记忆，更让孩子们在比赛中学习，在比赛中成长！

一完小：世界读书日 "绿书签"在行动

唐 浩 2019年04月23日

4月23日，是联合国教科文组织确定的"世界读书日"。当日上午，澧县一完小五年级全体师生齐聚大操场，开展了一场热火朝天的"绿书签行动"。

学校副校长赵冰清主持活动，就读书日的来历和绿书签行动进行了简短的介绍。随后，澧县文体广新局领导深入解读了阅读的意义和选择正版书籍的重要性，积极倡导看有益书籍，看绿色正版书籍。最后，每位同学领取了代表"护苗"的绿色书签。"看见书签上的绿色小苗了吗？你们能将它想象成什么呢？"赵校长的一句话极大地激发了孩子们的想象力，他们你一言我一语地开始议论，"我们就是小苗，书籍就是土壤、阳光、雨露，培育我们茁壮成长"，"绿苗像我们看书的眼睛，我们要看绿色书籍，不看低级趣味的书籍"……孩子们用自己独特的视角来解读这棵绿苗。

本次"绿书签行动"不仅让孩子们感受到了各级领导"护苗"的苦心，更让"读好书，好读书，读书好"的理念深入人心，发人深省。

澧县一完小开展
"阅读越美"青年教师读书分享活动

聂子谦　2019 年 04 月 30 日

为了提升教师核心素养，推动广大教师读书热情，在五四青年节到来之际，澧县一完小开展了"阅读越美"青年教师读书分享活动。

活动以各组为单位，选派青年教师参与读书分享。教师们把平时读到的好书好文通过演、诵、读、唱等形式分享给大家，现场观众在绝佳的视听环境中品读了经典著作《诗经》《红楼梦》《飞鸟集》《可爱的中国》等。

二年级组的田静、向芳芳、汤鑫等老师和可爱的孩子们用一出生动感人的情景剧来展示美文《感恩老师》。老师们截取了平时和学生们学习生活的情景，将自己的感悟融入表演之中，向观众们诠释了文章中良好的师生关系，引人共鸣。三年级组的展示内容丰富，表现形式多样。一首《蒹葭》的吟诵，带我们进入了古典诗词的唯美境地，老师们优美的舞姿展示诗经中女子的柔美，谢静华老师悠扬的箫笛声伴着读书声，让人陶醉，最后杨蓉老师临场挥笔写下的"学海无涯"，让观众忍不住连连称赞，原来这就是古典诗词的魅力啊！综合组的老师用中英文诵读展示了泰戈尔的《世界上最遥远的距离》，并讲出对该文的理解。

为了开展好此次青年节活动，学校高度重视，进行了广泛的宣传和认真部署。各组的老师利用休息时间认真阅读，积极排演，力争发挥出最佳水

平。12个组的近五十名青年教师或慷慨激昂，或低沉婉转，给观众带来一场视听盛宴。最后经过评委的评定二年级组、六年级组、四年级组、三年级组、一年级组获得一等奖。

活动过后，教师们表示收获颇多：阅读能汲取智慧，从而完善自我、提升自我，进而更好地教育和感染学生，做学生健康成长的指导者和引路人，为学校的发展贡献自己的智慧和力量！

一完小：小学信息技术教学竞赛活动获佳绩

邹　靖　2019年05月11日

5月8日，澧县小学信息技术课堂教学竞赛活动在澧县一完小电脑室隆重举行。

此次竞赛活动由县教研室主办，一完小承办，来自一完小、实验小学、小渡口中心小学等8所学校的教师参加比赛。竞赛活动现场异彩纷呈，通过精心筹备，教材钻研、课程打磨，各位教师赛出了风格，赛出了水平！

一完小孙彩兰老师执教的《我的名片》通过生动的语言、丰富的肢体表现力，多维度地演绎了课堂教学艺术。教者扎实的基本功，巧妙的课堂构

思，优异的课堂驾驭能力获得教研室领导和评委们的一致好评，荣获此次竞赛活动一等奖，并将代表县里参加市级教学比武。

一完小举行低年级学生讲故事比赛

王俊俊　刘　微　2019年05月11日

　　为培养学生良好的阅读习惯，营造浓厚的读书氛围，丰富校园文化生活，5月9日、10日下午，一完小分别举行一、二年级学生"阅读经典　做文雅少年"讲故事比赛。

　　比赛中，各位参赛选手落落大方，声情并茂，丰富有趣的故事内容，配上精彩的故事背景，塑造出一个个生动而又鲜明的形象，将观众带入一个个美妙的世界。故事内容丰富多彩，有《聪明的乌龟》《猴子摘桃》《狐狸拔牙》《小马过河》等。孩子们的精彩表演不时赢得全场老师、家长和学生们的阵阵掌声。一年级杨依然、毛泉溢、张文好，二年级毛艺霖、刘恩辰、戴煜茜等小朋友表演的故事给大家留下了深刻印象。

这些有趣的故事也让小观众们懂得了许多道理，一颗颗美好的种子在他们心田生根发芽。

一完小：市级数学比武又获一等奖

赵冰清　2019 年 05 月 11 日

5 月 8—10 日，由常德市教科院主办的"常德市小学数学优质课观摩活

动"中，澧县一完小陈珂宇老师执教的《平移与旋转》一课，凭着扎实的教学基本功、精湛的专业素养和巧妙的教学设计获得全市一等奖。

本次赛课在常德市鼎城区江南小学举行，有来自全市各个区县十一堂课的教学精彩展示。市教育科学研究院副院长胡明浩、市教育局市直教育督学郭环球、教研员邵启平，以及小学数学教育专家、各区县数学教研员、参赛选手和教师代表近五百人观摩了此次活动。

陈珂宇老师在课堂上挥洒自如、驾轻就熟，无论是教学结构还是层次、环节、活动都体现了设计者的独具匠心，她在课堂上大胆让学生自主探究，放开手脚让孩子们感知和实践"平移与旋转"的相关知识，通过各种活动升华教学内容，不断优化教学方式，提高教学效率，达到水到渠成、完美呈现的教学效果，为大家展示了一堂精致而灵动的数学课，博得听课教师的热烈

掌声以及评委老师的一致好评。

陈珂宇老师从片区赛脱颖而出，然后转战县级比赛，每次都是自信大方地以第一名的好成绩出线，最后代表澧县赴市参赛。自参赛以来，学校教研室以张毅老师为主，辅导老师刘玲、王美香等数学教师加入指导团队，每天试教、磨课、修改，教师们群策群力，经常利用周末时间加班加点，力求每一个细节都考虑周全。在大家的共同努力下，陈老师才能在全市的教学比武中脱颖而出。

本次比赛成果，是县一完小数学学科在去年汤鑫老师赴市参赛以后的再创佳绩，这不仅是对执教者课堂能力的认可，更是对该校不断深化课堂教学研究、积极培养教研团队、扎实推进教研模式的充分肯定。

一完小开展"践行社会主义核心价值观争做新时代好少年"主题中队活动

宋青枝　2019年05月31日

为了让少先队员们了解祖国进入了新时代，取得的辉煌成就，让十九大精神真正走进校园，激发队员们热爱祖国、热爱新时代的情感，培养队员们从小树立远大理想，养成勤学好问、乐观向上的优秀品质，5月29日上午八点半，澧县第一完全小学举办了为期一天半的"践行社会主义核心价值观，争做新时代好少年"主题中队活动。

参与活动的是四年级的十一个中队。活动内容丰富多彩，充满正能量。有队员们感兴趣的"科技创新"，有富有深厚文化底蕴的"诗词大会"，有积极向上的"逐梦圆梦"，还有贴近队员们生活的"感恩父母"等。规范的队会仪式，体现了十一个中队的专业素养。从整队、出旗、唱队歌，到具体的活动开展，再到最后的辅导员讲话、呼号、退旗，队员们在活动中感受到了少先队活动的仪式感。队员们参与面广，中队活动就是队员们自己的活动。此次活动中，队员们积极参与，大胆展现个人风采，默契合作攻克难题，每个中队的所有队员都参与了活动。活动形式创新多样，突显了主题。快板、

小品、配乐诗朗诵、独奏、唱歌、舞蹈、讲故事、科学小实验等各种各样的形式，紧扣主题。尤其是学校邀请了校外辅导员参与，校外辅导员的精彩讲解，让队员们情绪高涨。

"少年智则国智，少年富则国富，少年强则国强"。此次活动的开展，增强了队员们的光荣感和使命感，队员们围绕时代新人的本领要求，确定自己的目标和计划，争做新时代好队员，努力成长为担当民族复兴大任的时代新人。

一完小：唱响时代 感悟经典

邹 靖 2019年06月03日

为庆祝第69个"六一"国际儿童节，5月30日，澧县一完小建制班合唱暨经典诵读展演活动在校体育馆内隆重举行，以"唱响时代 感悟经典"为主题的庆"六一"系列活动在孩子们的期盼中拉开帷幕。1600多名少年儿童身着盛装，沉浸在欢乐的海洋。

本次活动分两个部分完成，首先是二年级的小朋友们以"诵读国学经典　营造书香校园"为主题的国学经典诵读比赛，8个班的全体学生积极参与，气氛热烈，形式多样。比赛中孩子们通过诵国学、演国学、唱国学，并结合音乐、舞蹈等形式分别对《弟子规》《游子吟》《唐诗》等国学经典诗文从多种角度进行演绎，为在场的观众献上了一场国学盛宴。

接着三年级和五年级的孩子们，用自己饱含深情、高亢嘹亮的歌声颂扬祖国，歌唱童年，同学们声情并茂的合唱，充分展现班级团结之美。稚嫩的童声、优美的舞姿、甜美的歌声欢庆属于自己的节日，他们精彩的表演时时博得小观众以及现场家长们的热烈掌声，让孩子真正体会到了素质教育的快乐。

据悉，该校每年在"六一"来临之际，全校性开展庆祝活动，一年级的广播操比赛、二年级的经典诵读、四年级的中队活动、三年级及五年级的合唱、六年级的班级庆祝活动，已经形成了庆"六一"的常规活动项目。每一个孩子都在参与，每一个孩子都在成长，这些活动的开展，不仅丰富了孩子们的课余文化生活，陶冶了情操，增强了学生的集体荣誉感和凝聚力，更进一步提升了学生的综合素养，充分展现了一完小学生积极向上的精神风貌。

澧县一完小开展"爱眼日"系列主题教育活动

王舟娟 2019 年 06 月 04 日

"共同呵护好孩子的眼睛，让他们拥有一个光明的未来"是全社会的共同心愿。在全国第 24 个爱眼日来临之际，为了帮助孩子们从小树立爱眼意识，养成良好的用眼习惯，澧县一完小开展了"爱眼日"系列主题教育活动。

活动初期，学校首先利用电子显示屏、国旗下讲话对全体师生宣读了爱眼活动方案，营造了良好的爱眼护眼活动氛围。其次，向全体家长发放了活

动告知书，号召全体家长参与活动，倡导各家庭做好学生用眼习惯的监督。学校还邀请县中医医院的眼科专家现场进行专题知识讲座，现场示范、规范眼保健操动作。医院志愿者们下到教室对孩子们进行视力检测，了解学生视力现状。学校还开展了写字姿势大比拼活动，评选出了一大批具有良好写字姿势及用眼习惯的优秀学生和优秀班级，教育局李主任、校长尹述红亲自为"爱眼小卫士""优胜班级"颁发了奖品、奖状，激励他们继续保持良好的用眼习惯，用好的行为习惯影响更多的同学。

"爱眼日"系列主题教育活动的开展有效增强了学生爱眼护眼意识，培养了学生良好的写字姿势及用眼习惯，相信在学校、社会、家长的共同努力下，孩子们一定会拥有更加光明的未来。

一完小：青蓝工程薪火相传

曹珊瑕　2019年06月17日

时光飞逝，一学期即将结束，为了验收青年教师们一学期以来的学习成果，县一完小开展了"青蓝工程"徒弟教师五项全能竞赛活动，徒弟教师分别向大家展示了课标答题、粉笔字书写、课堂教学、朗读、才艺表演五个方面的功底。

6月14日早上7:50，课标答题和粉笔字展示环节拉开了本次竞赛活动的帷幕。在这两个环节中，青年教师们向大家展示了良好的学科素养和书写功底。紧接着的17节汇报课更是精彩连连。各位语文教师们相继亮相，你方唱罢我登场。他们或娓娓道来，或妙语连珠，或引经据典，或循循善诱。与此同时，数学组教师们同样在课堂上各显神通。老师们精巧的设计，引人深思；教学中透彻的讲解，发人深省。同时，信息和美术学科也逐一展示，为大家奉献了一场教学盛宴。朗读环节中，老师们温文尔雅的朗读，展示了他们良好的文学语言功底。最后的才艺展示环节，各位老师们纷纷亮出了自己的绝活儿，简笔画、水彩画、油墨画、剪纸、唱歌、朗诵、舞蹈、吟诵……可谓是多才多艺，样样精通。

活动中，学校领导和相关学科老师积极参与听课和研讨，学校校长尹述红、副校长吴业辉、赵冰清更是全程参与听、评课。他们对年轻教师们精彩的课堂表现赞赏有加，为徒弟们在课堂教学上的进步感到高兴和欣慰。

本次活动为全校教师营造了良好的学习氛围，尤其为青年教师提供了很好的学习和成长机会。滴水穿石，师徒结对收获满；薪火相传，青出于蓝胜于蓝。相信在学校领导和前辈的引领下，在青年教师们不懈的努力下，这些教育新苗一定能在一完小这片教育的沃土上生根发芽，绽放最美丽的花朵，结出最丰硕的果实。

七、2019年下学期学校新闻报道

一完小：家校合力　静待花开

龚钰子　2019年09月09日

金秋九月，丹桂飘香，澧县一完小又迎来了一批一年级新生。为进一步帮助学生尽快适应学校生活，帮助家长掌握辅导孩子的正确方法，让家长有效地与学校、老师合作，使学生养成良好的行为习惯，学校决定于9月6日晚召开一年级新生家长会。

会议开始，由澧县一中国家二级心理咨询师谭勇健老师为全体一年级家长进行了幼小衔接的心理健康教育讲座；分管一年级的政教处王舟娟主任代表学校讲话，她感谢家长们的到来以及对学校工作的支持，并向家长们提出了一些教育孩子的建议。王舟娟主任针对校园安全、家校互动进行了具体讲解，希望家长关注孩子的学习生活，加强与学校的沟通，为教育好孩子共同努力，并指导家长签订《澧县一完小特异体质学生安全协议书》《建档立卡等家庭经济困难学生信息问卷调查表》《学生基本信息表》《民调问卷表》等。最后，由各班班主任及任课教师在班级教室内就如何培养孩子集中精力做事、认真书写、良好阅读等方面做了详细阐述。

会后，家长们纷纷表示，通过这次新生家长会，既了解了学校，又认识了老师，更重要的是知道了正确教育孩子的基本方法，收获满满，受益匪浅。此次家长会拉近了学校、老师和家长的距离，使家长们满怀期待而来，心满意足而去。

县委副书记一行在一完小开展教师节慰问活动

赵冰清 2019 年 09 月 10 日

在第 35 个教师节来临之际，为营造浓厚的节日氛围，弘扬尊师重教的良好风尚，9 月 9 日，在县委副书记的带领下，县委办、农业局、教育局等部门有关领导一行十多人来到澧县一完小开展教师节慰问活动。

一行人仔细查看学校的基础设施配套、办校特色、师资队伍建设等情况，并到学校教师的办公室，与教师们亲密交流。县委副书记边走边看，听取学校校长尹述红的工作情况汇报，对学校的工作成绩给予充分肯定，也对学校的设备设施陈旧问题给予了指导，叮嘱学校要高度重视学校安全工作，强化安全管理，加强学生安全教育，落实各项安全防范措施，确保师生安全。

领导们亲切慰问了 3 名特困教师，并关切地询问了困难的原因以及他们的工作和生活情况，送上了节日祝福和慰问金。在得知困难教师还带病坚持工作时，县委副书记表示，学校要实行人性化管理，一定要保证教师健康地生活，要合理安排生病教师的工作时间。

紧接着，各单位负责人在学校接待室召开座谈会。县委副书记在会上就学校的相关需要解决的问题做出批示，各单位纷纷表示积极支持县委的决定，积极支持一完小建设，尊师重教，在物质上给学校一定的支持，为学校的发展添砖加瓦。县委副书记说，教育事业事关长远，我们要始终将教育放在优先发展的地位，不遗余力地支持学校工作，支持学校的建设，一完小是一所百年老校，要在现有的形势下不断创新，打造精品学校，要把学校的素质教育一如既往地坚持好，搞好学校安全工作，特别是要培养学生全面发展，打造好澧县的窗口学校，把教育事业推向更新的高度，把教育工作提升到更高的水平。

一完小校园足球班级联赛启动

王卫东 2019年09月17日

　　为进一步加强学校体育教学工作，深入推进阳光体育活动，大力开展校园足球运动，展示足球魅力，9月16日上午，澧县一完小2019年校园足球班级联赛启动仪式在学校大操场如期举行，一完小全体师生参加了此次启动仪式。

　　分管校长王卫东在活动中致辞，他指出此次的足球联赛，是为了弘扬体

育精神，打造校园足球文化，给学生们提供展现自我的平台。比赛中，学校主要以足球联赛为依托，让以班级为单位的足球团体之间得到互相的交流。每天课余时间都将会有精彩的足球比赛，这样既能体现该校对足球及训练的重视，让足球文化走进校园，同时也活跃校园文化的氛围，让全体老师和学生的学习减负减压。随后体育组组长韩业东作为裁判代表，就本次联赛的时间和规则进行了说明，并向参赛运动员提出了要求。紧接着，运动员代表向全体同学发出倡议：让同学们全身心地投入到足球运动中，在绿色的足球场上尽情奔跑，舒展每一个关节，激活每一个细胞，让同学们迸发朝气蓬勃的力量，去追逐早晨初升的太阳、去追逐健康的美丽人生。最后，学校校长尹述红宣布"澧县一完小2019年校园足球班级联赛"开幕。

此次校园足球班级联赛启动仪式体现了澧县一完小的足球建设的正规化、规范化的要求。全体老师和学生以热烈的掌声表明了他们对即将开展的足球比赛的渴望。相信通过联赛的举行，必将有力推动学校健康体育、快乐足球活动的开展，促进学校体育工作的整体提升，使素质教育得到有效落实！

一完小：教研风正暖，砥砺又起航

张秋雯　余嫣嫣　2019年09月27日

9月25日下午，澧县第一完全小学第一次校本教研课分别在多媒体教室和录播室如期举行，全体教师参加了此次示范课观摩活动。

综合组汤万里老师为大家带来精彩的科学课《空气》，课堂上汤老师利用小游戏激发孩子们的学习兴趣，通过孩子们大胆猜想，实验验证，让孩子感知空气的形状、味道和颜色，孩子们在动手的同时不断思考空气的特点，并把自己的想法用语言大胆表述，科学课堂充分地激发和培养了孩子们的科学思维。

音乐组胡红老师为我们呈现了一堂别出心裁的戏曲课——《天上掉下个林妹妹》。课堂上胡老师带领学生，通过唱、念、做、打等方式，让学生全

方位认识、了解越剧。教者语言生动、教态从容自然，将婉转动听的越剧韵味表现得淋漓尽致。在课堂收尾之际，教者和学生的示范对唱将本堂课推向了高潮，进一步加深了孩子们对戏曲的感知，激发了他们对传统文化的热爱。

课后，县教研室文定轩主任对汤老师的科学课进行了精彩点评，指出了课堂的优秀表现，也提出了以后科学课要呈现的形式和方向。艺术组组长施祖元老师对胡老师的课进行点评，并逐字逐句地教听课教师学唱越剧，让大家都体验到了越剧的韵味。两位老师精心准备的研讨课以及新颖的点评方式为本学期的教研活动起到了很好的引领和示范作用。

一完小：为祖国妈妈献礼

宋青枝 2019 年 09 月 30 日

阳光明媚，丹桂飘香。9 月 30 日上午八时许，澧县第一完全小学全体师生齐聚大操场为中华人民共和国 70 华诞献礼。

本次活动由优秀少先队员代表傅健铭主持。首先是副校长赵冰清发表国旗下的讲话——《祖国妈妈　为您献礼》。赵校长怀着激动而自豪的心情，带领全校师生共同回顾了祖国妈妈这 70 年来的巨大发展变化，让我们感受到了祖国的繁荣富强，感受到了革命先辈们顽强不屈的精神力量。作为澧县一完小的副校长，她还对孩子们寄予厚望：用自强不息的坚定信念和丰富的文化知识，去做一个能担当、有责任、可信任的接班人！最后，她带领全体少先队员们表达了对祖国妈妈最深情的祝福：祖国妈妈，祝您繁荣昌盛！

紧接着是艺术组施祖元老师倾情教唱《我和我的祖国》，顿时，一小全体师生都沉浸在了欢乐的海洋里。"我和我的祖国，一刻也不能分割。无论我

走到哪里，都流出一首赞歌……"动人的旋律，挥舞的国旗，深情的演唱，无不打动着现场的每一个人！

此次"为祖国妈妈70华诞献礼"的活动，对全校师生进行了一次爱国主义教育。本次活动，不仅让大家感受到了祖国的强大兴盛，更让大家感受到了一种爱国的力量，一种奋勇拼搏的力量！

一完小：晚霞殷红，夕阳情浓

黄 翼　2019年10月08日

人生最美桑榆晚，最是夕阳红满天。在2019年重阳节到来之际，澧县一完小举行了退休教职工座谈会。

座谈会由副校长吴业辉主持。赵冰清副校长发表热情洋溢的活动致辞，她说："最美莫过夕阳红，九九重阳喜相逢，一完小的昨天渗透了你们的汗水和心血，倾注了你们的辛勤付出。数十载春华秋实，芬芳永恒！你们的奋斗与贡献、心血与汗水、才智与真情，坚定了我们对教育理想信念的追求。"尹述红校长向老教师们做了详细的工作汇报，并衷心恳请所有老领导、老教师一如既往地关注一完小的发展，学校也一定不会辜负老教师们的期望，在上级领导的带领下，再创一完小新的辉煌。

活动期间，学校领导向全体退休教职工致以最亲切的问候，感谢他们为学校做出的贡献，并与退休教职工亲切交谈，认真听取了他们对各项工作的意见和建议。退休教师们也十分关心学校的发展，纷纷表达对一完小的美好祝愿。

随后，退休老领导章业树校长、朱茂国、赵训菊等几位老教师即席发言，在对此次活动的组织表示感谢的同时，更表达了对学校未来发展的美好祝福和期待。

教师们在活动中体会到的是一份尊重，感受到的是一份真情，收获到的

是一份快乐。让我们将尊老爱老的传统美德继续发扬光大，一代一代传承下去！让每一位老人都拥有幸福快乐的晚年！

一完小：加强后勤管理　提升服务质量

江　捷　2019年10月14日

10月14日，澧县一完小后勤人员培训会在党员活动室召开。

会议由主管安全工作的副校长熊方敏主持，后勤副主任熊清平组织全体

后勤工作人员学习《常德市中小学学生食堂管理实施细则》，总务主任刘承云对后勤安全管理工作中的细节和相关工作进行强调。

最后尹述红校长对食堂安全工作提出要求，尹校长指出：一要增强责任意识，由上到下层层明确各自职责，食堂管理人员要随时检查食堂的环境卫生，并做好检查记录，学校分管领导或行政值周领导每天不定时检查食堂的卫生情况，并做好记载；二是从业人员一定要按流程进行规范操作，食品生熟、荤素要分开，从采、买、做、管四个方面环环紧扣，做到安全卫生，操作规范，确保饭菜质量；三是在全校师生中推行环保、节约意识，为学校运行成本开源节流；四是全力打造和谐校园氛围，在保证全体师生开餐安全、工作顺利进行的前提下，以全新的姿态迎接县市省级部门的检查和监督。

澧县一完小荣获市级少先队辅导员技能大赛一等奖

王舟娟　2019 年 10 月 18 日

近日，在由共青团常德市委、常德市教育局少先队和常德市工作委员会联合举办的"青春心向党　建功新时代"2019 年常德市少先队辅导员技能大赛中，澧县第一完全小学中队辅导员宋青枝凭借扎实的基本功，细致入微的案例讲解荣获常德市一等奖。

本次活动在常德市北正街恒大华府小学举行，有来自全市各个区县十一支队伍，近 60 名辅导员参加了本次技能大赛。本次大赛通过少先队基础专业知识笔试、"青春心向党　建功新时代"主题演讲、"争做新时代好队员"少先队活动案例讲解、少先队活动辅导技能交流、少先队工作情景处理答辩等项目内容对少先队辅导员进行全面测评，展示了他们的工作技能和个人风采，交流了工作经验。广大少先队辅导员昂扬的精神风貌、高尚的道德品质和精湛的职业能力，唱响了立德树人的主旋律，营造了少先队辅导员岗位建功、创先争优的浓厚氛围。

据悉，一直以来澧县一完小坚定落实《少先队改革方案》，注重培养辅导员基础技能，每学期定时开展辅导员基础知识培训活动，每学年开展中队

活动课程竞赛活动提升辅导员辅导技能，促进辅导员们用更饱满的激情继续做好少先队工作，用心感受，用爱灌溉，让全体少先队员伴着关爱与呵护快乐成长！

一完小：足球凝聚班魂　绿荫放飞梦想

候红霞　2019年11月22日

为了丰富课余文化生活，活跃校园文化气氛，加强各班级之间的交流，积极推动校园足球运动的推广与发展，澧县一完小举办了为期三个月的校园足球联赛。11月18日，活动圆满落下帷幕。

本次参加足球联赛的队伍由二至六年级每班选出，共计45支球队参与角逐。比赛采取第一轮分组循环累计积分的方式计出总成绩，第二轮淘汰赛的方法决出取胜队伍。学校利用每天的第五节课前30分钟在校园足球场进行比赛。经过激烈的角逐，最终分别是六2班、五7班、四7班、三6班、二5班获胜结束比赛。

据悉，澧县一完小是全国青少年校园足球特色学校，积极组织开展历届校园足球大赛已成为学校常态化、特色化校园活动的重要组成部分。

一完小：吟诵经典 传承美好

汪 颖 2019年11月25日

为传承中华传统文化，营造经典吟诵氛围，提高教师国学素养，切实解决教学中存在的问题，11月22日上午，澧县国学经典吟诵示范培训暨2019年常德市小学语文教师（陈波）工作坊主题研修活动在澧县一完小举行。来自全县28所中小学的语文教师及石门县部分学校的教师代表200多人参加了此次活动。活动由一完小副校长赵冰清主持。

活动在一完小老师们带来的一曲古风箫乐中拉开了帷幕。首先由一完小桃花滩分校的教研室主任唐海燕老师展示了精彩的吟诵示范课《山行》，大家不仅欣赏了唐老师完美的授课艺术，还学到了各种吟诵的方法。孩子们诵读古诗，乐在其中，赢得阵阵掌声。

随后是来自城区六所中小学师生进行经典吟诵展示，师生们吟着《诗经》《论语》中的千古名句，诵着李清照万般愁情的词句，带大家遨游中华文明的长河，感受传统文化的魅力，也充分展示了师生们对国学经典吟诵的热

爱之情。

随后，由一完小老师叶梅芳做了《为学生的幸福人生奠基》的经验介绍。一路走来，叶老师热爱国学，推广国学，并细心耕耘，开展丰富多彩的国学主题活动。在国学的熏陶下，学生的语文素养得到了很大的提升。

常德市小学语文教师工作坊坊主、澧县一完小教研室主任陈波的讲座《走近中华吟诵　继承传统雅音》，以吟诵余光中的《乡愁》作为开场礼物，随后对吟诵进行了精确的解读和现场示范引领，让大家真切地走进吟诵，深切地感悟到吟诵的意义。

县教研室主任文定轩对本次活动进行了总结，他说，经过几年的探索、积淀，澧县的国学教育已取得丰硕成果，这股国学之风，已经吹绿了澧州大地，正吹遍三湘。站在新的起点，如何让国学课堂教得轻松，学得有趣？唯有务实探索，让广大青少年热爱国学，让国学经典入脑、入心，化为血肉灵魂。

澧县一完小英语活动月圆满举办

余嫣嫣　2019 年 12 月 05 日

　　为了激发学生学习英语的兴趣，提高学生英语口语表达能力和综合英语运用能力，增强学生的自信心，增进语言文化交流，引导学生享受英语，展现自我，澧县一完小将 11 月定为英语活动月，举行了相关系列主题活动。

　　活动期间，每天中午孩子们跟着英语老师在广播里学习英语谚语，朗朗上口的英语谚语从每个教室里奔涌而出，此起彼伏，在校园的上空形成了一

曲曲不一样的乐章！通过一个月的学习准备，在月底，三到六年级组织了丰富多彩的英语活动……三年级的英语歌曲比赛，四年级的配音秀，五年级的英语话剧，六年级的英语演讲比赛！孩子们用他们流利的英语口语展现了一完小学生的风采，活泼动听的英语歌曲，惟妙惟肖的电影配音，绘声绘色的英语表演，地道的英语表达引来在场的观众阵阵掌声！

值班护导　爱心起航
澧县第一完全小学开展家长志愿者值班护导活动

刘　薇　2019年12月12日

12月10日，澧县第一完全小学启动了本学期的一项重点工作——家长志愿者值班护导工作。各班家长委员会成员积极行动起来，加入学校值班护导的行列。

此活动在家长完全自愿的原则下开展，每天下午放学高峰时间段，热心的家长志愿者准时来到学校，穿上统一的红色志愿者服装，戴上小红帽，在学校大门口两侧黄线处开始认真上岗执勤。在值班过程中，家长志愿者疏导过往车辆，提醒接孩子的车辆在指定区域停靠；协助学校值班人员提醒接孩

子的家长站在黄线外等候,并引导学生出校门后靠两侧纵队行走,尽全力保护学生的安全。他们的一举一动,一言一行,为孩子们保驾护航,也为寒冷的冬季送去了暖意,不仅保障了孩子们的安全,同时也为接送孩子的家长做出了表率,使放学秩序井然有序。

现在身着红色马夹的家长志愿者,已成为该校门口一道亮丽的风景线。家长志愿者护导活动为孩子们的安全打造了绿色通道,是家校携手共育学生成长的重要举措。

澧县一完小迎接市军分区国防教育工作检查

黄继元　赵冰清　2019 年 12 月 12 日

12 月 11 日下午,常德军分区、澧县武装部、澧县教育局领导来到澧县一完小检查国防教育工作。

检查组一行首先参观了该校国防教育展厅。学校师生讲解员分五部分逐一向各位领导详细讲解了学校国防展厅的建设情况,一是校长寄语,二是国防法律法规,三是党的成长轨迹,四是庆祝中华人民共和国 70 华诞举行的阅兵仪式,五是我国的五大军区和五大军种。随后,检查组检查了平时学校

国防教育工作的资料。最后学校分管国防教育工作的副校长熊方敏汇报了学校国防教育运行机制，以及学校的具体做法和取得的成绩。

检查组领导对该校国防教育工作给予了高度评价并为以后的发展指明了方向。他们一致认为该校对国防教育工作思想上重视，行动上落实，结合教育教学工作开展了一系列主题教育教学特色活动，尤其认为国防展厅布置很有冲击力，展厅开放性教育工作效果明显。检查组还要求该校要抓住各种节日、纪念日的契机融国防教育于潜移默化中，切实提高学生综合国防素质和国家忧患意识。

澧县一完小举行庆"元旦"游艺活动

曹珊霞　2019年12月30日

"处处欢声响，张灯结彩忙"。12月27日的一完小到处欢声笑语，学校庆"元旦"游艺活动热火朝天地展开。走进一完小，到处焕然一新。多彩的挂饰，火红的灯笼，绚丽的彩球，衬托出浓浓的节日氛围，处处充满了温馨和暖意。早在十天前，学校就开始了游艺活动的准备工作，提前策划，周密安排。活动当天，各年级师生都开展了别具特色的迎新年游艺活动。

下午一点半，游艺活动准时开始。孩子们可以到任意一班参与活动，游戏优胜者获得相应奖励。六年级组在操场上举行了"母鸡下蛋""夹玻璃球""摇摇球"等游戏，师生同乐，趣味盎然。一年级组的老师们在学校体育馆为孩子们组织了一场别开生面的游艺活动，他们戴上鲜艳的红领巾，在欢乐的游戏中度过了一个难忘的节日。其他年级组老师也在各班教室里开展了丰富多彩的游戏：套圈圈、抢凳子、萝卜蹲、唱反调……孩子们都热情地参与其中，得到奖品后更是兴奋不已。整个活动现场热闹非凡，加油声、欢笑声此起彼伏。

孩子们一张张幸福的笑脸上洋溢着抑制不住的快乐。他们步伐轻快，神采飞扬，积极参与到游艺活动中，将活动一次次推向高潮。

据悉，此次活动中的海报设计以及教室布置工作大多由学生自主完成，这不仅锻炼了学生们的动手能力，也增强了他们的合作能力及竞争意识，让他们充分感受到了节日的快乐气氛。

八、2020年上学期学校新闻报道

一完小：全面消毒　全力防疫

邹　靖　2020年02月27日

为有效落实新冠肺炎疫情防控工作，做到防患于未然，2月26日，"澧县雄鹰救援队"无偿为澧县一完小进行全方位的消毒杀菌活动，为开学做好准备。

面对疫情，该校提前部署，邀请县疾控中心工作人员来校指导，提前进行沟通，确保校园消毒工作顺利开展。消毒过程中，雄鹰救援队的几十名志愿者都戴好口罩，做好防护，对全校的所有教室、办公室、功能室、卫生

间、走廊、楼梯及扶手等手能够触摸的地方进行全覆盖无死角的消毒。

此次消毒工作旨在为全校师生营造一个健康安全的工作和学习环境。待开学时间确定后，学校将会再次对校园进行全方位消毒防疫，确保全校师生在安全、健康、卫生的环境中学习生活，为师生健康保驾护航。

澧县高新区为一完小捐赠防疫物资

邹 靖 2020年02月28日

2月26日，澧县一完小收到了一份沉甸甸的心意。澧县高新区管委会副主任一行为学校捐赠了一批急需的防疫物资。

"一完小的防疫情况怎么样？自新冠肺炎疫情出现以来，高新区一直牵挂着你们师生们的健康和安全。"高新区的领导得知学校防疫物资紧缺的情况后，主动联系学校，把1000个口罩、20瓶酒精、100斤消毒液以及一批疫情防控操作手册及时送到了一完小。

一完小校长尹述红代表全校师生表示感谢。他表示，这批捐赠物资缓解了学校目前消毒物资短缺的状况，将全部用于教学楼、办公楼、餐厅等公共区域的消毒防疫工作，为学校疫情防控工作提供了有力的物资保障。

一完小：文明祭扫　别样清明

王舟娟　2020 年 03 月 31 日

梨花风起正清明，前三后四祭祖忙。伴随着全球新冠肺炎疫情的蔓延，今年的清明节注定与往常不一样。为了响应县文明办号召，倡导"安全、文明、环保"祭扫，澧县一完小特开展线上升旗仪式，指导学生认识清明节，

了解清明节习俗，引导家长们疫情期间安全、文明祭扫。

　　一场特殊的升旗仪式按照正规的流程有条不紊地举行，师生们佩戴鲜艳的红领巾凝视线上国旗冉冉升起，一种神圣感和使命感油然而生，五（1）中队老师宋青枝的主题讲话《我们的节日·清明》，带领大家了解了清明节日的起源、时间、饮食、习俗，并对此次清明祭扫发出了"安全、文明、环保"的倡议，提倡学生广泛阅读烈士家书及诗词等文艺作品，传承和弘扬红色精神，致敬革命英雄、现代英雄。

一完小：紧锣密鼓迎开学，安全保障正加强

宋青枝　2020 年 04 月 16 日

为了严格执行上级部门通知精神，认真落实疫情防控开学准备的相关工作，澧县第一完全小学召开了为期两天的安全工作会议。

4月15日上午九点，学校全体教职工在五楼会议室召开防治新型冠状病毒肺炎开学准备工作会议，会议由副校长吴业辉主持，副校长赵冰清做开学致辞后，由政教处主任王舟娟进行了澧县一完小新冠肺炎疫情防控知识的讲座。讲座为期一个半小时，从四个方面展开，一是开学前的准备工作。澧县一完小成立了新冠肺炎疫情防控工作领导小组，明确了职责分工，责任到岗到人。学校与县教育局、县疾控中心、社区、就近发热门诊等有关部门完成了双向对接，建立了学校、年级、班级、家长四级防控工作联系网络，采取"一人一卡"措施，建立师生、员工管理台账，严格落实疫情防控"日报告"与"零报告"制度，并向教育主管部门报告，不迟报、漏报、瞒报等，为全校师生正式开学做好充分的准备。二是开学后的防控工作。由学校行政牵头带领体温检测小组对校门口的每一位进出人员测体温；严禁无关人员进入校园；学生错峰上下学。对全体教职员工和学生要强化相应的知识培训，树立

防疫意识。落实晨午检制度，开展因病缺勤登记和追踪。保持手卫生，教室要勤通风，保持清洁，并进行物表和地表消毒。食堂就餐要遵守新的规章制度。三是学校应急处置。由学校行政领导牵头，做好病例隔离、转诊和疫情报告，协助开展疫情防控，还要配合上级部门开展其他防控工作。四是预防接种证查验。王舟娟从预防接种证查验的重要性、学校相关工作及目标、查验范围及对象、查验流程这四个方面，进行了细致的解说。

4月16日上午八点半，全体教职工再次集会，会议由副校长王卫东主持，会议内容共分为四项。一是工会主席吴红卫带领大家学习了《实习教师的管理意见》以及《请假制度》等，让全体教职工透彻地理解了相关制度，明确了自己的责任和担当。二是副校长熊方敏进行了平安建设工作的全面部署。首先，回顾了2019年的平安建设工作。其次，指出了2020年平安建设工作重点。最后，重点强调了流行性疾病的防控工作。三是赵冰清总结了疫情工作——《携手同心，"疫"路同行》。四是全体教师进行防疫安全演练，全体教职工在校门口，按演练方案站好，服从指挥，为学生在开学来校做好示范工作。

澧县一完小开展师德师风建设活动

邹 靖　2020年04月19日

为进一步加强教师队伍师德师风建设，树立爱岗敬业、为人师表的良好教师形象，4月17日上午8时，澧县一完小开展以"扬师德，铸师魂，做新时代满意教师"为主题的师德师风建设集中培训，全校教职工参与了本次活动。

本次活动由副校长赵冰清主持。学校四位优秀的教师代表讲述自己或身边的师德故事。青年教师代表彭玥婷以"青春在奉献中飞扬"为题，分享了来校工作两年成长的经历，领悟到奉献后收获的是一种幸福、一种情感；优秀备课组组长向芳芳以"师爱化雨，润生无声"为题，将本组吴翠微老师的优秀事迹，从"爱岗敬业、勇挑重担，关爱学生、无私奉献，满腔热忱、以心育心"几方面进行分享，让大家感受到"身教最为美，知行不可分"的魅力；优秀班主任代表李志芳以"如何做好班主任"为题，分享了自己当班主任的心得：教育学生只问付出不问收获，找准方法，事半功倍！优秀党员李梅老师以"三尺讲台 一生挚爱"为题，讲述自己从教24年来在小学英语岗位上的感悟："讲台虽小，同样能拓展丰满的人生；工作虽平凡，同样能收获无限的感动"。经过几位教师代表的分享，聆听的教师表示收获多多，并签订了师德师风建设承诺书。

最后校长尹述红强调：铭记规则，珍惜当下；抓住机遇，趁势而上。扬师德，铸师魂，争做新时代满意教师。

一完小：厉兵秣马强技能　凝心聚力共成长

刘 薇　2020 年 05 月 14 日

为提高全体班主任的防范意识和心理素养，5 月 13 日下午，澧县第一完全小学在五楼会议室召开了班主任培训及座谈会，会议由副校长熊方敏主持，全体班主任和分管年级组的行政领导参加了此次会议。

首先，由学校副校长赵冰清给全体班主任开展心理健康知识专题培训，赵冰清结合小学生的心理特点和班主任工作的特殊性，指出心理健康教育工作是班主任工作的很重要的一部分，对于促进小学生全面发展具有重要意义和作用。她以深厚的理论知识和丰富的实践经验，告知班主任应该具备心理健康意识、具有爱心、学会共情、能自我调节等七个方面的心理常识，赵冰清还深入浅出地阐述了小学生心理危机干预的工作原则、工作机制、工作方法及注意事项等。

其次，政教处主任王舟娟对开学以来的班主任工作给予了充分的肯定，并指出了班主任工作中存在的一些问题和不足，对本学期的卫生清扫工作、食堂就餐纪律、学生放学前安全教育提出了明确的要求。

最后，由分管行政和各年级分组讨论《班主任考核内容及评分标准》《年度优秀班主任推优方案》等重大方案的修订意见，充分发挥老师们的民主功能，力争方案的合理性和全面性。

澧县一完小举行"美好生活 劳动创造"网上知识读书竞赛、演讲、朗诵、征文比赛

王舟娟　2020年05月16日

"小喜鹊造新房，小蜜蜂采蜜忙，幸福的生活哪里来，要靠劳动来创造……"正如这首脍炙人口的儿歌所唱，人世间一切成就、一切幸福都源于劳动和创造。为了帮助小学生从小树立劳动意识，养成正确的社会观、价值观，一完小特举办"美好生活，劳动创造"主题征文、演讲、朗诵比赛。

伴随着"五一"国际劳动节的来临，学校政教处将活动实施方案投放给全校师生，广泛宣传，倡导全校师生积极参与劳动，感受劳动带给人的充实和快乐。五月上旬，学生积极参与网上知识竞赛，踊跃撰写主题征文，全校参与网上知识竞赛学生达到两千多人，收到征文稿件达到165篇；中旬，学

生现场演讲、朗诵比赛将活动推向新的高度，涌现了一批优秀的小小演说家和朗诵家，每场活动结束评委老师都针对选手们的表现进行现场点评，帮助孩子们认识到自己的不足和今后努力的方向，孩子们受益匪浅，感受颇多，有辛勤付出后成功的笑脸，更有一双双重整旗鼓扬帆起航坚定的眼睛。

生活靠劳动创造，人生也靠劳动创造。青少年时期是一个人成长的黄金时期，澧县一完小抓住契机强化学生德育教育，帮助学生从小筑牢思想防线，树立远大理想，引导少先队员们和祖国共成长，朝着伟大的中国梦不断迈进。

一完小：校际合力研讨　力争抱团进步

赵冰清　2020年05月19日

5月18日下午，澧县教育局第五联组小学片区工作会议在澧县一完小举行。一完小、澧阳、码头铺、涔南、火连坡各校长和分管小学副校长以及教导主任、教研室主任、六年级备课组长等联组成员单位负责人出席会议。

会上，与会人员就第五联组小学教学教研工作方案展开了热烈的讨论。作为本组小学组领头雁的一完小，率先拿出了毕业班联合考试和毕业班复习观摩课的方案，大家根据自己的情况纷纷提出意见和建议。码头铺镇中学校长毕文明说：教学资源很重要，我们特别希望老师们能够和一完小的教师进行过程性的交流，以最快的时间获得专业上的成长，来指导平时的教学复习工作。该组负责人曾凡喜对一完小提出的活动方案表示赞同，并希望建立联组教研组，对各个学科的教学资源进行互享，相关问题专业就诊，达到线上线下同步走，以达成风雨同舟，共同进步！一完小校长尹述红表示，要以联组教育为命运共同体，大家群策群力，发挥一完小教研优势、名师工作坊的优势，集中优质资源，尽自己所有，共同推动义务教育阶段学校优质、均衡、快速的发展。

大家纷纷表示珍惜抱团进步的机会，狠抓毕业班工作和教师的专业成长，树立发展意识、合作意识、整体意识，争取学校在教学资源方面能够共享，积极提供交流平台，深度融合城乡优势，共同提高教育教学质量！

最后各位与会人员就工作细节展开了商讨，决定从本周开始进行联合考试，下周开展学生互评工作，随即在一完小开展毕业班复习指导观摩研讨活动。届时，联组各校将派员观摩，共同研究。今天的会议标志着第五教育联组工作开始进入快车道。

一完小：走访慰问送温暖　点滴真情暖人心

黄　翼　2020年05月19日

　　5月19日上午，澧县一完小党员教师在学校党总支的组织下驱车来到学校精准扶贫村澧阳街道高桥社区，看望慰问周家全等十多户贫困户。这是一完小党支部"党员当先锋，决战脱贫攻坚"5月支部主题党日活动的重要特色实践。

　　老师们带着米和油等慰问物品走进扶贫对象家中，与困难群众亲切交谈，详细了解了他们的生活近况、身体健康状况、收入支出等情况，倾听他们的心声，还耐心细致地为他们宣传国家最新的扶贫政策。在慰问贫困户周家全老人时，一完小党总支书记尹述红发现周老有些咳嗽，马上联系了社区扶贫干部，为老人安排了免费体检，并嘱咐老人特殊时期要格外注意身体。

看望慰问周家全老人

一完小：微课培训促发展　教师成长见真章

邹　靖　2020 年 05 月 20 日

为配合学校开学初发起的微课竞赛活动，提高教师信息技术应用能力，创新教学模式，普及微课教学制作的设计方法、技巧等知识，5 月 20 日，澧县一完小第三届微课培训活动落幕会上，信息组孙彩兰老师就微课制作相关知识进行培训。

本次活动在电脑一室举行，全校 160 余名教师分两批参加了本次培训。培训中，孙彩兰老师从微课制作软件下载与安装，微课的课程建设、课程录制、后期制作等方面对如何制作一堂微课进行了详细讲解，并向教师们展示获国家级奖项的优秀微课作品，便于一完小教师更好地学习和掌握制作微课的方法；随后提供微课素材包，让教师们现场操练，对教师们不能解决的问题及时进行指导，教师们纷纷表示收获颇丰。培训会后，部分教师对微课制作提出了自己的问题和想法，并与培训教师进行了交流与探讨。

微课培训活动现场

据悉，自全国第一届微课大赛启动以来，该校多名教师参赛，并获得国家级、省级一等奖。此次培训的开展，学校要求做到全员参与、全员过关、全员参赛。

澧县一完小开展"三独"比赛

张秋雯　2020 年 05 月 30 日

为了丰富校园文化生活，展示学生风采，提高学生艺术素质，5月27—29日，在副校长王卫东的组织下，澧县一完小举办了独唱、独奏、独舞"三独"比赛。

艺术组的音乐老师们全体出动，分别担任独唱、独奏、独舞的评委。俗话说"台上一分钟，台下十年功"，比赛前，同学们都进行了精心的准备、勤奋的练习，赛场上，选手们自信满满，大方秀出才艺，陈孙红、胡筱伟动听的歌喉犹如天籁，又似黄莺绕梁；唐若溪的中国舞衣袂飘飘、意味绵长，王映迪的肚皮舞婀娜多姿，眉目传神；郑雅馨的琴声时而奔放明亮，时而委婉细腻，让人陶醉；陈筱阳的古筝演奏刚柔并济，如行云流水，令人清耳悦心。

学生们活泼、自然的舞台表现，感染了在场的老师和同学们，赢得了台下观众的阵阵掌声，艺术气息弥漫校园的每一个角落。本次活动施展了学生们的才华，展现了艺术的魅力，张扬了青春的活力，真正体现了"快乐学习，健康成长，全面发展"的教育理念。

一完小：持续交流谋共赢　百般红紫共芳菲

曹珊霞　2020 年 06 月 05 日

一小夏日艳阳中，风光不与四时同。6 月 3 日、4 日，按照第五联组的工作安排，一完小、澧阳、码头铺、涔南、火连坡的联组成员单位负责人及骨干教师汇聚在澧县一完小，参加复习课观摩研讨活动，共同研讨六年级各科目复习策略。县督导站站长张可明、副站长刘健，县教育局教研室的部分教研员参加活动。

6 月 3 日上午九点，活动正式开始。首先，一完小校长尹述红致欢迎辞，讲话中，他希望以一完小的三堂复习展示课抛砖引玉，各联组成员共同研讨，真诚交流，促进第五教育联组教育质量的共同提升。一个人走路走得再快，结伴而行才能走得更远，希望各成员齐心合力，携手并进，力争打开课

堂教学改革的新思路、新篇章。

接着，语文、英语、数学三个科目的复习展示课精彩纷呈，田娟老师的古诗复习课《诗词大会》将孩子们带入了浩瀚有趣的诗词海洋，课堂上学生们背诗、对诗、用诗，真可谓生动活泼，动静相宜。向芳芳老师的微课《夏日绝句》教学设计环环相扣，层层深入，将民族精神根植于学生心中。骆倪老师的六年级英语复习课别出心裁，以学生为主体，学生在课堂中乐于参与、积极思考，取得良好的教学效果。孙雅琴老师执教的数学复习课思路清晰，设计新颖，用别具一格的设计激活了学生思维的灵活性、创造性和发散性。

展示课后，各联组成员展开了积极热烈的研讨，评课分析入理切情，实例与理论融会贯通。语文组各成员积极建言献策，妙语连珠，就毕业班具体复习计划、复习思路等展开了积极的讨论。英语组通过评课小结、经验分享、积极提问等方式总结出了六年级复习方法和方向。数学组更是将趣味数学研讨与经验介绍相结合，高屋建瓴，在鞭辟入里的分析中，大家各抒己见，提出了许多中肯的意见。

活动期间，县教研室领导文定轩、龚南昌、张伦兵、胡宏桥全程参与活动，听课、评课，对学习复习指导给予了很好的意见和建议，并对活动组织和效果给予高度好评。

豆角开花藤牵藤，万紫千红才是春。在友好浓烈的氛围中，第五教育联组复习课观摩研讨活动在课例展示、经验交流、答疑解惑、理论研讨等方面开花结果。相信在各联组成员的交流互助之下，通过各学校的平等交流、资源共享、优势互补，义务教育资源均衡发展事业一定能结出累累硕果！

一完小：心头长亮红绿灯　安全行驶伴人生

王舟娟　2020 年 06 月 19 日

为进一步加强交通安全教育工作，有效防范特重大交通安全事故发生，根据教育部《中小学公共安全教育指导纲要》要求及县政府、县教育局文件精神，澧县一完小结合学校实际开展了《心头长亮红绿灯　安全行驶伴人生》交通安全系列教育活动。

教育活动分三个阶段稳步推行。活动筹划阶段，学校成立了以校长尹述红为组长，分管安全的副校长熊方敏为副组长，班主任及相关人员为成员的领导小组，结合小学生身心特点制定了确实可行的活动方案。为了扩大教育活动影响力，使此项系列活动的开展确实起到提升全体家长及学生交通安全意识的作用，在活动推行阶段，学校从多个层面开展了宣传活动。

6月15日学校政教处利用升旗仪式的契机，组织全校师生举行了《交通安全记心中》启动仪式，宣布具体活动方案，向全校师生发出遵守交通规则倡议，当天还向全体家长发放《文明交通》协议书，引导学生在家开展"小手牵大手"交通安全教育活动，提醒家长了解新的交通规则，严格落实"一盔一带"要求。6月18日，学校邀请交警大队队长为学生宣讲交通安全知识。队长结合道路交通案例，用朴实的语言、标准的交通指挥动作给孩子们上了一堂深刻的安全行驶课，给孩子们打开了学习交通规则的兴趣大门。6月19日，学校还以中队为单位自主开展了《交通安全记心中》主题队会，在队会课上孩子们畅所欲言，积极参与知识问答，踊跃撰写《交通安全记心中》主题征文，参加班级、校级、县级征文评选活动，自主教育效果明显。

澧县第一完全小学
举办青年教师"五项全能"比武活动

孙雅琴　2020年06月20日

6月18日，为了提升青年教师专业技能，促进青年教师快速成长，按照学校工作安排，澧县一完小在学校多媒体教室举行了青蓝工程徒弟教师"五项全能"现场比武活动。比武分为课标答题、粉笔字书写、课堂展示、普通话朗诵、才艺展示五项内容。

　　第一项比赛是课标答题，在10分钟时间内，参赛者们认真答题，书写着自己对新课程标准的理解以及自己对课堂教学的一些见解；第二项比赛是粉笔字书写，漂亮的汉字书写是教师进行表情达意、教书育人活动必备的技能；第三项比赛是20分钟的课堂展示，两个场地分数学、信息技术等学科进行了展示，各位老师的课堂展示可谓是精彩纷呈；活动第四项——普通话朗读。参赛者们饱含激情，以自信十足的姿态，在慷慨热情的朗读声中，赢得了评委们的一致好评；在最后的才艺展示环节中，参赛者们带来了一场丰盛的视听盛宴：声情并茂的诗歌朗诵让人沉浸其中；图文结合的故事让人心生向往；用电脑弹奏钢琴曲让人耳目一新；国画和粉笔画更是栩栩如生。

　　经过精彩的角逐和评委们仔细斟酌，孙雅琴、倪幸子、曹静子三位老师获得一等奖。活动结束后，教研室主任陈波对各项活动情况进行点评，对参赛者的优点给予了高度赞扬，对弱项给予了有效指导。副校长赵冰清用"重视、学习、成长"三个关键词进行概括，她表示本次比武活动是对青年教师的一次试炼，更是一次鼓舞，希望青年教师在将来的教学活动中，能有更加优异的表现！最后校长尹述红对全校的青年教师寄语，并提出三点要求：勤学习，善思考，能教研。他说："你们未来路还很长，希望你们永远不要停下学习的脚步。"

　　这次"五项全能"比赛是学校对青年教师综合素质的一次考察和测试，

也是本校教师青蓝工程的一项常规活动，给青年教师搭建了一个展示自我、交流促进、沟通学习的平台，为提升教师教学基本技能、专业素养起到了积极的推动作用。

澧县第一完全小学隆重召开第七届三次教代会

王明珠　2020 年 07 月 08 日

经过几个月的筹备，澧县一完小于 2020 年 7 月 8 日上午 8:30 隆重召开了第七届三次教代会。会议在学校五楼会议室召开，参会代表共 46 人，列席代表 2 人，会议讨论并通过了《学校工作报告》《学校经费预决算报告》《澧县第一完全小学年终绩效奖浮动方案》和《澧县第一完全小学年终岗位和职称评定方案》。

第七届三次教代会在庄严的国歌声中拉开帷幕

大会在庄严的国歌声中开始，本次会议由副校长王卫东主持，会议共分三个阶段。第一阶段为开幕式。在这一阶段中，副校长吴业辉致开幕词，工会主席吴红卫对各位代表责权提出要求，接着副校长赵冰清做《学校工作报告》、总务主任刘承云做《学校经费预决算报告》，最后吴红卫对学校各类方案修改情况进行说明，赵冰清代表学校对本次收到的24份提案一一进行了详细的回复。每个参会代表认真倾听，细心感受学校对基层工作的认可和担当。

接着进行会议的第二阶段，在此阶段中所有的参会代表共分成三组分别在学校党员活动室、接待室、会议室，分别对赵冰清、刘承云、吴红卫做的报告和相关方案进行审议、讨论并提出修改建议。在分组活动中每个人都积极发言，每个分组组长认真记录并整理汇总，大家都为澧县一完小的发展建言献策。

11点10分各代表再次回到五楼会议室进行会议的第三阶段。首先由三个分组组长汇报了讨论情况，然后全体代表集体表决。大会一致通过本次会议的两个工作报告、一个工作评定方案和一个绩效浮动方案。

最后校长尹述红讲话，尹校长就本校的发展提出了合理化、前瞻性建议。他强调在今后的工作中会狠抓教师队伍建设，促进教研水平，助力特色发展，规范制度，挖掘学校文化以此提升学校办校品位，并号召全体代表开拓创新，献计献策，为打造更精更强的百年老校而不懈努力！

九、2020 年下学期学校新闻报道

一完小：您在我心中最重要——做一名幸福的教师

孙彩兰　2020 年 08 月 29 日

8 月 28 日上午，澧县一完小暑期教师培训班在五楼会议室拉开了帷幕。为了增强教师工作的幸福感，提高教师的工作效率，学校聘请了湖南师范大学基础教育发展中心杨栋教授来我校讲学。全校近 200 名教职工及一完小黄桥分校的全体教师参加了活动。

杨栋教授与教师现场互动

杨栋教授以《您在我心中最重要——做一名幸福的教师》为主题，围绕"一辈子做教师，一辈子学做教师"这一中心，就怎样做一名幸福的教师予以阐述，通过各种游戏及自身的经历，让教师们不仅体验到了课堂上的幸福，也懂得了要从多方面来赏识孩子，发现每个孩子身上的闪光点。杨栋教授指导教师们要用爱、用精神、用人格魅力来引导孩子，让孩子亲近老师，正所谓"亲其师，信其道"。杨栋教授幽默的语言，精彩的互动，独特的见解，赢得了阵阵掌声。

快乐工作，幸福生活，次第花开，花开见乐！会后，教师们纷纷表示，要立志做一名幸福的教师，同时要努力也让自己的学生在学校有幸福感。

澧县一完小开展《女童权益保护》知识讲座

邹 靖　2020 年 09 月 07 日

9月4日下午，澧县一完小组织四至六年级100多名学生开展了以"青春安全我保护"为主题的儿童防性侵知识宣讲活动。

公益宣讲现场合影

老师和学生现场互动

　　课堂上，志愿者讲师马凤娥从"什么是青春期"这个问题入手，围绕青春期男女生身体发育变化、身体界限与隐私、如何区别安全的人和会伤害隐私的危险人以及保护自己隐私几大原则等方面进行讲述。在师生互动、生生游戏、全班抢答等多种形式中，孩子们学习兴趣高涨，活动现场气氛热烈。

本次讲座，增强了孩子们自我保护的意识，提高了他们自我保护的能力。

学校为做到"女童保护"全覆盖，定期进行系列知识讲座，大力宣传普及"防性侵"知识，为女童的健康成长保驾护航。

一完小：撷数片诗句　品诗教芬芳
——澧县一完小汪颖、向芳芳代表常德市参加"诗教中国"湖南省决赛

汪　颖　龚　艳　2020年09月10日

共享诗词美韵，弘扬中华诗教。9月8日，由湖南省语言文字工作委员会、湖南省教育厅主办，常德市教育局、常德市语委办承办的2020年湖南省"诗教中国"诗词讲解大赛（常德赛区）决赛在常德市武陵区第一小学举行。经过各级教育行政主管机构层层审核筛选，澧县一完小汪颖、向芳芳两位老师代表常德市参加了此次决赛。

参赛选手与评委老师合影

本次决赛形式为现场教学公开课比赛，选手抽签决定比赛顺序，分为说课、现场问答、现场教学三个环节。为传承中华优秀传统文化，深入挖掘中华经典诗词中所蕴含的民族正气、爱国精神、道德情怀和艺术魅力，两位老

师细品静琢反复磨，力争体现诗教理念，传承诗教精神。

汪颖老师执教的篇目是《元日》。她用抑扬顿挫的诵读，声情并茂的讲解，展现了一幅幅欢乐祥和的传统年俗画，将传统文化教育渗透到学生心中，带领学生开启了一次传统文化的寻根之旅。

向芳芳老师展示的是李清照的千古绝唱《夏日绝句》，利用"课外资源"的有力补充，带领学生感受项羽宁死不屈的英雄气节，充分感悟诗人浓烈的家国情怀；带领学生梳理不同时代背景下的民族英雄，让学生以吟唱的方式致敬英雄，荡气回肠。

让生活更有诗意，带领孩子们一同弘扬诗词文化，传承诗教精神！多年来，澧县一完小积极组织开展以"国学经典传承"为主题的系列活动，带领学生赏诗词之趣，享诗词之美，品诗词之韵。这一成绩的取得，是学校在诗词教学方面收获的又一硕果。

弘扬宪法精神，共建和谐社会

宋惠君　2020 年 09 月 16 日

著名哲学家康德曾说过："世界上唯有两样东西能让我们的内心受到深深的震撼，一是我们头上灿烂的星空，一是我们内心崇高的道德法则。"为使我校学生认真学习宪法，崇尚宪法，牢固树立宪法至上的观念，9 月 15 日下午三点，政教处组织六年级学生进行了"学宪法·讲宪法"演讲比赛。王舟娟副校长、马凤娥老师、宋青枝老师、宋惠君老师出席了本次比赛并担任评委。

本次比赛共有 11 位选手参加。比赛过程中各位选手均围绕"学宪法　讲宪法"的主题，用激情饱满的语言讲述发生在他们身边的关于宪法的故事，尽情阐释他们对宪法的理解。他们斗志昂扬，从容自信，选取案例生动鲜活，内容丰富多彩，得到了评委老师和同学们的一致好评。其中郭雨涵、黄清晨、陈孙红、覃梓涵四名同学以精彩的内容、生动大方的演讲风格荣获本次比赛的一等奖；赵炫伊、孙梓晗、刘益铭、彭梦漫、王识澄、夏沐霖、杜恺威七名同学获得了本次比赛的二等奖。

演讲比赛参赛选手与评委合影

本次演讲比赛不仅培养了同学们的宪法意识，也使同学们自觉地把宪法作为自己的政治修养、法律修养以及从事各种社会活动的最高准则，对引导同学们树立正确的人生观、价值观有着重要的意义。

县政协教育组开展
"制止餐饮浪费、崇尚勤俭节约"专题调研

邹 靖　2020年09月24日

9月23日上午，澧县政协、教育局有关领导以及政协教育组所有委员一行来到澧县一完小，就"制止餐饮浪费、崇尚勤俭节约"进行专题调研。

"制止餐饮浪费、崇尚勤俭节约"专题调研活动会议现场

  会上,校长尹述红就"制止餐饮浪费、崇尚勤俭节约"这一主题从三个方面进行工作汇报:一是学校大力营造制止餐饮浪费宣传氛围;二是大力加强制止餐饮浪费,督促学生养成勤俭节约的好习惯;三是加强食堂开餐管理。尹述红强调,"足蒸暑土气,背灼炎天光",粮食来之不易,粒粒当珍惜。学校张贴了"光盘行动进校园""坚守勤俭美德、引领节约时尚""珍惜粮食、厉行节约"等标语,对学生活动场所实行无缝覆盖,随时提醒师生自我约束;采用"开班会、办板报、国旗下讲话、写征文、设立文明就餐监督岗、光盘打卡"等形式,多措并举,倡导节俭文明的生活方式。

  会后,调研组成员在尹述红的陪同下,一起参观了学校食堂,和食堂员工进行了交谈,并对现阶段的工作给予了肯定。"珍惜粮食,厉行节约"已经在学校蔚然成风,澧县一完小将以培养学生勤俭节约为抓手,教育学生传承和发扬中华民族节约粮食、尊重劳动、珍惜幸福的传统美德。

一完小：青蓝同心　师道传承

万冰清　2020 年 09 月 27 日

在这桂子飘香、硕果累累的金秋时节，澧县一完小迎来了新一年度"青蓝工程"师徒结对启动仪式活动。目的是通过师徒结对，通过传帮带的作用，提升教师教育教学水平，满足学校培训人才的需要。

"青蓝工程"师徒结对启动仪式活动现场

尹校长和龚校长颁发师傅教师聘任书

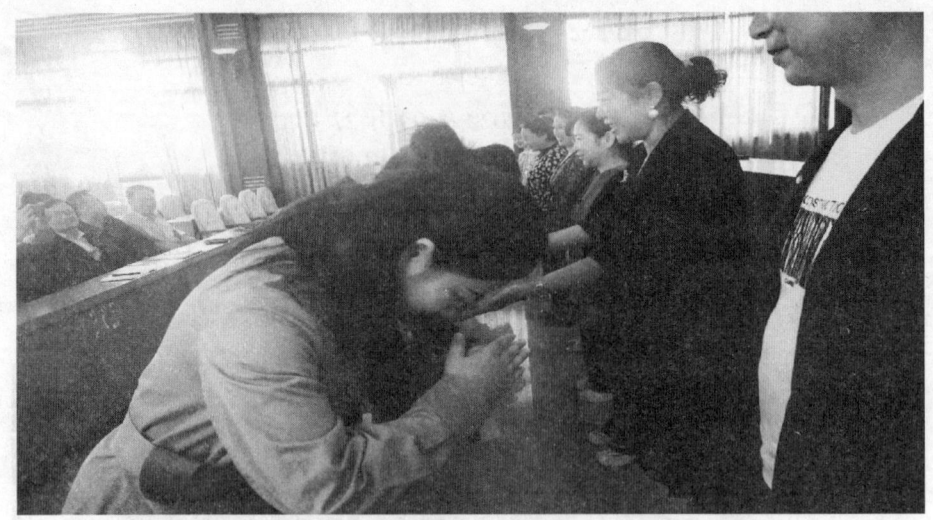

徒弟教师向师傅教师行拜师礼

优秀的师傅教师刘红艳经验交流

优秀的徒弟教师曹静子经验交流

参加本次活动的有学校行政领导和十位德才兼备、教学经验丰富的师傅教师以及十位好学上进的徒弟教师。

本次活动由吴翠微主任主持，共分为六个议程。首先是校长尹述红讲话，他向参会教师强调师徒结对的意义和要求，并对大家提出了殷切的期望。活动第二项，分管教研的副校长龚艳宣读师徒结对岗位职责。她强调，师傅带师魂、带师能、带师德，徒弟学思想、学本领、学做人，师徒共同成长。接着，教研室主任陈波宣读师徒结对花名册，尹述红和龚艳为十位师傅教师颁发聘任书。紧接着的是隆重的拜师仪式，师傅和徒弟庄严宣誓，徒弟给师傅深深鞠躬表示感谢，他们一起签订协议合同，签下承诺和责任，许诺在将来的工作中把计划变为实际行动。活动第五项，往届活动中获得一等奖的师傅教师和徒弟教师进行经验交流，刘红艳老师谈当师傅的经验，曹静子老师讲述当徒弟的学习成长感受，话语简单朴素又真挚感人，参会教师欢欣鼓舞。活动最后一个议程，副校长王卫东对工作进行指导，他祝愿我们的"青蓝工程"通过开展扎扎实实的活动、通过各位师傅的示范引领，取得丰硕成果；祝愿每一对师徒都合作愉快，取得双赢，共同发展；祝愿师傅的"蓝"，越来越精彩，期待着徒弟的"青"，更胜于蓝。

本次活动在和谐热烈的氛围中圆满结束，我们相信澧县一完小必将迎来崭新的未来。

"主题学习"做引领　语文教改增活力

曹珊霞　2020年09月30日

一声梧叶一声秋，缕缕芬芳贵客来。9月30日上午，澧县一完小多媒体教室迎来了几位特殊的客人。他们是语文特级教师、正高级教师、国家级骨干教师、湖南民族职业学院附属小学副校长戴向红，石门第四完全小学教研室主任曾丽，石门第四完全小学刘艳老师以及"语文主题学习"实验项目湖南地区负责人陈人杰先生。

澧县一完小的领导和语文教师们与专家相聚于多媒体教室，展开了"语

文主题学习"项目交流研讨,这是一次语文教者之间的思想碰撞,更是一场语文教研的饕餮盛宴。

澧县一完小副校长龚艳致辞

研讨会伊始,澧县一完小副校长龚艳致辞,她指出,主题学习与阅读教学在语文教学中有着至关重要的意义和作用。此次活动的举行旨在推动学校语文主题学习活动的顺利有效开展,推进学校语文教学与主题阅读教学深度融合的学习、实践、研讨、探索,从而更好地提升学生能力素养、文化素养和思想精神道德修养。希望本次交流活动的举办,为教师们搭建一个不断提高教学水平的平台,创造一个共同切磋、商讨的机会,同时也为语文主题阅读学习提供明确的方向,促进全体语文教师业务水平的全面提高。

随后,石门第四完全小学刘艳老师为在场教师带来了统编版二年级课文《葡萄沟》课堂展示,刘老师行云流水的课堂节奏以及举重若轻的教学魅力吸引了在场每一位师生的目光。刘老师循循善诱的引导,使学生饶有兴致地学习,从"尝家乡葡萄"到"品新疆葡萄",刘老师用妙趣横生的方法,引导学生们理解课文重点词语,同时,"联系上下文理解词语""朗读策略"的学法从指导到迁移,从帮扶到放手,让学生学有所得,学有所用。

石门第四完全小学刘艳老师为在场教师带来统编版二年级课文《葡萄沟》课堂展示

接着，湖南民族职业学院附属小学副校长戴向红做专题讲座，讲座以《让主题学习助力课堂　让课外阅读丰富课内》为主题，首先，戴校长用"气氛活、方法活、手中有活"总结了刘老师的"活"课堂。在具体课例的基础上，戴校长向在座教师介绍了统编教材编写理念和特点，提出了统编教材"一课一得"以及"1+x"的教学理念。

在理念的基础上，戴校长从"语文主题学习"项目的缘起、特点、效果以及支持四个方面，深入介绍了"语文主题学习"项目，同时结合具体数据以及湖南民族职业学院附属小学的具体实践经验阐述了语文主题阅读学习的具体概念和操作方法。用什么时间读？用什么方法促读？一个个具体的问题，引人深思，戴校长的讲解更是细致独到，点面结合，面面俱到。

理念指导实践，思考促进升华。此次"语文主题学习"项目交流研讨会犹如引入了一泓语文教研的清泉，为一小语文教改思考注入了新的活力，并由此引发了一阵阵激烈的思想碰撞。在随后的时间里，与会专家与一小教师们就如何开展"语文主题学习"展开了激烈的讨论，在质疑与解答中、交流与辩论中，思维与理念碰撞出新的火花，语文主题学习的思路更加清晰地呈现在与会教师的脑海中。

秋色满园关不住，新新理念入心田。此次活动的举办，不仅为一完小教师们开展语文主题阅读教学带来了新的理念指导，还为未来一完小的阅读教学明确了方向。阅读教学是语文教学的重中之重，相信有"语文主题学习"的理念引领，有一完小教师们的探索实践，语文主题阅读学习的种子一定会在一完小的教学沃土上落地生根，向阳开花。

一完小：传统瑰宝惠师生

李 婧　2020年10月21日

为弘扬优秀文化，传承戏曲艺术，进一步增强中华民族的文化自信，丰富校园文化生活，培养学生兴趣爱好，提高学生艺术修养，结合"戏曲进校园活动"，2020年10月21日，澧县一完小联合荆河剧团开展传承戏曲艺术活动。

师生们非常熟悉的古代公堂断案的情境

21日上午，澧县荆河剧团的演员们为一完小五年级师生们带来了精彩的表演。他们一共表演了四个片段，第一个片段是师生们非常熟悉的古代公堂断案的情境，荆河戏通过威令的锣鼓、威武的衙役呐喊，营造了一种威严肃杀的公堂氛围。第二个片段是荆河戏《活捉三郎》选段，戏曲演员通过投袖、拂袖、抖袖、转袖、抓袖、抛袖等技巧的有机穿插，夸张表现人物激动、悲愤、痛苦、喜悦、郁闷等千变万化的思想感情和心理活动，也让人感受到水袖表演的千变万化。第三个片段《拾玉镯》用虚实相生的手法，道具和虚拟的道具表演完美结合，展现了我县年轻艺术工作者们高超的表演技能。第四个片段《杏元和番》则表现了可怜的杏元即将踏上异国他乡土地时，面对亲人泪满襟的情境。演员们精湛的演技赢得了观众阵阵掌声，带动了全场气氛。许多经典台词也引发在场师生的广泛共鸣，让大家体会到了戏剧的魅力，也激发了学生学习戏曲的兴趣。紧接着，剧团成员们还和孩子们一起互动，有奖问答让孩子们兴趣高涨。

本次活动不仅让师生们近距离观看戏曲表演、了解戏曲常识，感受我国传统戏曲文化的魅力，而且有助于小学生增进对中华民族传统文化的认同感和自豪感，能有效激发学生们学习优秀传统文化的兴趣。

一完小：运动点燃激情　校园别样风采

王俊俊　2020 年 10 月 22 日

十月，丹桂飘香，金风送爽。21 日上午，澧县一完小 2020 年秋季运动会如期举行。踏着激昂的运动员进行曲节拍，彩旗队、运动员代表排列着整齐的方阵，在旗手的引领下，依次有序地走过主席台。同学们精神抖擞、斗志昂扬，用矫健的步伐、响亮的口号展现了健康向上、团结进取、奋勇拼搏的精神风貌。

下午 1:58，伴随着振奋人心的《运动员进行曲》，入场式表演正式开始。率先入场的是由五年级同学组成的彩旗队。面面彩旗迎风飘扬，彩旗队员精神饱满，体现着一完小学子的良好风貌。位于队伍前列的鲜红国旗与校旗交相辉映，反映着全体一小学子心系祖国母亲，定将在运动场上奋勇拼搏，爱国荣校。

三、四、五、六年级分别以年级为方阵经过主席台接受检阅，随后结合年级特点展示了精心准备的团体操表演。三年级的《向快乐出发》主题团体操，充分展示了孩子们的无限活力和对梦想的执着追求；四年级孩子们的《你笑起来真好看》表演精彩不断、亮点纷呈，展示了一张张充满阳光的童真笑脸；五年级的《病毒走开》主题团体操展示了全体师生抗击疫情，强身健体的决心；让整个会场沸腾的是六年级孩子们表演的《霸王别姬》功夫扇团体操，震撼人心的鼓点，整齐划一的动作，震天动地的口号体现了一小学子们健康向上的精神风貌和饱满热情。一、二年级的孩子们充满稚气的班级表演更是让观众们喜笑颜开。师生们在开幕式上尽情地展现着班级的特色和无限活力，表达着对一完小和祖国未来的美好祝福。

六年级孩子们表演的《霸王别姬》功夫扇团体操

副校长王舟娟以"团结、文明、自信、和谐"为主题，既阐述了这次运动会的实质意义，又提出了希望：希望每位运动员精神饱满，斗志昂扬，拼出成绩，赛出风格。随后裁判员代表、运动员代表庄严宣誓，定会在本届校运会中公正裁判、赛出水平。最后学校校长尹述红同志用铿锵有力的声音宣布澧县一完小2020年秋季运动会开幕，全场沸腾，精彩纷呈的校运会正式拉开帷幕。

一完小：澧县一完小教研再创佳绩

吴翠微　2020 年 10 月 27 日

为了引领小学数学教师进一步提升专业水平，把握课堂教学改革的最新动向，强化课程改革与课堂教学研究，"2020 年常德市小学数学优质课观摩活动"于 10 月 21—23 日在石门县第五完全小学成功举办。

澧县一完小高瑜老师执教的《用公因数和最大公因数解决问题》一课，从片区赛入围、全县决赛出线到全市观摩比赛，她凭着自己过硬的基本功和独特的教学风格，赢得专家评委们的充分肯定和高度评价，荣获市级一等奖。

高瑜老师执教的《用公因数和最大公因数解决问题》赛课现场

2020 年常德市小学数学优质课颁奖现场

澧县第九届青少年科技创新大赛在一完小隆重举行

凡雨亮 2020 年 11 月 08 日

　　2020 年 11 月 6 日，由澧县科学技术协会、澧县教育局、澧县科学技术局、常德市生态环境局澧县分局、澧县自然资源局、澧县文旅广体局、共青团澧县委员会联合主办，县青少年校外活动中心、澧县一完小共同承办的 2020 澧县第九届青少年科技创新大赛在澧县一完小隆重举行。

各学校选手合影

县人民政府领导发表讲话

　　"创新、体验、成长"是本次大赛的主题，以培养青少年的创新精神和实践能力、提高青少年的科学素质为目的，为全县青少年和科技辅导员搭建了一个科技创新活动成果展示和交流的平台。

与会领导现场观摩

科技畅想画作品展示

来自全县的33支代表队，165名参赛选手，66名科技辅导员齐聚澧县一完小，共同参加此次大赛。为了此次大赛结果的公平性，大赛组委会还特邀了5名省级资深专家担任评委，并聘请县科协张远生、县教育局龙安军、县科技局游丽峰、市生态环境局澧县分局张妍、县自然资源局刘习、县文旅广体局赵琼、县团委肖霄七名同志担任监督员。开幕式结束后，各嘉宾和领导参观了此次大会的展览，展览会活动内容丰富，有来自各校优秀的科技畅

想画等创作作品,活动进行得如火如荼,现场更是热闹非凡。

为了迎接本届青少年科技创新大赛,在过去的一年里,澧县各中小学高度重视,认真组织科技辅导员、青少年科技爱好者积极开展科技创新活动,从选题到立项,从设计到创作,都进行了精细的打磨,付出了艰辛的劳动。这里展出的作品,内容丰富且形式多样,涉及多个领域,凝结着勤劳的汗水,闪耀着智慧的光芒,代表了澧县青少年科技创新成果的最高水平。

澧县青少年科技创新大赛,是目前澧县中小学各类科技创新活动中规模最大、层次最高、影响最广的活动之一,已成功举办了 8 届,在社会公众尤其是广大中小学生群体中拥有了良好的口碑,得到了社会各界的高度认可和大力支持。相信在未来,澧县的科技创新将会继续蓬勃发展。

联点学校后盾单位深入一完小开展对口帮扶工作

黄 翼　2020 年 11 月 12 日

11 月 11 日下午,县政府领导在澧县一完小主持召开联点学校后盾单位调度会,参加此次会议的有教育局分片负责人吴迎兵,一完小校长尹述红,码头铺镇中学校长毕文明以及工信局、交通运输局、残联、洈水灌区管理处、工商银行、电信公司的主要负责人。

会上,一完小校长尹述红和码头铺镇中学校长毕文明就学校近年的发展概况和面临的困境做了详细的汇报,恳请上级组织和社会各方面帮助解决困难,关注和支持学校的发展。随后,各后盾单位负责人依次在会上做了表态发言,为两所学校拨付了结对帮扶资金,解决现阶段的实际问题。

最后,县政府领导在总结讲话中强调:"百年大计,教育为本",我们一定要努力营造全社会关心支持教育工作的浓厚氛围,建立长远机制,不仅在资金上给予支持,还要对学校各方面的发展进行全面协调,齐心协力,助力我县教育事业的发展。

各位领导莅临一完小召开联点学校后盾单位调度会

一完小：面向未来，开拓进取
——记"国培计划2020"张毅教师工作坊线下第二次活动

孙雅琴　2020年11月15日

伴着初冬的暖阳，"国培计划2020"张毅教师工作坊第二次线下研修活动在澧县第一完全小学成功举行。本次活动开班仪式由县教师进修学校副校长毛彩东主持。

澧县一完小校长尹述红发表了激情洋溢的讲话，表示鼎力支持"国培计划"，为促进教师的成长做好坚强后盾。

教师工作坊坊主张毅发表感言，希望60多位家人秉承工作坊"名师引领，同伴互助，交流研讨，共同发展"的理念，牢记工作坊口号：我们睿智通达，我们勤研善思，从精英走向优秀，从优秀迈向卓越！学员代表孙雅琴

表示决心珍惜学习机会，让自己快速成长起来！

一完小尹述红校长讲话

工作坊坊主张毅发表感言

　　澧县一完小王卫东副校长在发言中表示，一定要抓住机遇，认真组织，做好后勤保障工作。
　　在进修学校向美芝老师的组织下，"乘风破浪知难而上"的团建活动把老师们凝聚在一起，让老师们充满开拓进取、面向未来的信心。

常德市的专家邓阳执教的《分段计费解决问题》，呈现出自由平等风趣严谨的课堂氛围。他的讲座《关于解决问题的教学思考》更是传递着新的教学理念和教学风格，让老师们受到春雨般的洗礼。

学员陈晶晶、吴翠薇的微分享，引领老师们认识新事物。

团建活动

在坊主的指导下，学员们从学生课堂参与情况、教师提问的有效性、教学行为时间分配、教者对学生的课堂评价四个方面观察刘玲执教的《解决问题（归一问题）》一课，并展开研讨和评价，学员们收获满满。

阳光总在风雨后，珍惜所有的感动，让我们在团队合作中互助成长，在超越自我中不断提升！

一完小：书写之花香满澧州

汪　颖　王明珠　2020年11月20日

认认真真写字，堂堂正正做人。一手好字会使人受益终身。为了让学生写得一手好字，澧县一完小一直坚持每周进行写字教学。

戴璇执教《折》的课堂现场

11月19日下午在一完小教学开放周活动上，戴璇老师执教《折》，用生动形象的语言从硬笔书法要素、执笔姿势、笔画之间的关系等方面说起，有针对性地指出学生书写中存在的问题。

写字培训听课现场

随后吴校长做了写字培训专题讲座，他强调要常提写字姿势和书写习惯。写字前注重读帖，一看二写三比，教师指导时要层层深入。低年级可以边讲解边练习，中高年级则结合学生实际，调节讲和练的时间。让教师们明确写字教学前行路上的责任。对听课的所有老师们在今后的写字教学上做出很明确的方向指引。

一完小：课堂展风采，教研促成长
——记全县教改开放活动音乐示范课

刘呈靖　2020年11月20日

11月18日，全县的教学开放活动在一完小如期举行，活动开展得如火如荼。下午2:10，在一完小音乐教研组长施祖元老师的主持下，音乐教研课在录课室拉开了序幕。

首先，施老师用热情洋溢的歌声欢迎全县艺术老师们的到来。接着，由市级音乐教学比武一等奖获得者、多次在"一师一优课"获部级奖的张秋雯老师带来音乐唱歌课《田野的呼唤》。本堂音乐课充分展示了张老师扎实的

教学功底和一完小学生优秀的音乐素养,课堂气氛活跃,形式多样,师生互动,所有听课老师的参与将课堂气氛推向高潮。

课毕,在施老师的组织下,教师们积极参与评课,你一言我一语开启了大家的智慧,拓宽了彼此的视野,也促使教师进一步深入去思考自己教学的得与失。

最后,刘老师用改编本堂课歌曲的形式对张老师的课进行了总结性的点评。活动在施老师和张老师精彩的配合表演中画上了圆满的句号。

本次教研活动的举行,为全县音乐教师搭建了一个非常好的学习和交流平台,形成了相互学习、共同进步的良好氛围,为推动澧县小学音乐教育事业发展打下坚实基础。

澧县一完小完美通关
常德市标准化实验示范学校验收

王卫东　王明珠　2020年11月20日

11月19日，常德市教育局电化教育馆馆长李勇一行五人在县教育局领导陪同下来我校进行标准化实验示范学校验收工作，澧县一完小迎来期盼两年多的标准化实验示范学校的验收。

验收工作首先由副校长王卫东向验收工作小组就学校实验仪器、药品配备、实验开课及工作中取得的成绩向领导做相关汇报。

根据验收工作流程，市验收小组成员分别就学校实验验收资料、实验室、仪器药品配备、实验开课等情况进行了实地查看，并随机从班级中抽出6名学生到实验室现场进行操作考核，学生们表现优异。

在随后的验收工作交流会中，馆长李勇高度评价学校工作，认为此次创建工作校领导高度重视；资料整理有序、丰富、规范；科学实验课开课率高、氛围好，学生实验操作熟练；各实验室、仪器室摆放有序，账卡物相符，对学校实验工作给予了高度评价，同时也提出了更高的期望：1. 创新小学科学的教育方式；2. 进一步提高教师教学能力；3. 注重实效，强化实践操作。

对验收小组提出的建议，校长尹述红表态：学校工作以后要立足规范，力求创新，不断完善；在实验方面，起到示范引领作用，并将一完小打造成一所高标准的实验示范学校。

一完小：同心携手续写澧县教育新篇章
——澧县 2020 年小学教学开放周活动

王俊俊　余嫣嫣　2020 年 11 月 21 日

研语芳华，沉香流年。为期三天的澧县 2020 年小学教学开放周活动于 11 月 20 日圆满收官。此次活动在一完小举行，活动主要有小学各学科全开放课、10 堂学科展示课、五环教研模式"说、授、评、问、辩"活动和学科讲座、专题讲座等内容。活动精彩纷呈、课堂特色高效，对一完小教师教学基本功和业务素养进行了一次大练兵和再促进，增进了各学校教师之间的深入交流与相互学习。

18 日、19 日上午第一节课是语文、数学全开放课，来自不同学校的教师们根据自己所教年级及科目，选取了相对应的班级进行随堂听课，课后和授课教师进行了交流。

课堂飞扬着教师在教学改革中的创意，彰显了教师们的教学智慧。18 日

第二、三节课，数学五环"说、授、评、问、辩"展示课由青年教师彭玥婷执教，她执教的是六年级数学《位置与方向》。县小学数学教研员张伦斌对彭玥婷老师的课给予高度评价，并做了精彩点评。全体听课教师共同参与了"评、问、辩"活动，大家踊跃发言，各抒己见，意见中肯，气氛轻松活跃。

教室开放课现场

18日下午，音乐、体育、道法三堂展示课与音体美全开放课同时进行。在录播室进行的道德与法治展示课——《认识我们的"朋友"》由优秀青年教师田静执教。田静老师首先针对本堂课进行了精彩的说课，接着她和三（5）班的孩子们给我们呈现了一堂新颖活泼的课堂。随后，副校长王舟娟组织听课教师进行了评、问、辩活动，教育局基教股领导做了精辟的点评。

19日上午，语文低、中、高年级五环"说、授、评、问、辩"教研活动展示课分别由优秀青年教师杨丹丹、汪颖、万燕子执教。三堂课以学生为本，读中悟，悟中诵，课堂是满满的语文味。三位教者以深厚的教学功底和精彩的课堂生成赢得了在场听课教师的一致好评。

20日上午第一节课，英语、科学展示课与随堂听课同时进行。其中尹俐力老师执教的《She wears a black and white sweater》向大家展示了上好四年级英语阅读课的一些方法，其中自然拼读、游戏chant的穿插，让整节课气氛到达高潮！李利萍老师执教的科学实验课《电铃响叮当》，让学生们分组实验，学着制造电磁铁，学生们动手动脑，乐在其中！

20日上午10:10—12:10，县教育局领导和各学校相关负责人在五楼会议室参加了专题讲座。会议由县教育局督学陈军主持，一完小语文正高级教师陈波做了《五环校本教研模式》读讲与分享，从"说、授、评、问、辩"五个方面入手，引出"五化"教育目标。随后，澧县一中副校长孙昌银做了《同心携手，互学互鉴，努力续写澧县教育的光辉篇章》讲座，他用最朴实的语言向我们介绍了他多年的教学及管理经验，为我们今后的课堂教学及管理指明了方向。会议最后，县教育局领导做了重要讲话，他希望我们教育人作为民族未来的守望者，应当人人担责，个个作为，努力续写澧县教育新的辉煌篇章！

录播室展示课"评问辩"环节

一场教育教学的交流盛会已经结束，但澧县教育人、一完小人对教育教学的思考、改革和创新不会止步……

澧县一完小在县小学生古诗词背诵大赛中荣获总分第一名的好成绩

杨丹丹　2020 年 11 月 27 日

11 月 26 日,"澧县小学生新课标必背古诗词素养大赛"在九澧实验小学举行,全县九支决赛队伍齐聚一堂,经过一天的激烈角逐,澧县一完小以团体总分第一名的好成绩荣获一等奖。

本次比赛分低、中、高年级三个组分别进行。一完小 6 名学生代表王宇迪、杜灵梓、杨依然、朱舒年、张楚奕、任胡杨在古诗词默写、限时背诵及理解运用等各个环节脱颖而出,展现了一完小学生扎实深厚的诗词功底。

据悉,澧县一完小在 2011 年就被评定为湖南省经典诵读特色学校,2020 年成功加入了中国教育电视台组织实施的"中华经典吟诵实验学校"项目。为了进一步传承和弘扬中华民族优秀传统文化,学校早已将古诗词诵读作为常态活动,让学生每天晨诵千古美文,接受名家名篇熏陶,积累大量的语言文学精华,以提升学生文化素养。

一完小：绘本觅童趣　故事润童心

汪　颖　2020 年 12 月 04 日

小绘本大智慧。绘本以其生动的画面、有趣的语言深深地吸引着孩子们，冬日的严寒也不能阻挡他们绘本阅读的热情。为了激发孩子们的阅读兴趣，提高孩子们的口语表达能力，丰富校园文化生活，12月3日下午，澧县一完小在学校录播室举行了"阅读绘本　做文雅少年"低年级讲故事比赛。

活动的第一阶段在二年级各个班内部进行，每位学生都有参赛机会。赛前，老师和家长都做了充足的准备工作，一起对孩子们的语言表达、肢体动作、服装造型进行了认真打磨。

看！激烈的角逐开始了。小选手们依次闪亮登场，故事内容丰富多彩。《猜猜我有多爱你》《小真的长头发》《我妈妈》等经典绘本故事充满了爱和温暖。《两只笨狗熊》《猴吃西瓜》《老虎拔牙》等故事洋溢着清新的童趣。励志的《小猪的理想》《闻鸡起舞》、耳熟能详的《狐假虎威》《桃园三结义》、感人至深的《小溪从心中流过》……

他们绘声绘色的表演把现场的观众带入了一个个美妙的世界。大家被孩子们的热情感染了，被孩子们的话语逗乐了。

台上的小选手们声情并茂地演绎，台下的评委老师们也在认真地倾听评分。

二年级"阅读绘本　做文雅少年"讲故事比赛参赛选手合影

知识无终点，读书不打烊！此次活动中，孩子们尽情地在故事王国里寻觅童趣、感受阅读的快乐，那颗名叫"读书"的种子也悄悄撒进了每一个孩子的心里。期待下一次遇见，那个在阅读滋养中更美好的你！

一完小：我自豪，从小争先锋
——记澧县一完小2020年大队委干部竞选活动

宋青枝　2020年12月14日

为了组建完整的少先队大队委班子，从小培养队员参与自主管理，提高队员的工作能力，以大队委为核心提高各中队、各队员的凝聚力，发挥少先

队"诚实、勇敢、活泼、团结"的作风，澧县一完小少先队大队部于12月11日举行了新一届少先队大队委竞选活动。

本次活动共有六项议程——出旗、唱队歌、候选人依次进行演讲和才艺展示、学校大队辅导员总结讲话、呼号、退旗。大会前，各中队候选人精心制作了展现个人风采的手抄报，在学校少先队活动室中展出，让队员们对他们有了初步的了解。大会中，各中队候选人进行了2分钟的竞选演讲和1分钟的才艺展示。他们声情并茂的演讲，让大家对他们有了更深入的认识。其才艺展示更是把竞选活动推到了高潮，候选队员们个个都使出了自己的看家本领，有的跳舞，有的深情朗诵，有的展示画作、体育特长、吉他弹唱……引起了全场的轰动。"自己的活动自己搞，自己的阵地自己建，自己的干部自己选"，来自各年级各中队的少先队员代表为自己心目中信任的候选人投上了神圣的一票。最终学校根据得票情况，确定我校新一届的大队委员。在下周的升旗仪式上，我校还将进行新一届大队委成员的就职仪式。

此次活动仪式感满满，增强了队员们的光荣感和归属感，受到了少先队员们的热烈欢迎。尽管其中有一些队员落选了，但结果并不重要，重要的是队员们通过本次竞选活动，展示了自我，增长了见识。愿此次活动竞选成功的30位大队委委员，能成为少先队中新的一批主力军，为学校少先队工作贡献出自己的力量！

一完小：承光荣使命　定不负重托
——记澧县一完小大队委干部就职仪式

宋青枝　2020年12月21日

12月21日上午，升旗仪式时，澧县一完小全校师生聚集在鲜艳的少先队队旗下，举行了简短而隆重的以"承光荣使命　定不负重托"为主题的新一届少先队大队委员就职仪式。大家一起见证了这一光荣的时刻。

伴随着激昂的少先队出旗曲，旗手蔡子杨手持鲜艳的大队旗，昂首阔步，挥旗向前。紧接着全校少先队员齐唱了《中国少年先锋队队歌》，嘹亮而整齐的歌声，表达着队员们对少先队的热爱。大队辅导员宋青枝老师宣读了新当选的少先队大队委名单。在热烈的掌声中，新一届大队委员在全校师生面前集体亮相，副校长熊方敏、王卫东、龚艳和王舟娟为新一届大队委授戴大队干部标志，少先队大队长戴艺呈在发言中深深感谢老师们对他的培育与教导，感谢同学们对他的支持和认可。他带领全体大队委庄严宣誓："我们是光荣的少先队大队委员，接受伙伴们的委托，担负队组织的重任。我，坚决服从中国少年先锋队和学校大队部的领导，正确行使好大队委员的权利，组织、带领全体少先队员勤奋学习、求实创新，为澧县一完小更加灿烂辉煌的明天贡献出一切力量。"一句句铿锵有力的誓言，表达了大队委员们做好少先队工作的坚定决心。最后，大队辅导员宋青枝老师带领全体少先

员呼号、宣誓，就职仪式在全体队员们的呼号声中圆满结束。

整个仪式庄严、隆重，全体少先队员受到了深刻的教育。相信新一届大队委干部一定会紧紧团结在星星火炬周围，带领全体少先队员开展更加丰富多彩的少先队活动，为一完小的少先队工作添砖加瓦！

冬日暖阳，澧县一完小拔河赛场热情似火

凡雨亮　王舟娟　2020年12月23日

为了全面贯彻落实党的教育方针和中共中央、国务院《关于加强青少年体育增强青少年体质的意见》精神，引导和鼓励广大学生积极参加形式多样、生动活泼、健康向上的体育活动，提高学生的身体综合素质，促进学生

的全面发展和健康成长，澧县一完小拔河比赛于 2020 年 12 月 22 日拉开了帷幕，激烈的赛事，震耳欲聋的呐喊声在冬季的校园里燃起热情之火。

  比赛利用午间休息时间进行，比赛现场到处洋溢着欢乐的笑脸。参赛班级提前到达了比赛场地，进行赛前预热。比赛中，参赛队员们挥汗如雨，手都磨红了，仍然咬紧牙关，坚持到底，充分展现了各个班级团结向上的拼搏精神，各班拉拉队员们呐喊助威声更是响彻云霄，他们嗓子都喊哑了，手掌都拍麻了，他们的热情更是点燃了整个运动场，将比赛推向一个又一个高潮。

期末临近，适当的冬季群体活动，既可以丰富孩子们的业余生活，增强学生身体素质，又能够促进学生劳逸结合，提高学生学习效率。拔河比赛类的团体项目，既能激发学生强烈的集体主义思想，又能磨炼学生顽强拼搏的意志，澧县一完小将继续深入开展冬季群体活动，在保持传统项目的同时推出更多更有趣的活动项目。

澧县一完小在常德市青少年科技创新大赛再获佳绩

王舟娟　2020年12月27日

2020年12月25日至27日第十九届常德市青少年科技创新大赛在市第七中学举行。本次大赛由市科协、教育局、科技局、生态环境局、共青团市委共同主办，共收到来自全市各区县及市局直属学校参赛作品八百多件，大赛评选出优秀单位、优秀指导老师、作品一二三等奖若干。澧县一完小被授予"优秀组织奖"奖牌一块，学生作品《蚯蚓养殖黑白配增湿装置》荣获常德市集体项目一等奖，《带警示装置的急救药品收纳环》《带警示灯的太阳能防溺水提醒装置》分别荣获个人项目二等奖。

澧县第一完全小学被授予"优秀组织奖"奖牌

科技是国家强盛之基，创新是民族进步之魂。作为学校需要将科技创新的种子播撒在孩子们的内心深处,激发他们从小学科学、爱科学,树立长大后成为科学家的理想,将来为国家的发展提供强有力的人才支撑。

获奖学生上台领奖

巧手自理　雅趣童年
——记澧县一完小一年级自理能力大赛

宋青枝　2020年12月28日

　　为了培养一年级小朋友的动手、动脑和生活实践能力,树立"自己的事情自己做"的自主意识,学会并掌握生活技能,12月25日下午,澧县一完小在学校大操场上举行了"巧手自理　雅趣童年"一年级学生自理能力大赛。

　　本次大赛面向一年级全体学生,由学校领导和优秀教师担任评委,五年级八班的蔡立媛和资培闻同学担任主持人,并邀请了40名家长志愿者参与活动,共同见证孩子们的成长。

　　大赛共分为三项内容——整理书包、叠衣服、系鞋带,在规定的时间内按要求完成任务的小选手即为优秀。赛场上,小选手们个个斗志昂扬,力争向老师和家长们展示"我是自理小能手",这句话并不只是说说而已,而是他们每天坚持练习,超越自己的成果。随着裁判员老师的哨声响起,只见小

选手们迅速又不失细心地整理书本、文具，有序地装进书包，拉好拉链；一步一步专心地叠好衣服；弯腰一丝不苟地系好鞋带。虽然在比赛过程中，家长志愿者们弄乱了小选手的衣服和书本，增加了比赛的难度，但小选手们一点也不怕，都有条不紊地应对着这样的状况，展现出十足的信心。整个比赛过程充满了欢声笑语，孩子们的脸上洋溢着获得成功的喜悦笑容。本次大赛根据班级完成的整体情况，评选出了年级前4名，并根据各班的纪律情况，评选出了4个"精神文明班级"。副校长熊方敏为获奖班级现场颁发了奖状。

"授人以鱼，不如授之以渔"，真正的教育并不是给予援助，而是培养自立的人。孩子们学会自理，会终身受益。此次一年级学生自理能力大赛取得了圆满成功。通过有趣的活动内容，孩子们感受到自己长大了，懂得了自己的事情要自己做。同时，比赛激发了孩子们你追我赶的竞争意识，培养了团队精神。

澧县一完小开展五年级英语才艺大赛

余嫣嫣　2020年12月30日

为进一步丰富校园文化生活，提高我校学生的英语学习水平，增强学生学习英语的兴趣和信心，营造浓厚的英语学习气氛，展现学生良好的英语素质与精神风貌，促进校园文化多元化的发展，并且为孩子们提供一个发掘自我、展示自我的舞台，我校于12月4日举办了五年级英语才艺大赛。

澧县一完小五年级英语才艺大赛活动介绍

本次比赛形式多样，参赛选手齐聚一堂，同台竞技，现场气氛十分热烈。选手们通过自我介绍、唱英文歌曲、情景剧表演等多种形式展示自我，满腔热情地投入到表演当中。大赛精彩纷呈，华彩落幕，赢得了在场观众的阵阵掌声与啧啧称赞。

12月25日学校举办六年级的演讲比赛，整个比赛井然有序，在场的老师和同学用热烈的掌声表达了对各位选手的支持与鼓励！

英语情景剧表演

本次比赛诠释了小学生的自信与风采，让学生们在欢笑中收获一份难忘的记忆！更是在比赛中学习，在比赛中得到了成长。

快乐冬季群体活动有你也有我
——澧县一完小一年级跳绳比赛

王舟娟　2021年01月06日

生命在于运动，运动带来健康。1月5日午休期间，伴随着裁判员欢快的口哨声，一完小一年级小朋友们的跳绳比赛开始了，操场上一片欢腾的景象，只见一根根彩绳、一个个纯真的笑脸在美丽的塑胶操场跑道上激情飞扬。

别看一年级小朋友们年纪小，比赛场上的他们有模有样，精神十足。你看，有的选手和着节奏，气定神闲，像个小大人儿；有的动作敏捷，机灵可爱，像只活泼的小猴子；当然赛场上也有手忙脚乱、憨态可掬的小熊熊。冬季群体活动不仅仅是中高年级同学们最喜欢的午间活动，更是给这些刚跨进小学校门的一年级萌娃们带来了无穷的乐趣。

一年级跳绳比赛的结束标志着澧县一完小历时两个多星期的冬季群体活动落下了帷幕。比赛已经结束，但是运动的精神以及运动带给孩子们的快乐永不落幕。

一年级跳绳比赛

诗教中国，经典传承
——澧县一完小师生在湖南省经典诵写讲大赛中喜获佳绩

陈　波　向芳芳　2021年01月11日

近日，2020年"迦陵杯·诗教中国"湖南省中华经典诵写讲系列活动获奖情况揭晓。本次大赛，常德市澧县一完小向芳芳老师获得小学组省级二等奖、汪颖老师获得小学组省级三等奖，由叶梅芳、龙红英、汤春艳三位老师指导的学生朗诵作品获得小学组省级三等奖。

湖南省"诗教中国"诗词讲解大赛由省语言文字工作委员会、省教育厅联合主办。自2020年6月份开赛以来，全省各地的老师与学生纷纷参与其中，经县初赛、市赛、省复赛等层层遴选，最终我校向芳芳老师执教的《夏日绝句》、汪颖老师执教的《元日》以及学生朗诵作品《澧州，好读书》进入了省级总决赛。

据悉，澧县一完小早在2011年就被认定为湖南省经典诵读特色学校。多年来，学校一直把"经典诵写讲"作为一种常态工作来夯实：晨诵时间开设15分钟的国学经典诵读课，午读时间开设40分钟的国学悟读课；每周每班开设一节国学课；结合写字课，指导学生抄经典或描经典。学校每学期有固定的"读写活动月"，在该期间以"传承中华经典，弘扬民族精神"为主题开展系列活动。

澧县一完小获得本次殊荣，必将激发学校教师以更加饱满的热情，投身到诗教事业中来，传承最美读书声，让古典诗词成为孩子们生命中的文化记忆。

一完小：浓浓关爱暖人心

王明珠　2021年01月28日

春节将至，岁寒情深。1月25日上午，澧县第一完全小学开展慰问退休困难教职工活动。学校工会主席吴红卫、副校长王卫东、行政人员王明珠、黄继元和退休教师赵政艾一行五人前往退休困难教职工家中走访慰问，为困难教职工送去关怀和温暖，并提前送上新春佳节的问候与美好祝愿。

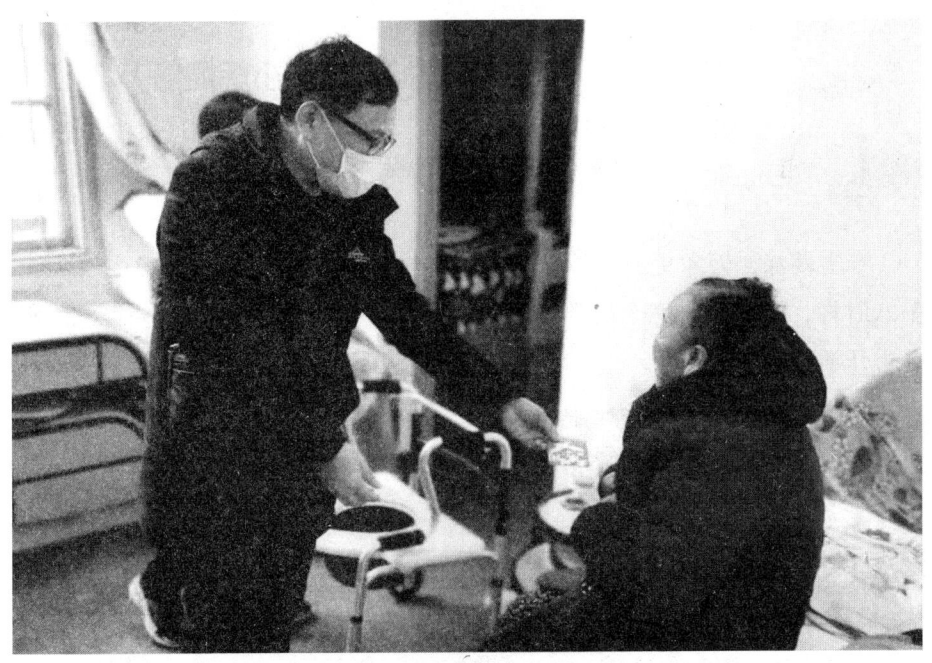

为困难教职工送温暖

吴红卫、王卫东一行到多位退休困难教职工家中，询问他们的身体状况，向老教师介绍学校发展近况，叮嘱他们一定要保重身体并送上慰问金。王明珠、黄继元为老教职工们送上了诚挚的关怀与祝福……

此次的慰问活动不仅使这些老教职员工更直接地了解到学校的发展情况，体会到来自学校的关怀，感受到晚年生活的幸福，也更好地发扬了尊老、敬老的传统美德。

十、2021 年上学期学校新闻报道

一完小：扬"三牛"精神　创一小辉煌

宋青枝　2021 年 03 月 02 日

春雪荡涤，万象更新，带着新春的喜气，迎着明媚的朝阳，3月2日上午八时许，澧县第一完全小学全体师生在学校操场隆重集会，举行2021年春季开学典礼。

开学典礼在两位小主持人——丁煜为同学和陈孙红同学激动人心的主持语中拉开帷幕。首先进行的是庄严的升旗仪式，五星红旗冉冉升起，全体师生面向国旗敬礼。紧接着，校长尹述红致辞，他向全校师生提出了"三牛"精神——俯首甘为孺子牛，创新发展拓荒牛，勤奋务实老黄牛。希望大家坚定信心、铆足"牛劲",不忘初心,牢记使命,努力创造一完小更加辉煌的明天!

随后,少先大队部宋青枝老师借着3月5日学雷锋的契机,向全校学生发出倡议——学习雷锋的奉献精神、钉子精神和集体主义精神,并希望各班狠抓班级管理和班集体建设,营造和谐氛围,争创文雅教室、文明校园!最后是优秀学生代表戴艺呈同学发言,生肖属牛的他用自己的言行代表全校学生告诉领导和老师们:新学期,他们已经准备好了!

隆重而催人奋进的开学典礼,激励着全校师生在新的学期,以更积极的心态,更奋发向上的行为全身心地投入到求知学习和生活中。相信在校领导、老师和同学们的共同努力下,澧县一完小定会走向更加辉煌灿烂的明天!

一完小:迎接市教育局春季开学工作督查

王卫东　2021年03月03日

3月3日下午,市教育局有关领导对一完小春季开学工作进行了督查。

督查组实地察看了学校的教室、食堂、功能室、教师办公室,重点检查了学校规范办学行为和安全保障两方面的工作。

学校将以这次检查为契机，进一步加强内部管理，确实创办人民满意教育。

基教科领导到办公室查阅资料

一完小：朵朵鲜花传真情

田 雨 宋慧君 2021年03月09日

3月8日上午8点，澧县一完小全体师生举行了一次别开生面的升旗仪式。

活动伊始，国旗班的升旗手们护卫着鲜艳的五星红旗入场，他们着装整齐、步伐矫健。随后，《义勇军进行曲》响起，大家集体行注目礼，庄严肃穆。冉冉升起的五星红旗激发了同学们不断向上的斗志。

在庄严的国旗下，教师代表叶梅芳老师作了以"迎'三八'"为主题的国旗下讲话。首先，她向同学们介绍了"三八"节的由来以及古代先贤们孝敬母亲的故事，接着带领全体六年级同学吟唱歌曲《游子吟》，向所有妈妈以及全校女教师送上真诚的祝福。最后，在叶老师的引领下，孩子们说出了自己的心声：妈妈，您辛苦了，我爱您。

在这温馨时刻，学校领导也为女教师们送上了祝福。他们将精心准备的鲜花亲手送给各位女老师以表关怀。收到祝福与关怀的老师们感到无比幸福，用更饱满的热情投入到一天的工作中去。

一完小：讲百年党史 传红色精神
——记澧县一完小红色故事演讲大赛

凡雨亮 2021年03月17日

  为庆祝中国共产党成立一百周年，引导青少年学习党史，自觉为共产主义理想和中国特色社会主义共同理想而奋斗，澧县一完小于3月16日下午举行了以"百年党史·青年故事"为主题的红色故事演讲大赛。

  此次比赛的参赛对象是五年级学生，十个班每班各派一名学生参赛。学校下发通知后，各班选派选手、积极准备，指导老师对选手的参赛故事进行反复筛选和指导。活动中，有的选手穿着红军服装，有的选手还准备了红色歌曲，唱演合一，形式多样，这足以看出五年级组对此次活动的重视。在选手的努力和教师的辛勤指导下，每一名选手都讲得有声有色，感人至深。特别是来自五（5）班的王紫暄同学讲的《爱》，更是声情并茂，引人共鸣。

少先大队部宋青枝老师和各班选手合影

  活动结束后，少先大队部的宋青枝老师对每一位参赛选手进行了精彩的点评和热情鼓励。她说，学无止境，希望孩子们学党史，有能量；讲好红色故事，将革命先辈们的红色精神传承下去。最终，从十名学生中选出一名综合素质最强的学生，代表我校参加县级复赛。

通过本次活动，队员们共同重温了中国共产党那段峥嵘岁月，了解了更多革命先辈的感人事迹，进一步感受到爱国精神的伟大以及当今幸福生活的来之不易。正如演讲时有同学说的，"一代人有一代人的担当"，希望所有的少先队员能够永怀一颗感恩的心，珍惜当下，勤奋学习，报效祖国！

一完小：三月春风暖人心　小小雷锋在行动

孙彩兰　2021年03月24日

阳春三月，春风送暖。为弘扬雷锋精神，倡导人与人之间相互关爱、互帮互助的传统美德，3月23日，澧县一完小组织了"小小雷锋在行动"的志愿者服务活动。参加此次活动的有一完小校长尹述红，副校长熊方敏，政教主任黄继元以及28名学生志愿者。

活动主要在劳动嘉园、政府宿舍、八角井三个小区进行。活动开始前，校长尹述红为孩子们宣讲雷锋事迹，政教主任黄继元为孩子们进行了安全教育，与孩子们进行精彩的互动。下午3点，活动正式开始，一完小志愿者在三位校领导的带领下，一路清扫棚场街，将绿化带及路面上的纸屑果皮一一捡起，装进塑料袋中。随后，志愿者在棚场街党委副书记的带领下来到三个小区，志愿者分为三组，有的擦楼道扶梯，有的打扫落叶，有的倒垃圾，在

大家的努力下，小区变得更加整洁、干净。校长和孩子们不怕脏不怕累，全心全意服务的精神深深打动了街道和社区的人们，他们对这种传递关爱的行为赞不绝口。

此次学雷锋活动，不仅美化了街道和小区的生活环境，更让孩子们明白学习雷锋就是从小事做起，从身边事做起，培养了孩子们关爱他人、助人为乐的优良品德。

一完小：寻访红色足迹　传承红色精神

宋青枝　2021年04月05日

为加强爱国主义教育，重温红色记忆，传承红色基因，4月3日，澧县一完小少先大队部组织四年级的红星中队开展了"寻访红色足迹　传承红色精神"的主题实践活动。

在活动中，队员们通过穿红军服重走"长征路"，感受到了红军先辈们历经艰险的吃苦精神；在红军纪念馆，在红领巾讲解员的带领下，队员们参观陈列展厅，从珍贵的文物、感人的历史图片再到震撼人心的革命故事，不仅了解了一段澧州的革命历史，真切地感受到了老一辈革命家抛头颅、洒热血，勇于斗争、无私奉献的伟大精神，更在心中深深根植了爱党爱国爱家乡的种子。一路上，歌声嘹亮，《红星闪闪》《我是共产主义接班人》《我和我的祖国》等红色歌曲唱出了队员们对先辈的崇敬，更是对红色精神的一种传承，增强了队员们的责任感和使命感。最后，全体队员在大队辅导员宋青枝老师的带领下重温入队誓词，铮铮誓言表达了队员们爱祖国、爱人民、爱少先队、好好学习、好好锻炼，时刻准备着为共产主义事业贡献力量的决心！

红星中队开展"寻访红色足迹 传承红色精神"主题实践活动留影

据悉，红星中队还会去实地采访澧县本土的老红军战士，听老红军爷爷讲红色故事，走进那段峥嵘岁月，并把革命先辈们的红色精神传承下去。

一完小：专项视导进一小，教研之花更绚丽

高 瑜　2021年04月09日

2021年4月8日上午，澧县一完小所有数学老师齐聚多媒体教室，开展"说·授·评·问·辩"五环校本教研活动。县教研室数学教研员张伦斌和澧州实验学校胡媛媛老师、银谷国际实验学校熊园园老师全程参与了此次活动。

本学期，澧县一完小数学组以"益智器具在小学数学课堂中的应用与实践"作为教研活动重点，将益智器具搬进我们的数学课堂，让学生动手操作，使学生对于数学知识充满探究欲望，在自主探究中培养思维能力，在奇

妙的数学世界里找到属于自己的快乐！

皮玉杰老师执教《有余数的除法》课堂现场

本次活动以二年级数学备课组皮玉杰老师执教的《有余数的除法》为课例。课堂上，皮玉杰老师用"巧分草莓"的情境展开，让学生用学具盒中的器具通过摆一摆、分一分等活动方式，将知识化静为动，激发了学生的学习兴趣。通过猜手指、课中游戏、分糖果等教学手段，让学生感受到数学就在身边，生活之中处处有数学。

课后，胡淑雅老师进行说课，介绍了本课的设计理念和教学过程。紧接着，评课老师围绕本节课进行了评析，并提出了自己的意见和建议，胡媛媛老师也对本堂课做出了精彩的点评，二年级组老师们针对提出的问题进行了答辩，形成了浓厚的教研氛围。

最后，张伦斌就今后的校本教研活动开展做了精心部署，提出了更高的工作要求。

四月是春暖花开的季节。相信在县教研室的指导下，澧县一完小的教研之花一定会越开越绚丽！

一完小：同课异构展风采
——澧县2021年小学语文阅读教学及评课竞赛

宋慧君　2021年04月12日

4月8日到4月9日，澧县2021年小学语文阅读教学及评课竞赛决赛在澧县第一完全小学录播室如期举行。参加本次活动的有来自五个教育联组的优胜教师以及县教研室教研员胡宏乔、唐海燕和张毅。

澧县一完小叶梅芳老师执教的《故宫博物院》课堂现场

本次比赛为同课异构，10名参赛教师围绕部编版六年级上册《故宫博物院》一课进行教学，评课教师予以现场即兴点评。赛场上老师们精心设计的导入、课件、教具吸引着每一位孩子，在课堂上给予孩子有效的阅读策略指导，在老师和孩子们默契配合下营造出了10堂精彩高效的语文课堂。评课老师们认真听课，仔细琢磨，在老师上完课后予以精彩的点评，既有理论做支撑，又联系课堂教学实际，一语中的，切中阅读策略和读书习惯的教学核心；还有不少评课老师在短短的时间内制作了精美的课件，获得阵阵热烈的掌声。经过激烈角逐，胡颖、周嫣滢、叶梅芳、叶靓姝、韩吕琦五位老师获得了上课一等奖。杨梓镱、龚艳艳、樊碧荣、陆小玲、宋慧君五位老师获得

了评课一等奖。

澧县一完小宋慧君老师的评课

本次活动，既锻炼了青年教师，又很好地进行了以"核心素养下小学语文阅读教学路径"为核心的教学研讨，受到广大青年教师欢迎。

一完小：相约经典　品味书香
——澧县一完小2021年读写活动启动仪式

刘　微　2021年04月13日

4月12日下午，澧县一完小在学校大操场隆重举行了"相约经典　品味书香"2021年读写活动启动仪式，全校师生一起参加了本次活动。

启动仪式上，60名教师和全体学生齐唱《朝代歌》，将活动推向了高潮，教师代表施祖元、向芳芳，学生代表管青玉、陈孙红通过极具感染力的古诗吟诵，带领全体师生沉浸在古诗的韵味里，学生代表的诗朗诵《走进书的世界》，让孩子们感受到读书是一种乐趣。同时，全校21名学生代表进行了书法展示，让大家感受中国汉字的独特魅力。

最后，校长尹述红发表了热情洋溢的致辞，尹校长倡议全校师生要与经典同行，通过读书活动，激发师生的读书热情，养成多读书、读好书的习惯。

　　学校举办这次启动仪式，开阔了学生视野，活跃了学生思维，推动了学校读写活动的有效开展，为全面推进校园文化建设，全面提高师生文化素养奠定了坚实基础。

一完小：新时代，德育教育逐梦前行

宋青枝　2021 年 04 月 13 日

"迟日江山丽，春风花草香。"在这美好的季节里，澧县一完小成功承办了澧县中小学校德育和团队管理干部培训开班典礼。

培训团队在多媒体教室观摩中队活动课——《寻访红色足迹　传承红色精神》

4月12日上午，澧县教育局领导带领澧县中小学德育工作者和团队干部近百人，来到澧县一完小参加活动。

培训团队在澧县一完小校长尹述红的陪同下，在多媒体教室观摩了中队活动课——《寻访红色足迹　传承红色精神》。此次中队活动由红星中队的54名队员和中队辅导员刘年辉老师共同呈现。他们围绕着"红色精神"，分小队展示了队员们寻英雄、颂英雄、学英雄的全过程。规范的队活动仪式、环环相扣的活动设计以及丰富的课外实践活动充分展现了队员们的自主性和积极向上的精神面貌，得到了局领导和现场各位管理干部的一致好评。

随后，在一完小礼仪标兵的带领下，培训团队移步五楼会议室参加开班典礼。典礼上，教育局副局长对全县德育工作者和团队干部殷切寄语，希望大家多学习，重积累，善思考，抓重点。团工委书记总结了 2020 年德育和团队工作，解读了 2021 年岗评和办学水平细则，并布置了 2021 年德育和团队工作要点。基教股副股长带领大家学习了《2021 年学校特色建设评估细则》。最后，基教股股长对本次活动做了总结。

活动结束后，培训团队前往澧县青少年校外活动中心，分联组充分交流德育和团队管理经验，不断探索实践，为培养新时代的优秀接班人努力奋斗。

一完小：练书写之功　展汉字之美
——记澧县一完小写字教学培训会

曹珊霞　2021 年 04 月 22 日

横竖撇捺折，建构华夏汉字，篆隶楷草行，会意炎黄文明。4 月 21 日上午，澧县一完小全体语文教师共聚学校五楼会议室，参加学校举办的写字教学培训，参加此次活动的还有来自一完小黄桥分校的领导和老师们。

学校副校长吴业辉主持写字教学培训

活动开始，学校副校长吴业辉同在座教师进行了交流，他从注重汉字书写的背景和深刻意义两个方面谈了自己的感受。他说道，写字工作一直是学

校各项工作中的重要方面，写一手好字，这不仅是对学生的要求，同时也是每一位教师最基本的职业素养。注重写字教学，有利于教师教育事业发展，有功于学生文化素养扎实。同时，吴校长还提出了学校将从"加强师资建设""坚持练习实践""改善评价机制"三个方面来加强学校写字教学工作。

随后，与会教师们共同观看了写字教学视频，视频教学从书写的笔画顺序、关键笔画、间架结构等方面展开。教师们从看到写，从仔细观察到认真书写，再到仔细比较，循序渐进，层层深入。这样讲练结合的学习模式，将会从此次的培训会现场出发，辐射到全校的写字教学课堂上，将写字教学真正地渗透到学生的日常语文学习中。

此次培训，节奏紧凑，知识密集，让老师们受益匪浅。大家表示，一定要加强学习，从自身做起，进一步端正自己的写字态度，努力提升自己的写字水平，并应用于教学实践当中，以提高教学质量，使学校教育再上新台阶。

一完小：共读红色经典　共庆百年华诞
——"书香澧州"全民阅读活动启动

万冰清　2021 年 04 月 23 日

"四月春正浓，读书好时光"。22 日，由澧县县委宣传部主办，县纪委监委、县委组织部、县教育局等多部门共同承办的"共读红色经典　共庆百年华诞"澧县 2021 年世界读书日暨"书香澧州"全民阅读活动在澧县一完小启幕。县教育局副局长带领城区所有学校校长参加。本次活动旨在激发全民读书热情，营造全民学党史、悟思想、办实事、开新局的良好社会氛围。

本次活动，首先由县委宣传部副部长宣读倡议书，她号召我们积极行动，学百年党史，做时代新人。接下来，由澧县一完小学生表演集体诵读《沁园春·雪》，孩子们精神昂扬，声音嘹亮！他们声情并茂的读书声获得了全场最热烈的掌声。澧县实验小学的学生也为此次活动献上了精彩的手语歌《云在青天书在手》。县邮政公司、县新华书店分别为本次活动捐赠了价值一万元、价值两万元的图书，这些爱心企业为广大读书爱好者提供了丰富的图书资源，为建设"书香澧州"做出了实实在在的贡献。县委宣传部部长鼓励大家要多读书，以读书活动为契机开展好学党史活动，要以永不懈怠的精神状态为再造澧县辉煌立新功，她宣布全民阅读活动正式启动。

启动仪式结束后，在场的单位和个人均参加了"阅读不孤读"图书漂流活动，大家纷纷互赠图书，交流读书心得，活动现场洋溢着浓浓的书香味。

一完小：滋养心灵·携手共进
——澧县2021年教师心理健康教育业务能力提升培训

宋慧君 2021年04月27日

  4月27日，澧县2021年教师心理健康教育业务能力提升培训在澧县一完小五楼会议室隆重举行，参加本次活动的有县教研室副主任黄慧敏、澧阳中学高级教师陈月老师、澧州实验学校任家莉老师以及一完小的行政人员和全体班主任。

教师心理健康教育业务能力提升培训现场

  会议之初，澧县一完小副校长龚艳就本次活动对老师们提出了殷切的希望及要求。接下来由任家莉老师做讲座，任老师虽然比较年轻，但其在班主任工作方面很有心得，她讲座的题目是"把握生命的节奏，聆听成长的旋律——心理健康教育经验交流分享"。她首先介绍了心理健康的定义、标准及促进方法，接着就班主任如何促进班级学生心理健康提出了一个理念，即营造良好的班级心理环境——将"爱"落实到具体行动与系列中。六种途径，即研究当前学生心理、设立班级心理委员、召开心理主题班会、实施个别心理辅导、引入团体心理辅导、心理危机预防转介。她还提出了班主任常规管理技能与方法，告诉大家如何做一名优秀的班主任，课程最后还结合案例与大家一起商讨如何解决班级学生中出现的实际问题。任老师的讲座既有理论支撑，又有实际案例，让在座的各位班主任受益匪浅。

第二位为我们做讲座的是陈月老师，她以"走进学生心灵，陪伴学生健康成长"为主题，围绕"童年的心灵创伤需要一生来疗愈；走进学生心灵，陪伴学生健康成长；把自己活成一道光"三方面展开交流。陈老师首先通过毕淑敏的童年经历对她一生的影响让在座的老师明白学生童年时期烙下的心灵创伤，是不能简单地用时间的橡皮擦掉的，我们要做学生的重要他人，呵护学生的心理健康。接着，陈老师通过分享自己与本班学生相处的经历提出教师要用尊重、接纳、理解、欣赏走进学生的心灵，陪伴学生健康成长。最后她也是以具体案例来分析要想让学生健康成长，教师要把自己活成一道光。陈老师的讲座生动形象，通过大量鲜活的案例让老师们明白呵护学生心灵的重要性。

本次培训，不仅能够让班主任意识到学生心理健康工作的重要性和科学性，还学习了如何与学生进行有效沟通，如何站在学生的角度去理解学生、关爱学生、服务学生。

一完小：童声唱红歌　童心传红色
——记澧县一完小"红心向党　礼赞祖国"红歌演唱大赛

宋青枝　2021年04月30日

在伟大的中国共产党即将迎来百年华诞之际，澧县一完小开展了一系列以"红心向党"为主题的德育活动。4月29日下午，学校组织了一、二年级的红色歌曲演唱大赛。

本次大赛由二年级四位优秀的少先队员主持。比赛中，同学们饱含深情、用自己稚嫩的嗓音，高唱红歌。《红星闪闪》《没有共产党就没有新中国》《我们是共产主义接班人》《童心向党》《少年少年》等一首首耳熟能详的红色歌曲再现了那段峥嵘的岁月，唱出了孩子们的心声，弘扬了中华民族的精

神，充分表达了孩子们对党和祖国的热爱和感激之情。孩子们声情并茂的演唱不时赢得现场观众的阵阵掌声。此次红歌比赛不仅展示了孩子们的才华，更是在孩子们的心中根植了爱党爱国爱家乡的种子，让孩子们把红色的接力棒传承下去，发扬光大！

据悉，澧县一完小一直非常重视学生的德育工作，今后学校将分年级、有层次地开展类似的活动，对学生进行爱国主义、集体主义教育，丰富学生的学习生活和精神生活，全面提升学生的个人素养，提升学校的德育管理水平。

一完小：致敬务实奋进的一小体育人

王舟娟　2021年04月30日

4月25—30日，澧县2021年中小学生运动会隆重举行，澧县一完小3支代表队在教练员邓武俊、赵电波、王瑜老师的带领下积极参赛。烈日当空，运动场上卷起阵阵热浪，一小健将们争金夺银的决心如同似火的骄阳。在长达6天的竞技角逐中，教练员们运筹帷幄、决胜赛场；运动员们团结奋进、积极拼搏；体育组全员参与、保驾护航。功夫不负有心人，三支队伍分别夺得"城区小学男子组排球比赛"第一名、"城区小学组团体总分"第一名、"城区小学女子组排球比赛"第二名的优秀成绩。

"宝剑锋从磨砺出，梅花香自苦寒来"。体育人的荣誉来自无数个寒来暑往的清晨和黄昏；体育人的荣誉来自追求自身专业素养的卓尔不凡；体育人的荣誉更来自对教育事业默默无闻的无私奉献。"道阻且长，行则将至，行而不辍，未来可期"，在全体务实奋进的体育人的共同努力下，相信一完小的明天将更加辉煌。

一完小：七彩童年放飞梦想
——一完小三独比赛活动报道

张秋雯　2021 年 05 月 07 日

为深入推进素质教育，丰富校园文化生活，促进学校艺术教育，充分展示一完小学子风采，5 月 6 日，一完小"三独"比赛在学校举行，来自全校近 200 名小选手参加了比赛。

学校高度重视此次比赛，在副校长王舟娟和艺术组组长施祖元的精心策划下，全体音乐老师将比赛如火如荼地推动着，学生们带着对艺术的执着和对音乐的热爱，各显身手。

独唱赛场上，胡筱伟、陈孙红的歌声婉转动听，让人赞不绝口；独舞赛场上，唐若溪的中国舞婀娜多姿，步步生莲，龚禹涵的拉丁舞干脆帅气，时而狂野，时而典雅；独奏赛场上，郑雅心、雷瑜好的钢琴演奏技巧娴熟，如行云流水，庹翼敏的笛声婉转动听、清亮悠远。经过一轮又一轮角逐，最后将有一批同学脱颖而出，他们将代表一完小参加县"三独"比赛，期待他们在更大的舞台上赛出风采，赛出水平。

本次比赛有力地推动了一完小艺术特色发展步伐，比赛活动获得圆满的成功，此次活动得到学校和家长的一致肯定，相信在全校师生的共同努力下，艺术之花一定会在一完小开得更加绚丽多彩。

一完小：红心向党　快乐成长

宋惠君　2021年05月08日

红色的记忆，是永远的丰碑；铿锵的誓言，是心中的颂歌。为丰富学生的校园文化生活，激励学生具有积极向上、乐观进取的精神，培养学生从小爱校、爱党、爱国的情操，也为向中国共产党百年华诞献礼，澧县一完小于5月6日和7日分年级举行了以"红心向党"为主题的朗诵和演讲比赛。

赛前，各班选手积极选择朗诵篇目，撰写演讲稿，认真进行训练，精心挑选背景和配乐。比赛现场气氛热烈，朗诵选手用慷慨激昂、精神饱满的声音，倾诉着对祖国母亲、对中国共产党的感激和热爱之情，选手们出色的表现赢得了在场评委和老师们的热烈掌声。演讲选手紧扣"红心向党"这一

主题，或用身边的人和事、或用自己的亲身经历，饱含深情地叙述着一个个感人至深的故事，表达他们对平凡岗位上涌现出来的先进典型人物的深情赞美、对创先争优活动的壮志豪情。

本次比赛，不仅给同学们提供了一个展示自己才华的机会，还锻炼了同学们的口语表达能力，更使全校学生在活动中受到了爱国主义教育，充分展示了我校师生爱国爱党的红色情怀及昂扬向上的精神面貌，进一步推进了我校精神文明建设的深入开展。

一完小：含英咀华　蕴含沉香
——记澧县一完小"庆祝建党100周年"教师读书展演活动

曹姗瑕　龚　艳　2021年05月08日

百年征程波澜壮阔，百年初心历久弥坚。为深入开展全员阅读活动，5月8日上午，澧县一完小录播室里书香四溢，学校各年级组选派的教师代表汇聚一堂，举行"庆祝建党100周年"教师读书展演活动。

据悉，此次教师读书展演活动筹备时间已久，教师们准备充分。从寒假积极借阅书籍，到撰写读书心得，再到最终的读书展演活动，一完小教师们全情投入，积极参与，用形式多样的汇报活动向党的100周年献礼。

四年级组读书展演——《我们仨》

展演活动全程录像，来自学校各年级组的12个作品进行了展演，展演内容积极向上，展演形式丰富多彩，教师们通过演讲、朗读、吟唱等形式表达对阅读的喜爱，对党的感恩，对祖国的热爱。四年级组温情讲述《我们仨》，五位教师将书中的亲情娓娓道来，在座的评委和老师们为之动容；信息技术组吟唱的《声律启蒙》，通过对书籍介绍、选段吟唱，将经典播撒在老师心田；三年级组朗诵《我是一名教师》，六位教师的朗诵声情并茂，发自肺腑。体育组的《雨巷》，综合组的《读小海蒂有感》……精彩纷呈的节目赢得了在场观众的阵阵掌声。最终，行管组、信息技术组、四年级组、一年级组、三年级组获得一等奖，六年级组、后勤组、五年级组、综合组、体育组、二年级组、艺术组获得二等奖。

随后，澧县一完小副校长龚艳做总结发言，她表示，希望通过此次读书活动的开展，掀起一股校园读书热潮，打造一种读书精神，让教育充盈书香，让书香浸润心灵。

最后，活动在老师们整齐划一的"阅读宣言"中落下帷幕。此次活动，让书香一完小更加芳香满园，一完小教师将在书籍的滋养下更加睿智博学，厚积薄发！

一完小：巾帼心向党，奋斗新征程

宋惠君　2021 年 05 月 13 日

　　为庆祝中国共产党成立 100 周年，澧县妇女联合会于 5 月 13 日在九澧实验学校举办了以"巾帼心向党·在奋斗中绽放"为主题的诗歌朗诵大赛。全县 31 个单位参加比赛，澧县教育系统选派的诗歌朗诵：《致未来：我们是教育世家》喜获一等奖。

澧县教育系统选派的诗歌朗诵：《致未来：我们是教育世家》

演出教师合影

　　舞台上，老师们用饱含热情、慷慨激昂的朗诵，深情演绎了三代教育人无私奉献、无怨无悔、坚守三尺讲台的故事，引发在场观众的情感共鸣，他们将代表教育系统参加优秀节目展演。

本次活动，由教育局机关工会牵头，澧县一完小欣然接受任务后，迅速组建队伍，老师们利用业余时间进行刻苦排练。同时，一完小桃花滩分校和六中部分教师也积极配合，才取得如此骄人的成绩！"不管过去、现在、还是未来，无论是山呼海啸，还是晴空一排，我们的名字叫奉献！我们为教育痴心不改！"这是新一代教育人的誓言！

一完小：品国学精髓，悟先哲智慧
——常德市国学教育研究会国学教育观摩活动

邹　靖　2021年05月15日

2021年5月14日上午，由常德市国学教育研究会主办、澧县一完小承办的国学教育观摩活动在澧县一完小举行。湖南科技大学硕导、常德市教科院教研员、市国学教育研究会副会长刘忠义、市国学教育研究会副会长兼秘书长胡生平、澧县一完小校长尹述红、石门桥小学校长及部分教师共20余人参加。活动由澧县一完小教研室主任陈波主持。

在平长仄短之间，在音律的颤动、修饰和延绵之中，一完小田静老师执教的《凉州词》拉开了此次活动的帷幕。读准字音，结合注释，初读解意；诵读诗歌，学习古体诗的格律；吟唱诗歌，学习诗词的声情相容，声情并茂，诗歌动人。三个环节的展示，让学生深刻感受到边塞诗人保家卫国、视死如归的爱国精神。田老师娓娓动听的话语引导，将学生带入佳境。诵之吟之，舞之蹈之。学生朗朗上口的吟唱婉转而动听，充分诠释了诗歌的内涵与美韵，沁人心脾，声已尽而意无穷。

"呦呦鹿鸣，食野之苹。我有嘉宾，鼓瑟吹笙……"四年级的孩子们身着华服，在向芳芳老师的指导下，将一首迎宾诗《小雅·鹿鸣》吟诵得有模有样，从礼—揖—兴到诗歌吟诵；从领诵到齐诵；从小组吟诵到歌伴舞吟诵，让专家和老师们感受到诗歌带给人们的中和典雅，丰腴宛曲，一派祥和的气象。

澧县一完小田静老师执教的《凉州词》活动现场

  两堂示范课毕，在澧县一完小会议室，澧县一完小教研室主任陈波从"目的明确、原则科学、各有侧重、课时充足、措施得当、评价多元"六个方面向大家详细介绍了学校多年来如何开展国学教育的。石门桥小学肖校长发表观摩感言，他觉得一完小的学生真幸福，在澧县做教育也是很幸福的，在长期坚持国学教育的熏陶下，一完小的学生脸上都洋溢着自信。肖校长还点赞了市国学教育研究会编写的《国学经典》系列教材。

  活动最后，刘忠义、胡生平分别为两位授课老师颁发了荣誉证书。刘主任对田静老师执教的国学课堂教学、四年级孩子们国学展演节目给予高度评价：教者上出了国学的味道，孩子们唱出了诗词的韵味，古韵十足。同时，他对澧县一完小多年来致力于全方位整体推进国学教育取得的成效给予高度认可：澧县一完小国学教育不仅成就了老师，更重要的是在孩子心灵深处植入了中华民族优秀文化的种子。他希望一完小的国学教育工作能够百尺竿头更进一步，让国学之花开满校园。

一完小：追寻红色足迹　强化使命担当

黄　翼　2021年05月17日

坚定红色信仰，铭记红色传统，传承红色基因。5月17日上午，澧县一完小党总支组织党员教师和入党积极分子到工农革命军第四军王家厂暴动遗址，开展党史学习教育实践活动。

参观遗址悟精神。在讲解员的带领下，同志们参观了王家厂暴动陈列馆，感悟动人的英雄事迹，追忆光辉的红色岁月，深刻体会了革命先辈们浴

血奋战的英雄气概和不畏牺牲的革命精神。

重温誓词受洗礼。在烈士纪念碑前，党总支书记尹述红带领党员同志们向革命先烈默哀致敬、敬献花篮，缅怀烈士的丰功伟绩。全体党员重温入党誓词，铿锵有力的誓言表达了对党的忠诚，对烈士的敬仰。

聆听党课担使命。尹述红以"忆党史、当先锋"为题在遗址会议室给党员同志们上了一堂精彩的党课，告诫党员同志们不忘初心，牢记使命，从党的百年伟大奋斗历程中汲取继续前进的智慧和力量。

一百年前仆后继，一百年继往开来。通过此次活动，党员们纷纷表示，要将革命先烈不畏艰苦、无私奉献的精神贯彻到工作中，立足岗位，承革命先烈之精神，担敬业奋斗之使命，扎实推进一完小的发展，以优异的成绩向建党100周年献礼！

一完小：凝心聚力，砥砺前行

皮玉杰　2021年05月19日

为深化课程改革，推进有效复习课堂的创建，加强校际交流，拓宽教研领域，共享集体智慧，实现优势互补，进一步提高毕业班教学质量；同时也为毕业班的老师提供一个相互交流与借鉴的平台，促进教育教学均衡发展，5月19日，澧县第一完全小学协同第五联组兄弟学校举行毕业班复习课教学研讨活动。

本次活动有两个内容，一是复习课课堂教学展示，二是复习课教学经验交流研讨会。

常态化的课堂教学模式，朴实扎实的课堂教学结构，切合学生的实际，激发学生思考和探究，也给听课者带来了思想上和认识上的碰撞。

教学经验交流研讨会上，老师们对展示课进行了点评、交流和探讨。各联组学校教师结合一完小实际课堂，针对本校实情提出了疑惑与反思。活动现场气氛活跃，大家对复习备考提出了宝贵的意见和设想。

澧县一完小教研室主任、语文教研组组长陈波提出，复习要面向全体学生，突出复习重点，采取切实有效的措施，帮助学生将知识进行针对性整理，使每个学生都有所提高。

教务处主任王明珠为本次英语教研活动做出总结

数学教研组组长吴翠薇指出，复习的过程是查缺补漏的过程，是帮助学生提高的过程。复习要着眼于全面提高学生的知识素养，指导学生利用复习之机，在能力的训练上下功夫，举一反三，使学生在学习上再上新台阶。

教务处主任王明珠为本次英语教研活动做出总结，该活动为教师提供了相互学习、相互借鉴的机会，达到了预期的目标。在复习阶段，我们老师不仅要夯实学生的基础知识，更要注重学生学习方法、解题思路等综合能力的培养与提升，致力于打造以学生为主体的高效复习课堂。

一完小：红领巾心向党　争做新时代好少年
——记澧县一完小 2021 年主题中队展示活动

宋青枝　2021 年 05 月 27 日

"我们是共产主义接班人，继承革命先辈的光荣传统，爱祖国，爱人民，鲜艳的红领巾飘扬在前胸……"澧县一完小的录播室里传来了队员们嘹亮的歌声。

为增强少先队员光荣感和组织归属感，教育引导队员们听党话、跟党走，从小学习做人，从小学习立志，从小学习创造，努力成长为担当民族复兴大任的时代新人，5月26日上午，澧县一完小成功举办了"红领巾心向党"主题中队活动。来自四年级的九支中队，分成了四组进行展示。《寻访红色足迹　传承红色精神》《快乐排球　追逐梦想》《诚信伴我成长》《做文明学生　展礼仪风采》鲜明的活动主题，规范有序的队活动仪式，环环相扣的活动设计以及丰富多彩的课外实践活动，充分展现了队员们的自主性和积极向上的精神面貌。

辅导员刘薇老师进行活动小结

红心向党，追梦向上。本次活动，不仅提高了少先队员们的荣誉感和归属感，更激发了队员们争做新时代好队员的决心和信心。

据悉，每年的五月份是澧县一完小的"中队活动月"。学校少先大队部会根据当年的德育工作要点确定一个大主题，在四年级各中队组织丰富多彩的队活动，让队员们在活动中有所收获，得到成长。

一完小：歌声悠扬 童心向党
——澧县一完小举行"赞歌献给党"建制班合唱比赛

曹珊瑕 2021年05月27日

2021年是中国共产党百年华诞，为庆祝中国共产党建党100周年，5月27日，澧县一完小在学校体育馆举行"赞歌献给党"建制班合唱比赛。

赛前，各班积极筹备比赛，精心编排，加紧排练，反复彩排，校园里到处洋溢着孩子们的歌声。

今天，学生们着装整齐，精神抖擞，神情庄重，面貌焕然一新。"我们是多么幸福……"比赛在悦耳动听的歌声中拉开帷幕。《唱支山歌给党听》的温柔深情，《我们把祖国爱在心窝里》的衷肠倾诉，《童心向党》的青春活力，

一首首歌曲，将爱国情、爱党心唱出了在场师生的心声，一阵阵掌声，不断把比赛推向高潮。

他们以动人的声音、炽热的情感歌颂中国共产党带领中国人民奋勇拼搏取得的丰功伟绩，唱出对党一百年华诞的深情祝福，唱出一小师生们不忘初心，牢记使命的心声。

一完小：与书香为伴，携快乐同行
——澧县一完小举行"庆祝建党 100 周年绘本剧表演比赛"

高 菲 2021 年 05 月 28 日

2021 年是中国共产党百年华诞，为庆祝中国共产党建党 100 周年，5 月 27 日上午，澧县一完小在学校体育馆举行二年级绘本剧表演大赛。

为了让绘本剧表演更加绚丽多彩，教师们精心编选剧本，各班积极筹备、精心编排、反复地训练和彩排。各班还鼓励家长参与，发动孩子和家长们一起准备服装、道具、背景，家长和孩子们将自己打扮成所扮演的角色形象，让孩子和家长共同体会到合作、交流的快乐，营造了家校共育、共同关注儿童成长的良好氛围。

　　"我要飞得更高……"比赛在小朋友们稚嫩的童声中拉开帷幕。有保护环境的小动物们，有勇敢的小红帽，还有坚持移山的愚公……一个个故事通俗易懂，孩子们在观看绘本剧的过程中，不仅能够听到有趣的故事，还能从中学习到很多道理，领悟到什么是勇敢，什么是善良，什么是信念，丰富了孩子们的精神世界。孩子们用自己的方式生动地演绎着他们充满幻想而美好的世界，一个个惟妙惟肖的表演博得了台下小观众们阵阵笑声和掌声，孩子们徜徉在如梦如幻的绘本海洋里。通过大家的努力，二年级6班的《青蛙卖泥塘》、二年级8班的《三只小猪》、二年级2班的《狐狸的智慧》、二年级7班的《森林小卫士》获得一等奖。

　　一台看似简单的绘本表演，促进了孩子们之间的交流学习，为孩子们提供了一个表现自我、展示才华的舞台，也让师生及家长共同享受绘本故事表演所带来的快乐，让老师们充分感受到绘本表演的教育价值所在。

一完小：童心向党　快乐成长
——记澧县一完小2021年一年级新队员入队仪式

宋青枝　2021年06月02日

　　"晴日暖风生麦气，绿阴幽草胜花时。"在欢乐的"六一"国际儿童节，澧县一完小少先大队部举行"童心向党　快乐成长"——庆"六一"一年级新队员入队仪式，欢迎224名一年级的小朋友光荣加入中国少年先锋队组织。

　　上午八点整，五年级的优秀少先队员们左手臂上放着鲜艳的红领巾，右手牵着一年级的小朋友，昂首阔步地走入学校体育馆参加仪式。

本次仪式由五（5）班的戴艺呈、五（8）班的蔡立媛同学主持，在嘹亮的《出旗曲》中，入队仪式拉开了帷幕。全体少先队员共同唱响充满活力的《中国少年先锋队队歌》。紧接着，副校长熊方敏宣布了一年级新中队成立任命决定。校长尹述红、副校长熊方敏为一年级各中队授予中队旗，大队干部为中队辅导员佩戴红领巾。当大队辅导员宋青枝老师宣布新队员审批决定及名单时，孩子们抑制不住内心的喜悦，脸上洋溢着灿烂的笑容。随后，五年级的大哥哥大姐姐给新队员戴上了鲜艳的红领巾。映衬着红领巾的光辉，每个孩子的脸上都写满了自豪。新队员们在队旗下高高地举起右拳，大声地庄严宣誓"时刻准备着：为共产主义事业而奋斗！"脸上露出了坚定的神情。新队员代表一（3）班的彭伊一同学表示：一定会在红领巾的陪伴下认真学习，快乐成长。

最后，校长尹述红用热情洋溢的讲话激励小"红领巾们"做好榜样，发挥先锋作用，为鲜艳的红领巾增添光彩。希望辅导员老师们一如既往地把爱心和热心奉献给孩子，把智慧和才能献给红领巾事业，做少先队员的亲密朋友和指导者。

这次活动的开展，不仅壮大了学校少先队组织的力量，也使全校少先队员们共同度过了一个欢乐、有意义的"六一"儿童节，为他们今后的成长又一次吹响了前进的号角。

据悉，澧县一完小少先大队部早在去年开学时就制定了入队考核方案，经过大半年的学习和评比，今天第一批达标的孩子光荣地加入了中国少年先锋队。第二、三批，将在二年级的少先队建队纪念日和"六一"期间发展入队，最终完成"全童入队"。

一完小：共建共享，共同发展；勤学乐思，学有所获

余嫣嫣　2021 年 06 月 15 日

2021 年 6 月 11 日下午，澧县 2021 国培教师工作坊培训团队校本教研模式学习（一完小现场）在澧县一完小多媒体教室顺利举行，澧县教师进修学校校长彭世忠带领学员学习一完小说·授·评·问·辩五环校本研究模式。

首先，由一完小教师周尚玉为老师们进行了说课展示，再为我们呈现了一堂湘少版六年级下册 Unit7 I'm not afraid，并在课后进行教学反思。

随后，由一完小六年级英语组教师为研究组，五年级英语教师及外校教师组成评价组进行评、问、辩环节。评价组就课堂中某些环节向研究组提出质疑和询问，研究组对教学设计和教学过程进行深刻反思和深度加工。两组

教师之间思维的碰撞，为本堂课带来了更多的思考，教学永远是一门遗憾的艺术，唯有反思才能让我们的课堂更加完善。

接下来由一完小教研室主任陈波为在座各位学员老师解答他们对五环的疑惑。

最后，教研室副主任龚南昌对此次活动进行指导与总结。她对本堂示范课给出了一点建议：小组活动应落到实处，不要流于形式。再次强调说课的基本环节，希望老师们今后能按照说课的环节进行说课，并对"说·授·评·问·辩"五环校本教研模式给予了肯定。

本次活动在大家的提问与解惑中结束，最后彭校长对大家提出期望，结合实情，学以致用！

一完小：火炬传承，奔跑追梦

王明珠　2021 年 07 月 27 日

在举国上下庆祝中国共产党成立 100 周年之际，2021 年 7 月 27 日上午在澧县城头山国家考古遗址公园，以红色火种接力跑的形式回顾党的光辉历程，抒发对党的无限热爱，并为澧县运动健儿参加常德市第八届运动会造势，举行了 2021 "辉煌足迹·火炬传承全民健身系列活动"暨常德市第八届运动会红色火种接力跑澧县站启动式。今天参加红色火种接力跑的队员是来自全县的 7 位优秀共产党员代表。

红色火种接力跑澧县站启动仪式

教育系统火炬接力团队合影

在活动中，教育系统由市优秀共产党员、澧县一完小的王明珠老师为火炬接力的第四棒，同跑团队还有教育局体艺股薛鹏和一完小王卫东、王舟娟等 6 位同志。在整个活动中每一位成员热情参与，个个都在努力奔跑，个个都是追梦人。

市优秀共产党员、澧县一完小王明珠老师带领团队努力奔跑

红色的火种象征着更高、更快、更强的体育精神，相信此次活动必将激励着广大体育健儿们在常德市第八届运动会的赛场上奋力拼搏、勇创佳绩！

十一、2021年下学期学校新闻报道

一完小召开新教师见面会

彭世仿　邹　靖　2021年08月30日

为让新教师尽快熟悉工作、融入新集体，澧县一完小于8月29日上午组织召开了新教师见面会。学校全体行政领导出席会议，副校长王卫东主持会议。

会上，王卫东对学校的办学历史和教育教学成果进行了生动的介绍。11位新教师逐一进行了自我介绍，通过自我介绍，让校领导看到了新进教师在自身发展上拥有的众多优势。随后，学校行政代表发言，代表全校在职教师

对 11 名新教师的到来表示欢迎。最后，校长尹述红指出，新教师在注重自己专业成长的同时也要注重师德素养的提升，要关心、爱护每一位学生，要以自己的身体力行去教育学生，真正做到言传身教；新教师要尽快融入新集体，希望新教师的到来为一完小注入新力量，与一完小一同成长。

  此次会议不仅提高了新教师们的思想意识，也让新教师感受到了学校的关爱，心中有了归属感。

一完小举行一年级教师"入学适应教育"培训会

皮玉杰　2021 年 09 月 06 日

  为了更好的做好幼小衔接工作，使大班幼儿毕业后进入小学能迅速、顺利地适应小学的生活和学习，确保他们的身心都能在新的环境里得到稳定而健康的发展。9 月 1 日下午，一完小全体一年级教师开展了一次面对面的"幼小衔接交流会"。

  会上，学校教研室主任陈波详细介绍了幼小衔接所要开展的主要工作及科学做好幼小衔接的重要意义，随后，老师们就幼儿进入一年级后出现的一些突出问题，以及他们工作中存在的一些困惑进行了广泛交流。针对存在的

问题和困惑，学校陈柯宇和曹静子老师从教学的角度出发，与参会教师展开了积极的交流讨论，两位老师对幼小衔接工作也提出了自己的见解，共同商议了一些可行的改进措施。

教研室主任陈波讲话

最后，学校教务处王明珠主任对本次幼小衔接交流会进行了总结：幼小衔接一直以来是教育领域一个突出、重要的问题，这种面对面交流的形式，有利于让幼儿园和小学双方教师加深了解，使工作更有针对性。从幼儿教育的专业性出发，结合幼儿进入小学后学生、老师面临的一些问题，共同商议，共同解决，使双方形成有效对接，只有双方形成共识，才能有效地帮助小朋友更好更快地适应小学生活！

一完小：理想照亮未来 我们整装待发

宋青枝 2021 年 09 月 06 日

崭新的晨光，迎来全新的开始。9 月 6 日，澧县第一完全小学的全体师生在操场上集会，举行"理想照亮未来 我们整装待发"2021 年秋季开学典礼。

伴着雄壮的国歌声，五星红旗冉冉升起，全体师生肃立注目，仪式拉开

了序幕。校长尹述红做了热情洋溢的新学期致辞,他在讲话中回顾了我校上学期取得的一系列可喜的成绩,让大家看到了这累累的硕果,都是全校师生通力协作的成果。同时,他也向全校师生提出了新学期的奋斗目标和发展方向。他殷切地期望全体老师在工作上能树立"品牌意识",打造"学校形象";落实"双减"政策,促进学生全面发展。他勉励全体同学要强身健体,健康身心;明德立志,做社会主义建设者和接班人。恰逢第 37 个教师节来临之际,尹校长祝愿老师们节日快乐!

尹述红新学期致辞

紧接着,本学期新进的九位教师集体亮相,为全校师生带来了诗歌朗诵——《托起明天永远不落的太阳》。声情并茂的朗诵,传递出了老师们对教育事业的赤诚之心!最后,六(5)班戴艺呈同学代表全校学生表达了新学期的决心,郑重承诺将严格自律,规范言行,奋力进取,用最大的热情和努力迎接新学期的到来。

九位新进教师诗歌朗诵——《托起明天永远不落的太阳》

本次开学典礼隆重而催人奋进，激励全体同学在新学期中以积极的心态、良好的行为全身心地投入到学习和生活中。相信，良好的开端必定能带来巨大的成功，在全体师生不懈的努力下，澧县一完小定将扬起前进的风帆，取得更辉煌的成绩！

六（5）班戴艺呈同学代表全校学生表达新学期的决心

一完小：殷殷助学意　浓浓重教情

黄　翼　2021年09月10日

9月9日下午，在全国第37个教师节来临之际，县政府领导莅临县一完小开展慰问捐资助学活动。参加此次活动的还有交通局、工信局、残联、电信局、洈水管理处、工商银行等单位负责人。

座谈会上，学校校长尹述红对支持一完小发展的各界人士表示衷心的感谢，并就学校的发展情况进行了汇报。他表示，一完小在各级领导的高度重

视和各界人士的大力支持下，一定不负众望，走内涵发展之路，以优异的成绩向建校 120 周年献礼！

一完小召开落实"双减"工作会议

黄　翼　2021 年 09 月 16 日

9月15日下午，澧县一完小召开落实"双减"暨规范课后服务工作会议，传达贯彻上级"双减"会议精神。学校行政、各年级组长参加了会议。

会上，副校长王卫东带领大家认真学习了《澧县教育局关于落实"双减"工作的实施方案》，详细解释了"双减"的含义和"双减"工作的重要意义。教务主任王明珠在会上领学了《澧县一完小进一步规范课后服务工作方案》。

最后，校长尹述红做了重要讲话，他表示，减轻义务教育阶段学生作业负担和校外培训负担是党中央、国务院全面贯彻党的教育方针、落实立德树人根本任务的重大决策部署。我们教师要不断加强学习，稳步推进，在日常教学中切实有效减轻学生作业负担，提升课后服务水平，全面提高学校教学质量。

澧县一完小召开通讯员培训会

宋青枝　2021年09月17日

9月16日下午4:30，澧县一完小党建活动室内召开了通讯工作会议。副校长王卫东、熊方敏，党总支副书记彭世仿以及来自学校不同组室的13位通讯员参加了此次会议。

本次会议特别邀请了澧县职业中专学校办公室主任刘清炎给大家做了专题讲座。刘清炎结合自身多年的写作经验就稿件的写法、格式，投稿的注意事项以及做好教育宣传的"三字经"给在座的通讯员们做了翔实的介绍。讲座深入浅出，实例丰富，参会老师纷纷表示受益匪浅。接着，彭世仿强调了本校通讯工作的要点。最后，副校长王卫东作为学校宣传工作的总责人进行了总结，提出了希望。他说，每位通讯员都要在思想上引起高度的重视，希望大家有一双发现新闻的眼睛，及时发现，及时报道。

此次会议顺利召开，体现了新闻宣传工作在学校发展建设中的重要作

用，为进一步提升学校宣传质量、打造宣传大格局，展现学校办学成果、工作亮点奠定了基础。

一完小：青蓝一同携手　共绘联组蓝图

唐　浩　2021年09月24日

为更好地发挥联组骨干教师的示范引领作用，搭建第五教育联组青年教师成长平台。9月24日，第五教育联组暨一完小"青蓝工程"师徒结对活动启动仪式在一完小五楼会议室举行。大会由教研室吴翠薇老师主持，第五教育联组单位部分领导、结对教师和校级管理干部出席了启动仪式。

活动伊始，一完小校长尹述红发表了重要讲话，他的发言既有对联组青年教师的谆谆教诲，同时也对他们提出了殷切希望。然后教研室主任陈波宣读师徒结对岗位职责和师徒名单，并由校领导颁发聘任书。接着进行隆重的拜师仪式，结对师徒相对而立，一抱拳一作揖，无限感激与信任深藏其中。随后由经验丰富的上届师傅代表洪霞老师进行经验介绍，优秀徒弟代表凡雨亮老师谈成长体会，新徒弟代表表态发言。最后学校分管教研副校长戴静对本次活动进行总结，语重心长的话语中饱含了对联组青年教师的无限期待与祝愿。

此次第五教育联组青蓝工程活动的开展，为联组内教师搭建了互教互学、共同发展的广阔平台，也是学校在深化"双减"政策下扎实推进课堂教学改革的重要举措之一。天高任鸟飞，海阔凭鱼跃，相信有了这样的平台，青年教师们"青出于蓝而胜于蓝"将指日可待。

一完小：因为研修　所以灿烂

曹珊瑕　2021 年 09 月 30 日

秋高气爽，艳阳高照。2021 年常德市第二届小学语文教师（陈波）工作坊第一次线下研修活动在澧县一完小进行。县教育局人事股领导、一完小副校长戴静、工作坊坊主陈波出席了此次线下研修活动。

戴静发表开坊致辞，她强调了"名师工作坊"的含义以及它的作用，并对工作坊提出希望；县教育局领导向全体坊员分享了工作坊成立的背景、意义以及工作坊需承担的责任。他肯定了一完小的教研模式，并鼓励青年教师要有教育情怀，有长远的目标！坊主陈波对各位成员的到来表示了热烈的欢迎并宣布了活动的大致流程。接着，学员代表杜析代表工作坊的全体坊员做了表态发言。她表示，作为年轻一代的教师，应当有高度的责任感和使命感，满怀教育热情，精心提升自己的业务能力。

活动当天恰逢孔子诞辰2572周年，坊辅导员叶梅芳老师身着汉服带领大家进行了祭孔仪式，用传统礼仪"四拜礼"向至圣先贤——孔子表达敬

意。陈柯宇老师围绕"感恩相遇"主题进行团队文化建设活动。小组成员们团结合作，制作海报，呼喊口号，团队展示，彰显了团队合作的力量。

吟诵与古诗教学的有机融合，是本阶段研修的主题。一完小汪颖老师为全体学员执教吟诵示范课《敕勒歌》，她精心导入激兴趣、字正腔圆诵节奏、想象画面入诗境、创设情境吟诗韵。课堂上，汪老师激活了学生的多种感官，带领着学生感受到了古诗的韵律美、意境美。紧接着坊员江向荣老师就古诗文吟诵教学对学员们进行了专题培训，大家在低吟浅唱中感受着传统文化的魅力。

下午进行的是"说·授·评·问·辩"五环研讨沙龙，工作坊成员老师分"评价组""研究组"两大阵营，对上午的《敕勒歌》一课进行了评议。随后坊主陈波老师就"五环"校本教研模式做了专题讲座，细致地解读了工作室的研修方案，她再三强调，工作坊的家人们应该有"共同的意愿"，都要心甘情愿参与活动，而工作坊应该成为合作攻关的"草根"学习共同体。最后，她希望工作坊能变成教师成长道路上的助推器、导航船，成为每个老师展示自我的舞台！

最后，坊管理员邹静老师围绕"线上进修"方面项目展开培训，给了大家技术层面的指导。

以此次线下研修为起点，全体学员们互相交流，共同学习，共同助推澧水流域的教育大船扬帆远航。

一完小第十届校园科技节拉开帷幕

王舟娟　王俊俊　2021 年 09 月 30 日

2021 年 9 月 29 日上午，澧县一完小第十届"展开科学的翅膀，放飞科学的梦想"主题校园科技节正式拉开帷幕。县教育局、县科技局、县科学技术协会。

县教育局领导就本次活动致开幕辞，他亲切寄语全体同学通过参与本届科技节的活动，在今后的学习和成长中进一步树立科学的理想，形成科学的态度，养成科学的习惯，做既有科学知识、又有科学实践能力的一代新人。随后校长尹述红宣布："澧县第一完全小学2021年'校园科技节'开幕！"在掌声和欢呼声中"校园科技节"系列活动正式开始了。

本次系列活动旨在全面普及和推广科普知识，激发孩子们的创新意识，提高动手能力。活动由三个板块构成，分别是"科普大篷车"现场体验活动、"趣味科普"团队比赛活动、"科技幻想画、创意金点子、小制作"作

品展览活动。其中从常德远道而来的"科普大篷车"工作人员表演的"泡泡秀"让孩子们沉浸在梦幻的科技世界；分年级开展的"夹豆子""拼地图""垒胡萝卜塔""制作竹签陀螺""解鲁班锁"比赛，让科技赛场激情飞扬，加油声、呐喊声此起彼伏。本次活动还陈列了创意金点子258个，科技幻想画183幅，科技小制作97件，这些作品虽然貌不惊人，但凝聚着孩子们的智慧和汗水，承载着他们的梦想和未来。

学校校长尹述红说："'双减'减的是学生们的作业，减的是家长们的负担，学校要将活动办出成效，办出特色，争取更多更优资源拓宽孩子们的视野，让孩子们在活动中成长，在实践中拔节。"一年一度的科技节就是孩子们展示自我、锻炼自我的大舞台，节日的校园分外美丽，节日的校园热闹非凡，孩子们快乐的笑脸比花儿更动人，一天的科技探索让师生们意犹未尽，回味无穷。"双减"政策下的一完小将推出更多更优秀的活动方案，将学校打造成为孩子们快乐成长的知识摇篮。

一完小开展校园安全隐患大排查

黄 翼　2021年09月30日

为迎接国庆长假，切实做好学校安全排查和疫情防控工作，9月30日上午，在校长尹述红的带领下，副校长王卫东、熊方敏等对学校教学楼、办公室、食堂、消防室、防控储备室、围墙及可能存在安全隐患的其他地方进行了深入细致的排查。

针对排查中存在的问题和安全隐患，尹述红随即进行了整改布置，要求第一时间整改到位。尹述红表示，校园安全事关广大师生的生命健康，事关千万家庭的幸福安宁，安全面前，每一个环节都不容忽视，学校将一如既往地狠抓校园安全工作，杜绝各类安全事故的发生。

此次安全隐患排查，不仅把隐患消除在萌芽状态，而且增强了全体师生"安全第一、预防为主"的安全意识，使学校的安全管理工作制度化、常态化。

一完小：信息技术 2.0 促课堂效率
道法、音乐学科研修结硕果

王舟娟　2021 年 10 月 13 日

金秋十月，硕果飘香。10 月 13 日上午，澧县一完小五楼会议室里汇聚了来自全县各学校的优秀教师，信息技术能力提升 2.0 整校推进与小学道法、音乐学科融合的方法与策略活动在这里隆重举行。此次会议由澧县一完小副校长、小学综合 1 坊坊主王舟娟主持。

活动在澧县一完小副校长戴静的致辞中拉开序幕。戴静强调，本次研修活动的重点是让参培教师掌握信息化教学技巧，促进信息技术与教学的融合。接着，一完小信息技术专家邹静老师为现场学员带来《能力提升 2.0 整校推进与小学道法、音乐学科融合》的专题讲座，讲座中解读了信息技术提升工程 2.0 能力点的考核要求，分享了在教学中要运用信息技术的实用网站和常用软件。

随后，学员们集体观摩了道德与法治四年级上册第一单元《同伴与交往》第3部分《当冲突发生》第2课录像示范课《遇到欺负怎么办》，本次录像课由王舟娟执教，她的课堂亮点颇多。她秉持立德树人的大方向，运用信息技术激活课堂的趣味性及实效性，如设计电子小游戏的形式判断哪些行为属于欺负行为，拍摄视频现场创设欺负情景引发学生共鸣，各种信息技术方法的运用，极大地调动了学生的积极性。本堂课教学活动的设计有明确的目标指向且紧扣教育主题，围绕着单元及本课教学目标开展活动，通过森林运动会、体验大课堂、议一议、采访面对面等活动让学生的学习层层深入，在唤起学生已有经验的基础上引发话题，让学生在自主探究中获得道德认知，在现场情景剧《王玲同学的烦恼续集》中践行道德实践，品德与社会课程中倡导的知——悟——行三个环节一气呵成，让学生体会了同学之间真诚相待、平等互助的友爱之情。在座的老师们也直观地感受到了信息技术在思政课堂中的运用。

　　录像示范课结束后，澧县一完小宋青枝老师和曹珊瑕老师就本堂课开展了评课，各位坊员们和专家围绕"说·授·评·问·辩"五环校本教研模式展开了研讨活动。坊辅导员罗巧老师就日常研修活动进行了详细的协调和安排。最后，王舟娟对本次线下研修活动进行了总结，对下次线下研修活动做了规划。相信在各位专家以及坊员们的共同努力之下，综合1坊的研修工作一定会结出累累硕果。

一完小：心系桑榆晚　情暖夕阳红

黄　翼　2021年10月15日

菊花吐蕊，桂花含香。重阳佳节至，为弘扬中华民族尊老敬老的传统美德，澧县一完小隆重举行了2021年退休教职工茶话会。

校长尹述红讲话

少先队员们为退休教师表演节目

茶话会由副校长王卫东主持，副校长王舟娟发表了热情洋溢的致辞，少先队员们为退休教师们表演了丰富多彩的节目，活动现场掌声不断，笑声不断。

校长尹述红向退休教师们做了详细的工作汇报，并衷心恳请所有老领导、老教师一如既往地关心和关注一完小。退休教师们也积极发言，大家追忆执教生涯，笑谈桃李芬芳，共谋一小发展。

茶话会结束后，学校行政班子陪同退休教师们参观了美丽的校园，并合影留念，在欢声笑语中度过了温馨美好的重阳节。

音乐研修展风采　携手共进促发展

王舟娟　张秋雯　2021年10月21日

10月20日上午，信息技术2.0小综1工作坊的第二次线下研修活动在澧县一完小顺利开展，本次以音乐为主题的研修活动内容充实丰富，活动形式风趣幽默，参与研修的教师们收获满满。

活动分为三个主要流程：一是一完小信息技术组教师孙彩兰具体讲授软件的应用；二是音乐组组长施祖元做《音乐课堂教学设计策略》经验交流；三是观摩由一完小余柯婷老师执教的音乐与信息技术课堂的深度融合展示课

《小小鼓号手》。

本次活动凝聚了澧县一完小艺术组教师集体的智慧和力量，为了让信息技术2.0的理念融入音乐课堂，帮助提升课堂效率，该备课组教师在副校长王舟娟的带领下课前做了充足的准备，多次组织集体磨课与反思活动，最后用精彩的展示课堂，为来自小综1坊的教师们呈现了丰富的视觉和听觉盛宴。此后刘呈靖老师和张秋雯老师对这堂课进行了深度点评，指出了这堂课值得大家共同学习的地方，同时也提出了一些建设性的意见，大家都受益匪浅。

信息技术是为课堂教学服务的，信息技术2.0的整校推进活动能有效提升全体教师们的技术应用能力和水平，为打造高效课堂服务。

初莺妙啭处　大赛载誉归

张秋雯　2021年10月25日

10月20日至22日，在常德市教科院举办的"常德市小学音乐教学竞赛活动"中，澧县一完小艺术组教师殷小红代表澧县参赛并喜获大赛一等奖。

殷老师的课堂设计精妙明晰，演唱技能扎实熟练，其参赛曲目《祖国印象》惊艳范唱，极富感染力，沉浸式教学大大活跃了课堂氛围。在殷老师的专业引领下，学生们的呼吸、发声、情绪处理等都渐进做到了正确无误，学习热情和演唱技巧也有提升，收获了多位评委领导的高度认可。

赛后殷老师谦逊表示：教育教学工作永远在路上，自己将持续向资深音乐前辈们认真学习、勉力钻研，为澧县音乐教育事业做出新的贡献。

一完小：开展感恩励志教育活动

黄 翼 2021年10月26日

10月25日上午，以"奋斗成就梦想 做新时代好少年"为主题的感恩励志教育活动在澧县一完小操场上隆重举行，学校五、六年级的全体师生和家长参加了此次活动，全国首席幸福力导师、青少年素质教育成长专家、青少年励志演说家刘老师进行了精彩的演讲。

刘老师极富感染力和感召力的语言，叙说着一个个感人肺腑的故事，一次次引发大家的情感共鸣。现场互动环节，同学们大胆地走向老师，拥抱老

师，"老师辛苦了""老师我们爱您"，一句句感激的话语响彻云霄；孩子们来到家长身边，紧紧拥抱父母，深情表白"爸爸妈妈，我爱你们"，许多师生和家长都流下了感动的泪水。

这次活动让学生们懂得感恩父母、感恩老师、感恩母校、感恩国家，树立珍爱生命、励志自强的价值观，也让孩子们更懂得珍惜时间、珍惜拥有，更发奋求学。

市社科联调研组深入澧县一完小调研

戴 静 2021年10月29日

10月27日，常德市社科联调研组、礼仪文化研究会会长等一行5人来一完小开展优秀传统文化"三进"工程课题考查专题调研，调研以课堂观摩和座谈会方式进行。校长尹述红，副校长王卫东、戴静，教研室主任陈波，资深国学教师叶梅芳等人员参加座谈。

调研组一行在学校相关负责人陪同下立即深入课堂听课，该校六年级语文老师凡雨亮的古诗词吟诵课《浪淘沙》获得了调研组高度认可。在座谈会上，陈波、叶梅芳分别从学校层面、班级层面对该校近十年来国学教育的实施情况以及目前对国学教育现状存在的一些困惑问题，向调研组进行了详细

汇报。调研组对该校一直以来坚持在国学教育上开展形式多样的活动和取得的突出成绩给予了充分肯定，针对当前学校在国学教育实施上遇到的困惑进行了交流。

调研组指出，校园中开展国学教育，有利于学校创建浓郁的学习氛围，让国学书香溢满校园。学校可以通过国学教育，对学生进行良好的熏陶，提高他们的审美能力，培养他们的高尚情操，让学生形成自觉自律的学习风气，创建一个和谐友爱的学习环境。

澧县一完小召开七届四次教工代表大会

黄　翼　2021年11月01日

10月29日晚，澧县一完小七届四次教工代表大会在学校多媒体室隆重召开。会议由副校长王卫东主持，校长尹述红，副校长吴业辉、熊方敏、王舟娟、戴静及38名教师代表参加了此次会议。

全体代表首先认真听取并分小组讨论审议，通过了《绘就宏伟蓝图　实现高质量发展》的学校工作报告和《学校财务预决算报告》。随后，会议进行了工会主席、工会委员换届选举。最后由王卫东就本次教代会提案作了客观准确的分析与答复。会议自始至终发扬民主作风，严格按教代会章程办

事，代表们畅所欲言，充分行使了民主权利，现场气氛热烈，体现了全体教职工的主人翁精神和积极建言献策的政治热情，对于促进学校各方面工作的提升和发展具有重要意义。

澧县一完小2021年秋季运动会圆满召开

凡雨亮　王俊俊　2021年11月04日

金秋时节，丹桂飘香。11月3日上午，澧县第一完全小学全体师生满怀喜悦和激动，迎来了学校2021年秋季运动会开幕。

踏着青春的步伐，伴着激昂的旋律，国旗班、彩旗方队和各班代表队依次入场。同学们排着整齐的队伍，迈着强劲有力的步伐，喊着响彻云霄的口号，朝气蓬勃、意气风发地依次从主席台前经过。

接着，各年级方阵为大家带来了精彩的表演，五年级的啦啦操赢得场下一片欢呼。四年级的表演，气势十足，振奋人心，让人看到了中国少年的气概。三年级的向前冲舞蹈，精神抖擞，充满自信。二年级的小鸭子舞，可爱极了，活泼有趣。一年级为大家带来的是三字经表演，他们是初生的小芽，相信他们定会茁壮成长。六年级的学生迈着整齐的步伐，他们嘹亮的口号和精彩的表演，为学校方阵表演画上圆满句号。

这次运动会既展现了该校学生的团结与拼搏精神，又丰富了他们的学校生活。在比赛中，该校参赛运动员们本着"友谊第一，比赛第二"的进取心态投入比赛，而每个运动员也用汗水与意志向大家诠释新时代好少年的运动精神。

一完小：注重好习惯　培育雅学生

宋青枝　2021年11月29日

英国著名哲学家弗兰西斯·培根说过："习惯真是一种顽强而巨大的力量，它可以主宰人生。因此，人自幼就应该通过完美的教育，去建立一种良好的习惯。"一、二年级正是培养学生良好习惯的最佳时机，为了抓住这一成长关键期，一完小在11月25日、26日下午分别举行了一、二年级课堂常规竞赛。

25日下午进行的是二年级常规竞赛。经过一年的小学生活，学生们已经掌握了校园内日常常规。瞧，孩子们挺拔的站姿，整洁的穿着；看，孩子们如钟的坐姿，专注的眼神；听，孩子们悦耳的朗读，响亮的回答……他们用出色的表现证明：他们都是优秀的小学生！

26日下午进行的是一年级常规比赛。对于一年级新生，老师们一直注重对学生行为习惯的培养，从细节入手，从生活点滴入手，教学生将课堂所需文具、课本等物品摆放整齐，教学生们课上如何回答问题，教学生们如何握笔……教师们付出了极大的耐心和爱心。在比赛中，孩子们个个精神抖擞，与老师默契配合，朗读字正腔圆，回答问题响亮清晰，写字认真专注。经过两个多月的学习，他们很好地适应了学校生活，用优秀的表现给学校和老师们交了一份满意的答卷。

常规有序，细节至美；能力提升，贵在坚持。通过本次课堂常规比赛，学生们不仅能更快更好地适应学校生活，更能养成良好的学习习惯。相信通过坚持不懈的努力，孩子们一定能成为重礼仪、品行美的文雅少年！

一完小：携手前行　共促成长

黄　翼　2021年12月01日

为进一步推进新课程改革，提高课堂教学质量，加强联组建设和幼小衔接的实效性，11月30日至12月1日，第五教育联组小学教学开放周活动暨澧县一完小与澧州幼儿园幼小衔接联合教研活动在一完小举行。县教育局有关领导亲临现场指导工作，第五教育联组各成员学校及澧州幼儿园近三百位教师参加了此次活动。

活动以课堂教学展示为主，一完小共展出两堂语文课、两堂数学课、一堂英语课和一堂音乐课，分"说、授、评、问、辩"五个环节进行。每一堂课都根据学科特点设计了巧妙的教学环节，融入了丰富有趣的教学手段，彰

显了一小教师深厚的教学功底和专业素养。课堂上同学们乐于学习、善于合作、勇于探究、敢于质疑的课堂主人翁姿态,尽展了一完小学子的精神风貌。

  此次活动为第五联组各校教师及澧州幼儿园教师搭建了互相学习、互相交流、互相借鉴、共同提高的平台,促进了教师们的专业成长。澧县一完小也将继续在"双减"政策的引领下,深化教学改革,探索构建基于"减负"与"提质"并举的教研机制,为澧县教育的发展交一份满意的答卷。

一完小：践行"双减"政策　让艺术素养落地生根

陆　荣　2021年12月10日

12月9日上午，迎着早晨的阳光和孩子们灿烂的笑容，一完小艺术组校级公开课在三楼多媒体教室展开，学校行政班子成员及艺术组、综合组、信息技术组、体育组全体教师参加了本次教研活动。活动严格按照说、授、评、问、辩的五环节教研模式展开。

活动伊始，由艺术组陆荣老师执教人教版二年级上册第十六课《风来了》，走进教室就能感受到美术课的氛围，现场精心布置的风筝和风车紧密联系本堂课的主题。老师的教学语言始终亲切可人，无论是在启发学生自主学习时还是游戏中，都以优美动听的语言调动整堂课的气氛。

在践行"双减"政策的大环境下，围绕教学目标进行科学、高效的教学设计，将课堂的主体地位还给学生，给孩子们实践活动的空间，真正关注课堂上孩子们的实际获得，从而培养学生的美术素养，才能够确保"双减"减负不减质量高级目标的达成。

课后，学校副校长吴业辉、王舟娟，教研室主任陈波以及艺术组赵辉、殷小红老师先后围绕本节课的亮点和需要探讨的问题进行交流，让在场的老

师们受益匪浅。在最后的辩问环节,由教者在滚动的大屏幕上随机抽点教师进行点评,现场评课氛围热烈又接地气。

在践行"双减"政策中,一完小艺术团队砥砺前行,不忘初心,让教育回归本位,让艺术素养落地生根。

精彩纷呈

立德树人,精彩纷呈。教学结硕果,育人绽新花,管理登高峰,研究上台阶,特色得彰显,文脉薪火传。

一、办学声誉

1. 2017年6月被认定为"全国青少年校园足球特色学校"
2. 2017年12月高标准迎接了全国义务教育基本均衡评估考核
3. 2018年4月被认定为第二批全国中小学"中华优秀文化艺术传承学校"
4. 2018年9月获得"常德市书法教学示范基地"挂牌
5. 2018年5月被认定为"湖南省健康示范学校"
6. 2018年9月被认定为"常德市生态文明校园"
7. 2019年10月被认定为"常德市禁毒教育基地"
8. 2019年12月被认定为"全国国防教育示范学校"
9. 2020年11月再次顺利迎接了全国义务教育均衡发展的督查
10. 2020年10月高标准通过常德市中小学标准化实验室示范学校评估考核
11. 2021年3月由教育部考试中心授予"书画特色示范学校"称号
12. 2021年3月被教育部考试中心认定为"指定考点"
13. 2021年12月被认定为"常德市青少年科技活动示范学校"

二、办学成果

（一）教育局评估

1. 2016—2021年连续六年获得目标考核、全面工作"红旗单位"称号；
2. 2016—2021年连续六年获得办学水平综合评估"先进单位"称号；
3. 2016—2021年连续六年获得教研工作"先进单位"称号；
4. 2016—2018年、2021年获得特色学校建设"先进单位"称号；
5. 2016年、2017年、2020年、2021年获得全县艺术教育"先进单位"称号；
6. 2017—2019年、2021年获得城市提质"先进单位"称号。

（二）教研方面

1. 课题

①省级"十二五"规划课题《说授评问辩五环校本模式的研究》获得省级优秀课题荣誉。

②省级"十三五"规划课题《基于校本研训的教师核心素养提升的实践与研究》正在研究中。（主持人：尹述红）

③湖南省语委、湖南省教育厅组织的语言文字应用研究专项课题《基于绘本阅读的低段说话写话教学的研究与实践》正在研究中。（主持人：陈波）

④湖南省教育信息技术研究课题《巧用信息技术优化小学古诗文吟诵教学的研究与实践》正在申报中。（主持人：邹靖）

⑤全国基础教育外语教学研究重点课题子课题《互联网技术促进小学生英语学习兴趣的研究》正在结题。（主持人：赵冰清）

⑥湖南省教育学会"十三五"规划课题《家校结合，促进学生"五化"教育的研究》正待结题。（主持人：田娟）

2. 教研参赛（课堂教学比武包括现场教学和微课）

①2017年获得省级一等奖6人次，二等奖8人次；市级一等奖4人次，二等奖5人次。

②2018年获得国家级一等奖1人次，三等奖3人次；省级一等奖7人次，二等奖10人次；市级一等奖10人次，二等奖5人次。

③2019年获得省级一等奖9人次，二等奖8人次；市级一等奖10人次，二等奖5人次。

④2020年获得省级一等奖7人次，二等奖12人次；市级一等奖15人次，二等奖8人次。

⑤2021年获得省级一等奖9人次，二等奖7人次；市级一等奖17人次，二等奖11人次。

（三）体育、艺术、科技创新方面

2016年

体育：体育抽测第三名

艺术：1. 艺术先进单位

　　　2. 县艺术节一等奖第二名

科技：综合评定一等奖第二名

2017年

体育：1. 县运会：田径第一　女排第一　男排第二

　　　2. 足球：男足第四

　　　3. 体育抽测第二名

艺术：1. 建制班合唱一等奖第一名

  2. 艺术先进单位

科技：1. 科普国学知识竞赛一等奖

   2. 综合评定一等奖第三名

2018 年

体育：1. 县运会：田径第一　女排第一　男排第一

   2. 足球：男足第二　女足第四

   3. 体育抽测第三名

艺术：1. 县艺术节一等奖第四名

   2. 建制班合唱二等奖

   3. 艺术抽测第三名

科技：1. 科普国学知识竞赛二等奖

   2. 综合评定一等奖第三名

2019 年

体育：1. 县运会：田径第三　女排第一　男排第一

   2. 足球：男足第六　女足第三

   3. 体育抽测第六名

艺术：1. 建制班合唱二等奖

   2. 艺术抽测第二名

   3. 县中小学生"三独"比赛，15 名学生参赛 9 人获一等奖，6 人获二等奖

科技：1. 科普国学知识竞赛三等奖

   2. 综合评定　二等奖

2020 年

体育：1. 足球：女足第二　男足第三

   2. 体育抽测第六名

艺术：1. 建制班合唱二等奖

   2. 艺术抽测第一名

科技：1. 科普国学知识竞赛二等奖
     2. 综合评定一等奖

2021年

体育：1. 县运会：田径第一　男排第一　女排第二
     2. 女足第三　男足第五
     3. 体育抽测第八名

艺术：1. 县中小学生"三独"比赛，15名学生参赛，8人获一等奖，7人获二等奖
     2. 县艺术节一等奖第一名
     3. 艺术抽测第二名

三、教师成长

1. 2016—2021年，有13位教师晋升为高级，45位教师晋升中级。

2. 2019年12月，陈波老师通过正高级的资格审查，成为全县义务教育阶段唯一的"正高级"。

3. 2017年，"常德市小学语文教师陈波工作坊"挂牌。

4. 2019年，"澧县小学英语教师李梅工作坊""澧县小学数学教师张毅工作坊"挂牌。

5. 澧县一完小是培养人才的摇篮。近几年，先后有田娟、孙庆娟两位教师通过竞聘到常德市武陵区工作；张毅、唐海英两位教师调到县教育局分别任数学、语文教研员；有龚艳艳、胡兰、邓锐、涂金菊、戴卫、佘继林、胡红、刘玲、田静、汤鑫、丁紫薇、孙雅琴、陈芳芳等教师作为人才选拔到兄弟学校重要岗位工作；还有几位教师通过自己的努力，积极要求进步，得到教育局领导的认可，被派往兄弟学校任重要职务，有杨波清任一完小桃花滩分校副校长；赵冰清任一完小黄桥分校校长；段杰任一完小黄桥分校副校长；羿黎任一完小黄桥分校总务主任；龚钰子任澧县翊武学校教科室主任；陈继林任澧县教师进修学校师训主任。